LES

GRANDS HISTORIENS

DU MOYEN AGE

a

7241-90. — CORBEIL. Imprimerie CRÉTÉ.

LES
GRANDS HISTORIENS

DU MOYEN AGE

NOTICES ET EXTRAITS

D'APRÈS LES MEILLEURS TEXTES

Avec des notes grammaticales, historiques et explicatives

ET UN GLOSSAIRE DÉTAILLÉ

Par L. CONSTANS

PROFESSEUR A LA FACULTÉ DES LETTRES D'AIX
LAURÉAT DE L'ACADÉMIE FRANÇAISE

PARIS
LIBRAIRIE CH. DELAGRAVE
15, RUE SOUFFLOT, 15

—

1891

PRÉFACE

Le plan d'études de 1890 a fait faire un pas en avant à l'enseignement de l'ancien français dans les lycées et collèges. Le choix de *la Chanson de Roland* et de la *Vie de saint Louis* de Joinville, pour représenter deux des principales étapes de la formation de la langue française et deux des genres littéraires les plus importants, était excellent en soi, mais insuffisant pour donner une idée exacte du beau développement de notre langue et de notre littérature. L'étude d'une *Chrestomathie* assez étendue pouvait seule atteindre ce but.

En attendant, nous devons être reconnaissants à M. le Ministre de l'instruction publique et au Conseil supérieur du nouveau progrès accompli. Une branche importante de nos richesses littéraires, l'histoire, sera désormais étudiée d'une façon convenable. D'ailleurs, par une heureuse fortune, il se trouve que nos quatre grands chroniqueurs s'échelonnent du commencement du xiiie siècle au commencement du xvie, de sorte qu'il suffit de les lire dans l'ordre chronologique pour suivre la marche de la prose française depuis son origine jusqu'à la Renaissance. Pour compléter cet ensemble, nous avons cru devoir ajouter aux grands noms consacrés un anonyme, dont le mérite littéraire est aujourd'hui reconnu, *le Ménestrel* de Reims, dont le livre, écrit vers 1260, se place à égal intervalle entre Villehardouin et Joinville.

Un mot maintenant sur notre édition. Nos textes ont naturellement été empruntés aux plus récentes et aux meilleures éditions, que nous avons reproduites sans servilité, mais en nous bornant aux corrections indispensables, corrections signalées d'ailleurs au bas des pages. Nous avons essayé d'indiquer, par l'emploi des accents, la véritable prononciation de l'*e*, laissant la question en suspens aux époques et pour les cas où elle ne nous paraissait pas suffisamment assurée, par exemple à l'atone dans tous les textes, et aussi, mais seulement dans certaines conditions, à la tonique dans Commynes, qui marque la fin du moyen âge et le commencement d'une nouvelle évolution de la langue pour certains traits de prononciation. Les notes sont plus nombreuses, surtout au point de vue phonétique et grammatical, dans les premiers extraits, auxquels nous renvoyons ensuite, pour éviter les répétitions oiseuses. Toutes les difficultés de sens ou de syntaxe sont aplanies soit dans les notes explicatives, soit dans le *Glossaire*, que le défaut d'espace nous a obligé de réduire : nous n'y avons admis que les formes et les sens qui s'écartent de l'usage moderne. Le lecteur trouvera un utile complément à ce glossaire, surtout au point de vue étymologique, dans celui de notre *Chrestomathie de l'ancien français du* IXe *au* XVe *siècle* (2e édit., Paris, Bouillon, 1890).

Puisse ce modeste travail, auquel nous avons donné tous nos soins, inspirer à nos jeunes élèves de l'enseignement secondaire le goût de notre vieille littérature ! Nous serions heureux de recevoir de nos collègues les observations et les critiques que la pratique de ce livre leur suggérera et d'en profiter dans une seconde édition, si leur bienveillant accueil assure le succès de la première.

Millau, septembre 1890.

INTRODUCTION

Geoffroy de Villehardouin ouvre brillamment la série
des chroniqueurs en langue vulgaire dont s'honore le
moyen âge. Jusque-là, c'est presque exclusivement en
vers qu'avaient écrit ceux qui prétendaient opposer la
vérité de l'histoire aux brillants mensonges des chansons de geste. C'est ainsi qu'au XIIe siècle, nous voyons
Garnier de Pont-Sainte-Maxence raconter, dans un des
plus beaux poèmes qui nous aient été conservés de
cette époque reculée, la *Vie de saint Thomas le martyr*,
et Robert Wace, archidiacre de Caen, écrire longuement
l'histoire des rois anglo-saxons (le *Brut*) et celle des
ducs de Normandie (le *Rou*), sujet que reprend bientôt
et développe en quarante-quatre mille vers l'infatigable
Benoît de Sainte-Maure[1]. Cependant, on signale quelques
timides essais en prose, parmi lesquels il faut mettre
à part l'important recueil d'histoires qu'avait fait commencer, avant son départ pour la croisade, le futur
empereur de Constantinople, le comte de Flandre
Beaudouin IX, et qui fut continué par son successeur
Beaudouin d'Avesnes. Mais la valeur littéraire de ces
compilations est assez mince pour que nous n'ayons
point à nous y arrêter, et l'on peut considérer la *Con-*

---

1. Sur ces auteurs, voyez notre *Chrestomathie de l'ancien français du* IX[e] *au* XV[e] *siècle*, 2[e] éd., soigneusement revue et notablement augmentée, avec le *Supplément* refondu (Paris, E. Bouillon,
1890), extraits 56, 57[a], 57[b] , et *Introduction*, p. XLII-XLIII.

quête de Constantinople de Villehardouin comme le premier monument original [1] de la prose française.

I. — VILLEHARDOUIN.

Le château patrimonial de Villehardouin, aujourd'hui complètement détruit, était situé à sept lieues à l'est de Troyes, entre Arcis-sur-Aube et Bar-sur-Aube, à une demi-lieue de la rivière. Il n'avait point pour père, comme on l'a cru longtemps, Guillaume, comme lui maréchal de Champagne : ce personnage n'était que le chef d'une branche collatérale. Notre historien était le cadet de la famille : le frère aîné s'appelait Jean. Deux de ses sœurs entrèrent au couvent ; la troisième épousa un brave gentilhomme de sa province nommé Anseau de Courcelles. Nous ne connaissons de sa femme que son prénom : elle s'appelait Jeanne. Les dates de sa naissance et de sa mort sont incertaines : il est né vers 1150 et mort avant 1213, peut-être peu après 1207, date à laquelle son récit est interrompu. Son nom ne figure dans le livre de son continuateur, Henri de Valenciennes, que pour des événements de l'an 1208.

C'est à peu près tout ce que l'on sait de Villehardouin, en dehors de ce que nous apprend son livre. Son titre de maréchal de Champagne suppose des services militaires sérieux rendus antérieurement à la IVe croisade, à laquelle il prit une part si brillante. Il semble bien avoir eu déjà quelque réputation comme diplomate, puisque le nouveau comte de Champagne, Thibaut III, l'avait envoyé porter son hommage féodal au roi de

____

1. On ne rencontre, en effet, au XIIe siècle, parmi les textes en prose, que des traductions de la Bible qui aient vraiment de la valeur.

France Philippe-Auguste, et, l'année suivante, l'avait consulté sur le douaire qu'il devait constituer à sa femme Blanche de Navarre. Quand les croisés envoient six barons pour négocier auprès des Vénitiens le transport de l'armée, c'est Villehardouin qui porte la parole. C'est lui qui, après la mort inopinée du comte de Champagne, fait élire pour le remplacer, comme chef de l'expédition, Boniface, marquis de Montferrat. C'est lui encore qui, après la fuite de l'usurpateur Alexis, vient au nom des vainqueurs, imposer à Isaac l'Aveugle, l'empereur déchu, les dures conditions qu'a déjà acceptées son fils. Non seulement il prend sa part de tous les combats, de tous les assauts, de tous les dangers; non seulement il occupe une place importante dans les conseils de l'armée, mais encore il joue un rôle prépondérant comme négociateur et se montre à nous le plus souvent comme le porte-parole des Croisés.

Aussi quand le partage de l'empire grec a été décidé, Villehardouin reçoit une part importante des dépouilles: il est fait maréchal de Romanie et reçoit en fief les villes importantes de Macra et de Trajanople et la riche abbaye de Véra. Mais l'heure du repos n'a pas encore sonné : après le désastre d'Andrinople, le maréchal, par une habile retraite, ramène l'armée à Rodosto et lui permet de se reconstituer. Aussi l'empereur Henri, qui a succédé à son frère Beaudouin lui continue-t-il sa confiance, et lorsque, après quelques différends, il se rapproche du marquis de Montferrat qui lui donne sa fille en mariage, c'est Villehardouin qui est chargé d'aller chercher la fiancée de l'empereur, et il reçoit en don de Boniface la riche ville de Messinople (1207).

L'année suivante, Henri de Valenciennes nous le montre guerroyant avec son suzerain chez les Bulgares; puis le silence se fait sur son nom, et il semble qu'il

a.

soit mort peu après, sans revoir son pays natal, où nous savons que son fils aîné Érard portait en 1213 son titre de seigneur de Villehardouin. Sa descendance s'éteignit au XIV⁰ siècle.

On désigne ordinairement le livre de Villehardouin, sous le titre de *Conquête de Constantinople* : ce sont, en réalité, des *Mémoires*, qu'il a, sinon écrits de sa main, du moins *dictés* à un secrétaire, pour nous servir d'un mot deux fois employé par lui et qu'il faut prendre ici dans son sens propre. Longtemps défiguré par des rajeunissements maladroits, ce livre n'a repris sa première forme, d'une façon à peu près définitive, que grâce aux soins de son dernier éditeur, Natalis de Wailly (1872-1874, 1 vol. in-8). Il s'agit, comme on sait, du récit de la IV⁰ croisade qui, déviant de son but primitif, aboutit à la substitution d'un empire latin à l'empire grec de Constantinople, et des luttes qu'eurent à soutenir les seigneurs qui s'étaient taillés des fiefs ou des principautés dans le pays, pour affermir leurs conquêtes, qui devaient durer un demi-siècle.

Villehardouin avait vu de très près les événements qu'il racontait, il en connaissait mieux que personne au monde les plus minces détails : il était donc essentiellement bien informé. Mais pouvait-il être impartial ? Il ne se dissimulait pas qu'il avait sa part de responsabilité dans le ravage et la ruine portés chez un peuple chrétien par des chrétiens assemblés sous prétexte de délivrer les Saints-Lieux du joug des infidèles, et il est naturel qu'il ait cherché à pallier les actes les plus inexcusables, quand il avait eu sa part dans le conseil et dans l'exécution. Sa morale n'était point très élevée : il se faisait du droit, on l'a souvent dit, une idée assez différente de celle que s'en ferait un chrétien scrupuleux ou un philosophe austère ; mais il avait un vif sentiment de l'honneur, et surtout des obligations féodales, qui primaient à ses yeux la fidélité au serment du croisé, Ainsi, lorsqu'une partie des pèlerins part pour la Palestine, afin de rester fidèle au but primitif de l'expédition, il s'en indigne comme d'une trahison ; il ne manque aucune occasion de leur témoigner son mépris et il se réjouit presque des malheurs qui leur arrivent. La duplicité des Grecs l'indigne et l'exaspère, et le châtiment que tirent les croisés du manque de parole des empereurs Isaac et Alexis ne lui paraît point trop cruel. En revanche, il a soin de faire ressortir la loyauté des seigneurs latins, qui, avant de tirer l'épée, envoient trois délégués pour sommer, en plein palais de Blaquerne, les empereurs de leur fournir les subsides qu'ils leur ont promis sous serment. Nous avons donc quelque raison de croire que si Villehardouin a dépeint avec quelque complaisance le monde féodal du commencement du xiiie siècle, sa peinture est généralement fidèle et sincère.

C'est précisément cette sincérité qui fait le principal mérite littéraire de son œuvre, dans laquelle subsiste encore quelque chose du ton épique de l'âge précédent. « En le lisant », dit un critique [1], « on croit entendre une voix mâle et naturellement bien timbrée qui, sans le secours de l'art, arrive à l'effet le plus puissant par sa justesse et sa simplicité. » Rien de plus net, par exemple, rien de plus vivant que le tableau de la flotte vénitienne appareillant, ou les préparatifs de la grande attaque contre Constantinople, rien de plus précis que la narration de l'expédition navale que le maréchal improvisa avec l'empereur Henri pour délivrer le château de Cibotos, que bloquait le patriote grec Théodore Lascaris.

1. G. Paris, *la Littérature française au moyen âge*, 2e éd., Paris, Hachette et Cie, 1889.

L'auteur ne s'attarde pas dans les descriptions où se complaira le génie essentiellement pittoresque de Froissart. Cependant il n'est point insensible aux beaux spectacles : c'est en traits saisissants qu'il nous peint la flotte quittant Corfou ; lorsqu'on arrive en vue de Constantinople, si la beauté du site semble le laisser froid, en revanche, le tableau de la stupéfaction mêlée de crainte qu'éprouvent les croisés à la vue d'une ville si forte et si riche, est émouvant dans sa sobriété, et la scène de l'église Saint-Marc, où le maréchal obtient l'alliance des Venitiens (Voy. notre extrait II) est un chef-d'œuvre d'éloquente simplicité.

Il est d'usage de comparer Villehardouin à Hérodote. Je crains, pour ma part, qu'on ne soit ici dupe d'une illusion, due au désir si naturel de rapprocher le père de l'histoire grecque du plus ancien des chroniqueurs français. Je serais plutôt porté à rapprocher Hérodote de Joinville, dont il a le mol abandon et l'amour, un peu sénile, des longs récits. Villehardouin n'a de commun avec le conteur grec que l'allure épique qu'affectent parfois ses récits. Pour le reste, il en est, ce nous semble, assez éloigné ; et cela n'a rien de surprenant, si l'on songe à la différence des conditions où ils se trouvaient placés, l'un racontant simplement les graves et héroïques événements auxquels il a pris une si longue part, l'autre ne faisant que mettre en œuvre les récits recueillis par lui d'événements éloignés dans le temps et dans l'espace, et peignant une époque et un état social sensiblement différents. Par l'exactitude de ses descriptions, par la sobriété et le naturel du récit, Villehardouin rappellerait plutôt Jules César, bien que les conditions soient ici encore plus différentes.

Nous avons naturellement emprunté le texte de nos extraits à l'excellente édition de Natalis de Wailly, en rejetant en note les rares leçons modifiées. Ici, comme dans les autres séries d'extraits, nous avons supprimé les accents qui ne servent pas à noter la prononciation par exemple dans *a* préposition et *la* adverbe. Nous avons multiplié ceux qui sont destinés à la préciser, toutes les fois qu'elle était différente de la prononciation moderne. Nous avons placé ici le plus grand nombre des notes grammaticales, nous contentant d'y renvoyer dans les séries suivantes. Nous avons d'ailleurs expliqué et traduit les expressions difficiles, de sorte que les lecteurs qui auront déjà un peu pratiqué *la Chanson de Roland*, dont la grammaire ne diffère pas sensiblement, pourront assez aisément comprendre, en s'aidant du glossaire, la langue parfois un peu archaïque de Villehardouin.

II. — LE MÉNESTREL DE REIMS.

L'ouvrage dont nous avons cru devoir joindre quelques extraits à ceux des chroniqueurs nommés au programme, plus pour sa valeur littéraire que pour sa valeur historique, avait d'abord été publié par Paulin Paris sous le titre de *Chronique de Reims*. C'est plutôt une chronique de France et d'outre-mer écrite au XIIIe siècle par un habitant de Reims. L'auteur était ménestrel [1], et l'ouvrage destiné à être récité, comme le montrent les transitions naïves qui remplacent les titres de chapitre (*Ci vous lairons ester dou conte de Pontiu et de la contesse, si revenrons au roi Phelipe*, § 22), ou les interpellations au public (*vous avez oï*, etc.), et

---

1. C'est ce qui a déterminé le dernier éditeur, Natalis de Wailly, dont nous suivons le texte (sauf correction), à choisir le titre suivant : *Récits d'un ménestrel de Reims au* XIIIe *siècle.* Paris, Renouard, 1876. (Société de l'Histoire de France.)

aussi les nombreux dialogues (il y en a plus de 120),
qui émaillent le récit, dialogues semés de plaisanteries
piquantes, où semble percer le désir d'étonner, fût-ce
aux dépens de la vérité.

Le Ménestrel est, en effet, souvent en contradiction
avec l'histoire, et bien des erreurs ont été relevées dans
son livre. L'auteur « use à son gré du droit qu'il
s'arroge d'arranger, d'embellir, de transformer, de
défigurer l'histoire. En un mot, ce n'est pas un chroniqueur, c'est un conteur, qui peut avoir des titres à
l'indulgence de ses lecteurs, mais qui n'en a aucun à
leur confiance [2]. » L'anecdote de Blondel, que nous reproduisons, a son pendant dans la *Chronique de Flandres*
et dans une chronique encore inédite ; mais les trois
récits diffèrent, et le mérite du Ménestrel est d'avoir
consacré une légende en la marquant des traits de son
esprit original et de sa vive imagination. On peut en
dire autant de la prétendue passion de la reine Éléonore
de Guyenne pour Saladin, du complot que Richard
Cœur de Lion aurait tramé contre son rival Philippe-
Auguste, ou encore des fameuses soupes que le roi de
France fit tailler pour ses barons la veille de la bataille de Bouvines, les invitant à une espèce de com-
munion pour entraîner leur fidélité et fortifier leur
désir de mourir, s'il le fallait, aux côtés de leur suzerain.

D'autre part, il faut noter chez le Ménestrel son peu
de respect pour l'autorité et en particulier pour les
dignitaires de l'Église (Voy. notre extrait III), dont il
stigmatise le luxe effréné et raille l'esprit d'opposition
au pouvoir civil. Il semble bien que nous ayons dans
son livre un tableau exact des mœurs et de la pensée

1. Natalis de Wailly. *Introduction.*

de la bourgeoisie au milieu du xiiie siècle. Ce tableau est d'ailleurs plein de vie, de grâce et de naturel.

Les événements racontés vont du règne de Louis le Jeune (1137) à la paix d'Abbeville, que saint Louis conclut avec le roi d'Angleterre Henri III (1259). Le récit finit brusquement au milieu du procès par lequel l'archevêque de Reims réclamait la garde de l'abbaye de saint Remy, et qu'il perdit contre le roi de France. Le style est en somme excellent : il a non seulement du naturel, mais aussi, dans bien des cas, du mouvement et de la force, et toujours la phrase est clairement ordonnée et les mots heureusement choisis dans leur simplicité. C'est ce qui nous a déterminé à joindre cet anonyme aux quatre grands chroniqueurs que nous a légués le moyen âge.

III. — JOINVILLE.

Si le livre de Villehardouin est d'un soldat, celui de Joinville est l'œuvre d'un ami. C'est, en effet, à glorifier le saint roi qui l'avait honoré de son amitié que Joinville a consacré les dernières années de sa verte vieillesse. Voltaire a dit de saint Louis : « Il sut accorder une politique profonde avec une justice exacte, et peut-être est-il le seul souverain qui mérite cette louange. » L'éloge qu'en fait Joinville honore les deux amis. Cependant il faut reconnaître que son admiration pour le roi l'aveugle parfois un peu : c'est ainsi que, quoique relativement libéral, il approuve chez saint Louis des traits d'intolérance peu louables, qu'il s'agisse des juifs ou des blasphémateurs, et qu'il n'a pas un mot de critique pour la façon dont sont conduites les opérations militaires, bien que l'heureuse inspiration qu'il eut à la bataille de Mansourah, de défendre, avec un petit groupe de chevaliers, un ponceau qui aurait permis aux Sarrasins une attaque de flanc (Voy. notre extrait IV), montre chez lui une certaine intelligence de la guerre.

La *Vie de saint Louis* raconte tout autant la vie de l'auteur que celle du roi son ami. Inconsciemment, Joinville abuse du *moi*. Tandis qu'il passe rapidement sur les faits auxquels il n'a pas été mêlé, il s'appesantit sur ceux auxquels il a assisté et s'étend complaisamment sur la part qu'il y a prise. Son livre est donc une espèce d'autobiographie, qui nous fournit des détails précieux sur le caractère et la personne de l'auteur, et nous ne savons guère de lui que ce qu'il nous en a dit lui-même. Résumons rapidement sa longue carrière.

Jean, sire de Joinville, était né à Joinville en 1224, d'une famille puissante dont les fiefs relevaient du comte de Champagne et qui possédait depuis plusieurs générations la charge héréditaire de sénéchal. Par sa mère, il était assez proche parent de l'empereur Frédéric II; par son père, il se rattachait aux ducs de Bourgogne, aux comtes de Châlon et aux dauphins de Viennois. Il eut trois frères et deux sœurs, dont il était l'aîné. Encore mineur à la mort de son père Simon, qui avait héroïquement défendu en 1230 la ville de Troyes contre les ennemis du comte de Champagne, il eut pour tuteur, selon la coutume féodale, son suzerain Thibaut IV, prince lettré, protecteur des trouvères, lui-même trouvère de talent.

En 1241, il assistait en sa compagnie, en qualité d'écuyer tranchant, aux belles fêtes que Louis IX donna à Saumur à son frère Alphonse, qu'il venait d'investir du comté de Poitiers. Il fut bientôt après armé chevalier, et un passage de son livre laisse entendre qu'il fit ses premières armes contre les Allemands. A peine majeur, il épousa Alix de Grandpré, parente du comte de Soissons, qui lui donna deux enfants. Le second venait de naître lorsqu'il partit pour la Croisade (avril 1248).

En septembre, il rejoignait saint Louis dans l'île de Chypre, et se mettait à sa solde avec ses hommes, qu'il n'avait pas les moyens d'entretenir, bien qu'il eût engagé ses revenus pour pouvoir lever une plus grosse troupe et fréter un navire à Marseille. Au printemps suivant, l'armée débarqua à Damiette, en face des Sarrasins, et il sauta des premiers sur le rivage. Après la prise de Damiette, il eut la garde du camp devant la ville. A la bataille de Mansourah (8 février 1250), il fit preuve de bravoure, d'intelligence et de dévouement. Mais bientôt, la disette et la dysenterie obligèrent l'armée à la retraite, et Joinville malade fut fait prisonnier en descendant le Nil, pendant que le roi était pris par terre. Il échappa à la mort en se faisant passer pour cousin du roi, et fut compris parmi les prisonniers que le roi racheta en même temps que lui.

Arrivé à Saint-Jean-d'Acre en fâcheux état de santé et dénué de tout, il n'hésita pas à conseiller au roi de ne pas retourner en France avant d'avoir assuré la défense du royaume de Jérusalem en en réparant les places fortes, et à renouveler avec lui son engagement (avril 1251). Il suivit saint Louis à Césarée (1251), à Jaffa (1252), puis à Tyr et à Sidon (1253), guerroyant de temps en temps contre les bandes de Turcs ou de Bédouins qui infestaient le pays, et rentra enfin en France (avril 1254) après une longue traversée de six semaines. Le spectacle des ruines accumulées pendant son absence dans ses domaines le dégoûta pour toujours des aventures, et lorsque saint Louis, mal conseillé, voulut l'entraîner à une nouvelle croisade, il refusa respectueusement, mais énergiquement, déclarant qu'il se devait avant tout à son peuple. Le roi, qui n'avait cessé de lui donner des marques de son amitié et de sa confiance, ne lui en voulut pas de cette espèce d'abandon.

Joinville survécut près d'un demi-siècle à son royal ami, mort devant Tunis le 25 août 1270. Il fut un des principaux témoins entendus dans l'enquête qui précéda la canonisation de saint Louis (1282). Plus tard (1298), il assista aux belles cérémonies où son ancien maître fut proclamé *confesseur*. Arrivé à l'âge de quatre-vingts ans, il fut chargé par la reine Jeanne de Navarre, comtesse de Champagne et épouse de Philippe le Bel, d'écrire l'histoire du saint roi. Il est probable que les principaux passages de son livre, peut-être même toute la partie relative à la croisade, étaient depuis longtemps rédigés, et que Joinville n'eut plus qu'à les placer dans le corps de l'ouvrage. Le défaut de composition est, en effet, saillant, et certaines parties portent des marques de sénilité. Si le récit de la croisade reflète l'impression toute fraîche des événements, la partie traitant des vertus du saint roi, qui est en tête de l'œuvre et dont certains traits sont repris à la fin, parfois presque dans les mêmes termes, est faiblement écrite et en partie empruntée soit à Geoffroy de Beaulieu, auteur d'une vie latine de saint Louis, soit aux *Grandes Chroniques de France*.

Jeanne de Navarre étant morte avant l'achèvement de l'ouvrage, Joinville le dédia à l'aîné de ses fils, qui devint plus tard roi de France sous le nom de Louis X (*le Hutin*). Dans les dernières années du règne de Philippe le Bel, Joinville semble avoir pris parti pour les seigneurs ligués pour la défense de leurs droits méconnus; mais à sa mort (1314), il redevint le fidèle vassal du nouveau roi et répondit, à quatre-vingtonze ans, à sa convocation pour une campagne contre les Flamands. Il mourut quatre ans après, dans le château de ses pères, qui, passé successivement à la famille des Guises et à celle d'Orléans, fut démoli en 1790. L'église de Saint-Laurent, où Joinville avait été inhumé, fut également détruite, et il ne reste rien du tombeau du bon sénéchal.

Mais son livre nous reste, et sa valeur est assez grande pour lui assurer l'immortalité. Bien que son style n'ait ni l'élégance de celui des bons prosateurs du moyen âge, ni la vigueur et la précision de celui de Villehardouin, il compense cette infériorité par des qualités de second ordre, mais exquises : de la vivacité, de l'entrain, de la bonne humeur, une aimable simplicité. « Joinville, » dit un critique [1], « est un de ces écrivains, comme Michel Montaigne et La Fontaine, avec qui on fait amitié. Ame claire, esprit vif, bonhomie aiguisée d'une pointe de malice, nonchaloir de grand seigneur, dévotion tempérée par un scepticisme à peine voilé, style naturel sans nulle trace d'antiquité, fort parfum de terroir champenois, une familiarité pleine de distinction, le ton aisé, le tour facile d'un écrivain qui, sans y penser, fait un chef-d'œuvre. » L'homme et l'écrivain, on le voit, sont réunis dans ce jugement un peu enthousiaste : c'est que chez Joinville, plus que chez tout autre, l'écrivain est inséparable de l'homme, par la raison que personne n'est moins que lui un auteur de profession. C'est donc surtout l'homme qu'il importe de connaître dans Joinville, et son livre suffit à cela. Il nous le montre absolument honnête et sincère, d'un esprit libéral, essentiellement pratique,

---

1. Bancel, *Histoire des révolutions de l'esprit français, de la langue et de la littérature française au moyen âge.*

très attaché à ses devoirs de chevalier et de chrétien,
un peu superstitieux même, comme on l'était de son
temps, mais ni héroïque, ni fanatique. L'homme nous
plaît par ses vertus aimables, le livre nous charme
par ses qualités moyennes. C'est, non pas un ouvrage
régulièrement composé et supérieurement écrit, mais
l'aimable et charmante causerie d'un homme de sens
et d'un honnête homme.

Malgré les travaux si remarquables de Natalis de
Wailly sur les chartes de Joinville, il reste encore trop
de points douteux pour que l'on puisse songer à rétablir dans le texte une orthographe absolument uniforme.
Nous nous sommes donc contenté de remplacer par
des *i*, dans le texte de l'édition de Wailly, les *y* qui
figurent si souvent à la fin des mots et parfois, au milieu,
dans le plus ancien des manuscrits, lequel ne date que
de la fin du xive siècle, et de faire quelques légères
corrections, en renvoyant en note les leçons corrigées.
Nous avons aussi parfois changé la ponctuation, mais
nous n'en avons averti que là où il en résulte un changement grave dans le sens.

IV. — FROISSART.

Froissart n'est point, comme Villehardouin et Joinville,
un grand seigneur amené par les circonstances à écrire
le récit d'événements auxquels il a pris part : c'est essentiellement un chroniqueur de profession. On peut même
dire qu'il était né chroniqueur, puisque, à peine âgé de
vingt-quatre ans, il offrait à Philippe de Hainaut,
femme d'Édouard III, roi d'Angleterre, un livre, aujour-
d'hui perdu, qu'il venait d'écrire sur les événements
qui suivirent la bataille de Poitiers, de 1356 à 1361.
C'était là la première ébauche de l'œuvre immense à

laquelle il allait dévouer sa longue vie, l'indice incontestable de sa véritable vocation. En effet, si Froissart sait comme un autre, et mieux qu'un autre, tourner élégamment et spirituellement un rondeau ou une ballade, ou même rimer, toujours dans les genres mondains, des poèmes de plus longue haleine [1], on ne peut nier qu'il ne se soit de très bonne heure donné la tâche de rédiger pour la postérité [2] le récit des événements qui remplissent le XIV siècle, et en particulier du mémorable duel de la France et de l'Angleterre que l'on a appelé la guerre de Cent ans.

Jean Froissart était né à Valenciennes en 1337, au moment même où allait commencer cette guerre. On a conclu d'un passage d'une de ses pastourelles que son père était peintre d'armoiries; d'autres ont cru qu'il était commerçant, parce qu'il se fait conseiller quelque part d'entrer dans la « marchandise », au lieu de s'adonner à la poésie. Il était, dans tous les cas, d'une famille aisée, puisqu'il eut dès son enfance, il nous le dit lui-même dans son *Épinette amoureuse* [3], un goût très vif pour tout ce qui est vie, joie, éclat et mouvement : les danses, les fêtes, les tournois, les belles dames l'enchantaient. Il laissa bientôt le latin pour s'occuper de rimes, ou flâner à sa fantaisie. Si nous l'en croyons, il aurait, amoureux précoce, fait dès l'âge de quatorze ans un voyage en Angleterre, pour essayer d'y fléchir une beauté trop fière, et, désespéré de sa

---

1. Voir notre *Chrestomathie de l'ancien français*, 2ᵉ éd., extr. XXXVII, 1 et 2 et l'Introduction. Les poésies de Froissart ont été publiées par M. A. Scheler en trois volumes, Bruxelles 1871.

2. Il a écrit quelque part qu'encore au temps à venir et quand il serait mort, serait en grand cours sa haute et noble histoire.

3. Poème de plus de quatre mille vers, où il raconte son enfance et sa première jeunesse, sans dire un mot de ses parents, ce qui a fait supposer qu'il était enfant naturel.

froideur, aurait ensuite visité Paris et le midi de la France, inaugurant ainsi la série de ses nombreux voyages à la recherche de documents pour ses chroniques.

Quoi qu'il en soit, en 1361, il fut bien accueilli par la reine Philippe de Hainaut, qui le prit à ses gages en qualité de secrétaire ou de clerc lisant et le chargea de la « servir de beaux traittiés et dittiés amoureux », suivant la mode du temps. Elle lui donna même de l'argent pour voyager en Écosse, où, grâce à ses lettres de recommandation, il fut reçu avec honneur par le roi David et le comte de Douglas et put faire ample moisson de renseignements historiques. En 1363, il est présenté au roi de France Jean le Bon qui lui fait un présent pour ses vers. L'année suivante, il accompagne en Flandre Édouard III et visite Paris au moment du sacre de Charles V. En 1367, il est à la cour du prince Noir à Bordeaux, et met par écrit, par son exprès commandement, la naissance de son fils, qui devait être l'infortuné Richard II.

Un an après, il fait partie, avec le poète anglais Chaucer, du brillant cortège du duc de Clarence, qui allait épouser la fille du duc de Milan, et rencontre à ces noces Pétrarque, qui venait d'être couronné au Capitole. Grâce aux libéralités du duc de Savoie, il peut parcourir à petites journées le Milanais et le centre de la péninsule et visiter Rome, où le pape Urbain V et les cardinaux lui témoignent la plus grande bienveillance.

La mort de la reine Philippe (1369) le décida à rentrer à Valenciennes, non sans faire un détour par l'Allemagne, et à mettre en ordre les matériaux déjà amassés pour rédiger sa chronique et tâcher d'en tirer quelque profit. Il avait commencé son premier livre à la prière de Robert de Namur, personnage entièrement dévoué à l'Angleterre; mais dès l'année suivante, il s'attache à Wenceslas de Luxembourg, duc de Brabant, fils du roi Jean de Bohême qui était mort dans les rangs français à Crécy. Il dédie un recueil de poésies à la duchesse et reçoit bientôt (1373, la cure importante de Lestines-au-Mont. Un autre de ses protecteurs, Guy, comte de Blois, ne fut sans doute pas étranger à l'octroi de cette faveur.

Désormais Froissart, qui avait été pendant une dizaine d'années entièrement sous l'influence anglaise, s'attachera de plus en plus à la France. Sans cesser de rendre justice aux qualités des Anglais, il ne sera plus aveuglé par son admiration et verra mieux leurs défauts. La seconde rédaction du premier livre des Chroniques, qui date de 1376, tandis que la première était terminée vers 1372, est très instructive sous ce rapport[1]. A la mort de Wenceslas (1383), le comte de Blois demeurant l'unique protecteur de Froissart, l'influence française deviendra définitivement prépondérante.

Notre chroniqueur demeura dix ans assez tranquille à Lestines, partageant son temps entre son grand ouvrage et la composition de petits poèmes amoureux. Il y composa notamment un grand roman aujourd'hui perdu, *Méliador* ou *le Chevalier au soleil d'or*, dans lequel il inséra les poésies, sans doute revues par lui,

---

1. Froissart n'a cessé de revoir et de remanier son ouvrage, sauf peut-être son quatrième livre. Le premier livre surtout, de beaucoup le plus considérable, a eu au moins trois rédactions très distinctes (la dernière est de 1400), dans lesquelles l'auteur s'attache de plus en plus à faire disparaître les traces d'imitation directe de son modèle, le chanoine de Liège, Jean le Bel, qui avait conduit sa chronique jusqu'au traité de Brétigny. Nous avons rapproché plusieurs fois dans nos notes les trois rédactions, pour faciliter la comparaison.

du duc de Brabant, Wenceslas ; mais bientôt il fut repris par son humeur vagabonde et aussi par le désir de compléter les renseignements dont il avait besoin. Le comte de Blois lui avait fait échanger sa cure contre un canonicat à Chimay et l'avait pris pour chapelain : il accompagna donc son maître dans ses fréquents voyages en France, et en particulier à Riom, en Auvergne, où son fils allait épouser une fille du duc de Berry. En 1387, il semble avoir rédigé le second livre de sa Chronique ; mais, l'année suivante, il va visiter le fameux Gaston Phœbus, comte de Foix et de Béarn, à qui il offre quatre beaux lévriers au nom de son maître. Il a raconté lui-même longuement ce charmant voyage à Orthez au début de son IIIe livre, et nous pouvons voir quel zèle il mettait à profiter de toutes les occasions, soit sur son chemin, soit à la cour du comte, pour faire ample récolte d'histoires chevaleresques, et en particulier pour se renseigner sur les récentes guerres de Gascogne, d'Espagne et de Portugal. Admirablement reçu, il partit au bout de trois mois avec un viatique de quatre-vingts florins ; mais il perdit sa bourse à Avignon et dut demander à la poésie des ressources pour continuer son voyage.

Après avoir assisté à Paris à l'entrée solennelle d'Isabeau de Bavière, suivi le roi Charles VI en Languedoc de 1389 à 1390, et complété ses notes à Bourges, centre d'un grand commerce international, il peut enfin s'occuper de la rédaction de son IIIe livre. En 1395, il profite de la trêve d'Abbeville pour aller revoir ses amis d'Angleterre et se faire présenter au roi Richard II, à qui il offre un bel exemplaire de ses œuvres poétiques. En même temps, il se fait raconter les derniers événements et revient en France plein d'inquiétude, pressentant la révolution qui allait faire perdre au roi le trône et la vie. Ce fut sans doute son dernier voyage. Il avait perdu, en 1397, son bienfaiteur le comte de Blois, mais il semble avoir eu de nouveaux protecteurs dans le comte de Hainaut, Aubert de Bavière et son fils Guillaume. Il passa les dernières années à Chimay, occupé à rédiger son V^e livre, et à revoir l'ensemble de son grand ouvrage. Il mourut entre 1410 et 1419 et fut enterré dans l'église de Sainte-Monegonde, d'où son tombeau a depuis longtemps disparu, sans laisser d'autres traces qu'une statue du chroniqueur, qui se trouve aujourd'hui devant la chapelle de Sainte-Anne.

Nous n'entreprendrons pas de résumer ici les *Chroniques* de Froissart. Nous avons vu plus haut que l'auteur n'avait cessé de les revoir et d'en modifier la rédaction, qu'il a le plus souvent développée, mais parfois aussi resserrée. Elles nous présentent, en somme, une histoire générale, souvent très détaillée, de 1325 à 1400, et contiennent une multitude de faits qu'il serait difficile d'exposer en quelques lignes. Nous nous contenterons donc de dire quelques mots de la valeur de Froissart comme historien et comme écrivain.

Il faut d'abord reconnaître que Froissart ne doit pas être lu sans précaution, que son autorité n'est pas indiscutable. Mais il serait injuste de lui en faire un crime. En effet, si les archives, aujourd'hui largement ouvertes, permettent souvent de rectifier des erreurs qu'il a commises, il faut songer qu'au XIVe siècle, les ressources d'un chroniqueur de profession étaient limitées aux renseignements qu'il pouvait se procurer personnellement par la tradition orale. Sa sincérité, son impartialité sont d'autant moins discutables que parfois il lui arrive de juxtaposer les versions différentes d'un même événement, laissant au lecteur futur le soin d'en dégager la vérité historique. « Il ne paraît animé d'aucun sentiment de haine contre quelqu'un ou contre quelque chose : il ignore toute espèce de fanatisme ; il n'est obsédé d'aucune de ces passions de caste ou de nationalité qui offusquent la vue et troublent le jugement... A le bien prendre, notre chroniqueur porte en son âme un idéal qui est l'unique objet de son culte, qui lui dicte ses jugements sur les faits ainsi que sur les individus : moins étroit que le patriotisme, presque aussi ardent que la foi religieuse, c'est l'esprit chevaleresque [1] ». Il est vrai qu'au XIVe siècle, la chevalerie est malheureusement en décadence ; elle cache bien des misères sous ses dehors brillants, que Froissart se plaît à nous peindre des plus vives couleurs. De là certains jugements qui semblent accuser un certain scepticisme moral, comme lorsqu'il raconte, non sans quelque admiration, les prouesses du chef de bandes Aimerigot Marcel ou du sire d'Albret ; de là son indifférence dans des cas où il semblerait que le devoir de l'historien fût de prendre parti ; de là aussi son dédain tout aristocratique pour le peuple, qu'il méprise lorsqu'il se tient tranquille, et qu'il considère comme une collection de bêtes enragées quand il se révolte. Cependant son désir d'être juste éclate en bien des points de sa *Chronique*. S'il reconnaît, non sans quelque émotion, tout ce qu'il doit au comte de Blois, il ne craint point de le blâmer d'avoir fait tort à ses parents par la vente de son héritage, entraîné par de funestes et peu scrupuleux conseillers. Malgré les bienfaits qu'il a reçus de la famille royale d'Angleterre, il déclare qu'il ne saurait passer sous silence les fautes de Richard II, dont cependant il déplore le malheureux sort. Son admiration

1. S. Luce, *Chroniques de J. Froissart*, Introduction, p. CXII.

pour Gaston Phœbus ne l'empêche pas de raconter avec détails les crimes de cet étrange personnage. Son livre fournirait bien d'autres preuves de sa bonne foi, mais il faut nous savoir borner.

L'art de la composition ne semble pas avoir beaucoup préoccupé Froissart. Il se perd un peu dans l'immense amas de matériaux qu'il avait recueillis ; parfois il se répète, souvent aussi il se laisse aller complaisamment à délayer, tout comme Joinville, dont il a alors l'intéressante naïveté. Là où il excelle, c'est dans ses descriptions, dans les tableaux de siège ou de bataille, qui nous ravissent par un coloris et un éclat qui n'ont pas été surpassés. Dans le récit des événements dramatiques, il fait preuve d'une connaissance des passions et d'une habileté de mise en scène vraiment remarquables. La profondeur des aperçus est frappante, surtout dans la dernière rédaction, qui date des dernières années de sa vie ; nous n'en donnerons pour preuve que cet admirable portrait du peuple anglais que nous reproduisons plus loin. Enfin, ce qui montre combien cette œuvre immense est variée de ton, à côté des brillants tableaux de guerre et des scènes dramatiques, on trouve des épisodes familiers et gracieux qui nous rappellent que, dans Froissart, le chroniqueur est doublé d'un poète, comme ce récit si fin où nous voyons le roi Édouard III déclarer sa flamme à la belle et vertueuse comtesse de Salisbury.

Quant à sa langue, si elle offre en assez grand nombre des mots particuliers à sa province, et quelques tournures un peu pénibles, elle est dans son ensemble riche, claire, expressive, pleine de tours familiers qui ont tout le charme de l'imprévu. « Errant de pays en pays », dit un de ses biographes [1], « il n'avait pas le

---

1. Kervyn de Lettenhove, *Vie de Froissart*, p. 509.

temps de se soumettre au joug des formes lentes et
emphatiques d'un rhéteur, mais il avait cet inappré-
ciable avantage de conserver aux témoignages qu'il
avait pu recueillir leur caractère naïf, franc, et je ne
sais quelle chaleur naturelle sous laquelle on sent cir-
culer la vie, comme si ceux qui les dictèrent étaient
des hommes de notre temps... Si l'on sépare la narration de toute appréciation morale qui remonte à la
source et à la cause des faits, on arrive à reconnaître
que Froissart nous a laissé, comme narrateur, des mo-
dèles inimitables. » Il ne faut donc pas s'étonner si son
œuvre, malgré ses imperfections, a joui, dès son appa-
rition, d'une popularité qui dure encore aujourd'hui et
ne semble pas près de disparaître.

Notre texte est celui de M. Siméon Luce, auquel nous
n'avons fait que les quelques changements signalés en
note, nous conformant pour les accents aux règles que
nous avions déjà adoptées pour les textes plus anciens.

V. — COMMYNES.

Les *Mémoires* de Philippe de Commynes inaugurent
l'histoire politique. Dans leur partie principale, ils nous
montrent la lutte intéressante et dramatique entre
l'esprit politique qui vient de naître dans la personne
de l'habile et peu scrupuleux Louis XI, champion de
l'unité française, et l'esprit féodal qui va succomber
avec Charles le Téméraire, dernier représentant de
cette féodalité brillante dont Froissart se plaît à nous
peindre les belles passes d'armes.

La vie de Commynes nous est moins connue par ses
Mémoires que par les documents mis au jour par la
critique savante du XIXe siècle. Ses ancêtres furent
échevins d'Ypres et baillis de Gand, grands ennemis

d'ailleurs du parti populaire : ils se nommaient d'abord Van den Clyte. L'un d'eux, aïeul de l'historien, fut conseiller intime du comte de Flandre Louis II. Son maître le maria à l'héritière de la maison de Wazières, qui lui apporta la terre de Commynes [1], laquelle conférait la noblesse. Il eut deux fils, Jean, souverain bailli de Flandre, et Colard (ou Nicolas), le père de notre historien, qui succéda à son frère dans sa charge. Philippe de Commynes naquit à Renescure au plus tard en 1445, car sa mère, Marguerite d'Armuyden, qui eut au moins un enfant après lui, mourut en 1447. Il eut pour parrain le duc de Bourgogne Philippe le Bon, qui avait armé chevalier son père le jour même de la bataille de Saint-Riquier (31 août 1426). Resté orphelin en 1451, il eut pour tuteur son cousin Jean, qui consacra à son éducation 500 livres sur les 2224 qu'on avait péniblement retirées de la liquidation de l'héritage paternel. Il n'apprit point le latin, mais il lut de bonne heure de nombreux livres d'histoire, et, dès qu'il eut l'âge requis, il fut attaché à la personne du duc Philippe, et peu après à celle de son fils, le comte de Charolais, dont il devint le chambellan et le favori.

Commynes, qui avait été en plusieurs occasions employé dans des négociations délicates, eut bientôt à se plaindre de la vivacité de celui qui devait être Charles le Téméraire. Un jour qu'il lui avait demandé par plaisanterie de lui ôter les bottes, celui-ci s'exécuta, mais il lui donna ensuite un grand coup d'éperon à la tête, pour lui rappeler la distance qui les séparait. Aussi songea-t-il dès ce moment à s'assurer un autre protecteur. Il semble bien qu'il soit lui-même l'ami dont il

---

1. Commynes est située à 13 kilom. de Lille, sur la Lys, qui la coupe en deux moitiés, dont l'une appartient à la France et l'autre à la Belgique.

parle et qui avisa à Péronne Louis XI du danger qu'il
courait, s'il ne consentait à toutes les exigences de
Charles le Téméraire (1468); et lorsque, en 1471, il
s'aboucha avec le roi de la part de son maître pour de
nouvelles négociations, celui-ci acheva de le séduire par
ses offres brillantes, et lui compta d'avance 6000 livres,
que Commynes déposa chez Jean de Beaune, marchand
à Tours. Comme il hésitait encore, le roi fit saisir cette
somme pour le décider, et Commynes quitta subrepti-
cement la cour de Bourgogne, dans la nuit du 7 au 8
août 1472, pour aller retrouver Louis XI, à qui il resta
absolument dévoué jusqu'à sa mort (1483). Le roi le
nomma son conseiller et son chambellan, avec une pension annuelle de 6000 livres, le nomma capitaine du
château de Chinon et lui donna la riche principauté de
Talmont, qui ne comprenait pas moins de dix-sept cents
fiefs. avec l'exemption de taxes pour la ville des Sables-
d'Olonne. Il lui fit, de plus, épouser Hélène de Chambes,
fille ainée du seigneur et de la dame de Montsoreau.
avec une dot fictive de 20 000 écus d'or, que l'on paya
par l'abandon des droits de la famille sur la ville et seigneurie d'Argenton, moyennant une soulte de 3000 écus
d'or, dont le roi fit les frais.

Ces faveurs du roi, d'autres encore, lui attirèrent la
jalousie des courtisans, en particulier du seigneur du
Lude et du prévôt royal Tristan l'Ermite. Mais il en
triompha, et bientôt Louis XI ne put plus se passer de
lui : il l'employa dans les négociations les plus importantes et le fit coucher régulièrement dans sa chambre.
Il eut d'ailleurs à soutenir un long procès contre les La
Trémoille, à qui le roi avait enlevé la principauté de
Talmont, quoiqu'ils fussent les héritiers légitimes de
Louis d'Amboise. Il le gagna, dit-on, grâce à la suppression d'une pièce importante, opérée dans le dossier

de connivence avec le roi ; mais, après la mort de
Louis XI, les La Trémoille firent procéder à une
enquête pour établir que Louis XI avait, à son lit de
mort, témoigné des regrets de son injustice envers
eux, et Talmont fut enlevé à Commynes, qui résista par
tous les moyens et obtint enfin de rester en possession,
moyennant une indemnité de 30000 livres, qu'il fit
d'ailleurs payer par le nouveau roi.

Malgré cette marque de faveur, le jeune roi, plus
brillant que sérieux, ne témoigna jamais à Commynes
la confiance absolue que lui avait témoignée son père.
Pendant la régence d'Anne de Beaujeu, il avait expié
par deux ans de détention, dont six mois à Loches
dans une des cages de fer de Louis XI, sa participation
aux intrigues du duc d'Orléans, et, jugé enfin par le
Parlement, il avait été condamné à la confiscation du
quart de ses biens et à dix ans d'exil dans une de ses
terres. Rentré au conseil du roi en 1492, il le détourna
bientôt d'aller en Italie, craignant, dit-on, que les
Médicis de Florence, qui lui devaient de l'argent, ne
fussent victimes des événements et ne pussent s'acquitter
envers lui. Cependant, il suivit le roi, qui l'envoya, en
septembre 1494, à Venise, pour prévenir une coalition
qui se formait contre la France. Sa mission échoua, et
Charles VIII dut livrer aux confédérés, pour rentrer en
France, la terrible bataille de Fornoue (6 juillet 1495).
Ce fut Commynes qui négocia alors le traité de Verceil,
par lequel nous abandonnions le duc d'Orléans, prétendant au Milanais, ce qui semblait devoir nous assurer
l'alliance du duc Ludovic Sforza. Mais le duc n'exécuta
pas le traité, et Commynes, qui avait également échoué à
Venise, malgré son habileté reconnue de tous, porta in-
justement à la cour et auprès du roi le poids de ces
insuccès. Pour comble de malheur, le duc d'Orléans,

devenu roi sous le nom de Louis XII, garda toujours rancune à Commynes de la conclusion du traité de Verceil. Il le prit cependant pour chambellan en 1505 et l'emmena deux ans plus tard en Italie. Mais Commynes comprit que son temps était passé et il prit le parti de rentrer définitivement dans la vie privée. S'il réussit à marier sa fille unique à un de ses débiteurs, René de Brosses, comte de Penthièvre, descendant de la maison de Blois, il fut dépossédé judiciairement de sa seigneurie d'Argenton au profit de la maison de Chabot.

Commynes mourut le 18 octobre 1511, au château d'Argenton, et fut inhumé à Paris dans la chapelle du couvent des Grands-Augustins, qu'il avait bâtie. En 1514, les restes de la comtesse de Penthièvre, sa fille, y furent également transportés, et aussi, mais beaucoup plus tard, ceux de son épouse Hélène de Chambes. René de Bretagne fit élever aux deux époux un tombeau avec deux statues qui figurent aujourd'hui au musée de Versailles. Celle de Commynes montre qu'il était, selon l'expression d'un de ses biographes [1], « beau personnage et de haute stature. Il sçavoit, » continue-t-il, « assez bien parler en italien, allemand et espagnol, mais surtout il parlait bon françois, car il avoit diligemment leu et retenu toutes sortes d'histoires escrites en françois, et principalement des Romains. Il conversoit fort avec gens d'estrange nation, désirant par ce moyen apprendre d'eux ce qu'il ne sçavoit point, et d'autant qu'il avoit en singulière recommandation de bien employer son temps, on ne l'eust jamais trouvé oisif. Sa mémoire était telle que souvent il dictoit en mesme

1. Jean Philipson, dit *Sleidanus* ou *Sleidan*, historien allemand, né à Schleide, près de Cologne, en 1506. Il a écrit en latin plusieurs ouvrages et traduit dans cette langue le livre de Commynes, qu'il a fait précéder d'une biographie (1548).

temps a quatre, qui escrivoient sous lui choses diverses et concernantes a l'Estat, avec telle promptitude et facilité comme s'il n'eust devisé que d'une certaine matière... Comme il vint sur l'age, il regrettoit de n'avoir esté dès sa jeunesse instruit en la langue latine, et souvent deploroit son malheur en cela. »

On est assez généralement d'accord dans l'appréciation des *Mémoires* de Commynes. La plupart des critiques en ont loué le style mesuré, sobre, parfois un peu froid, la régularité de la composition, l'impartialité des jugements et surtout la profondeur des vues et l'esprit philosophique. « Vous y trouverez, » dit Montaigne, « le langage doulx et agreable, d'une naïve simplicité, la narration pure et en laquelle la bonne foy de l'aucteur reluit evidemment, exempte de vanité parlant de soy, et d'affection et d'envie parlant d'aultruy ; ses discours et exhortements accompaignez plus de bon zèle et de verité que d'aulcune exquise suffisance, et, tout par tout, de l'auctorité et gravité représentant un homme de bon lieu et eslevé aux grans affaires. » (*Essais* II, 10.)

M. de Barante y reconnaît « les charmes d'un langage naturel et flexible, qui reçoit toute l'empreinte des pensées et les laisse voir dans leurs vraies nuances, l'intérêt, le récit vivant et naïf d'un témoin oculaire, joints à une profonde connaissance des hommes et des affaires. »

M. Aubertin [1] nous semble avoir heureusement fait ressortir le côté particulier du talent de notre historien : « La puissance du génie de Commynes, » dit-il, « est dans la pensée, et c'était là précisément le faible des ses devanciers. A peine trouve-t-on chez eux quelques

____

1. Ch. Aubertin, *Histoire de la langue et de la littérature françaises au moyen âge*, II, 289.

saillies d'un bon sens naturel ou de judicieuses remarques exprimées sous la forme commune ou superficielle des proverbes : leur style, si alerte lorsqu'il s'agit de raconter, s'embarrasse et s'appesantit dès qu'il ébauche un raisonnement. Dans Commynes, au contraire, tout se tourne en réflexions sur les choses, en appréciations sur les hommes ; il y a chez lui comme une verve raisonneuse et une fertilité de conception philosophique qui se déclarent en présence des événements. Il remonte des effets aux causes, il scrute les mobiles cachés, les intérêts couverts et compliqués qui donnent secrètement le branle aux plus grandes affaires ; dans le caractère et les passions des plus fameux personnages, il cherche l'explication de leur destinée, il montre le germe obscur qui, en se développant, produira leur bonne ou leur mauvaise fortune. »

Mais le génie profondément observateur de Commynes ne s'enferme pas dans ces régions moyennes de l'observation politique : il s'élève parfois jusqu'à des considérations d'une haute portée morale et philosophique, qui annoncent Bossuet et Montesquieu. Parfois aussi ce juge si austère et si froid des événements contemporains s'émeut en voyant l'inanité de nos travaux et la vanité de nos ambitions, et il sait alors nous communiquer son émotion. Rien de plus digne d'un moraliste chrétien, par exemple, que les tristes réflexions que lui suggère le contraste entre la puissance de la maison de Bourgogne et la fin si malheureuse de Charles le Téméraire[1]. Bossuet a dû avoir des réminiscences de certaines pages de Commynes en écrivant les plus belles de ses oraisons funèbres.

Cependant, il faut avouer que Commynes, en homme

---

1. Voyez notre extrait V.

essentiellement positif et parfaitement conscient de sa valeur, a surtout voulu écrire un traité de morale pratique à l'usage des princes et des hommes d'État. Cette morale, conforme à la réalité des faits, est surtout la morale du succès, que Machiavel a exposée, vers le même temps, dans toute sa rigueur, dans son livre du *Prince* : « Ceux qui gagnent, » nous dit-il, « ont toujours l'honneur. » S'il ne va pas jusqu'à préconiser, comme Machiavel, l'emploi de la force, s'il reconnaît que la loyauté et la justice sont parfois la plus grande des habiletés, il considère cependant la politique comme une science qui se suffit à elle-même et qui est tout à fait indépendante de la morale. D'ailleurs, si son principe n'a rien de moral, il faut reconnaître que son livre est plein de conseils très sages et dont les hommes d'État pourraient encore aujourd'hui faire leur profit.

Pour la forme, l'ouvrage de Commynes offre un contraste frappant avec celui de Froissart : « La langue de Froissart, » dit un critique moderne [1], « est descriptive, matérielle, et cela s'explique par la nature même des sujets qu'il traitait. Celle de Commynes est abstraite, spirituelle, par opposition à la langue concrète de Froissart. L'un emprunte ses images et ses couleurs aux spectacles qu'il décrit : là même où il parle des douleurs morales, il s'attache plus à en peindre la pantomime qu'à en analyser les effets intérieurs. L'autre tire les nuances délicates de sa langue des profondeurs de l'intelligence et du raisonnement. La langue de Froissart est la langue des faits, celle de Commynes est celle des idées. Commynes, en cent endroits, nous fait toucher à Montaigne. »

Ce jugement est excellent. Nous n'y ajouterons qu'un

1. Désiré Nisard, *Histoire de la littérature française.*

mot, c'est que Commynes, grâce à son ignorance du latin, a échappé au prédantisme mis à la mode par les *rhétoricqueurs* de son temps, tandis que Montaigne et Rabelais lui-même, qui les a si fort maltraités, n'ont pas toujours réussi à se soustraire à cette fâcheuse contagion. Le livre de Commynes est donc pour nous le représentant le plus exact de la bonne et saine prose française au commencement du xvie siècle [1].

1. Nous avons suivi, sauf les corrections indiquées, et l'emploi des accents signalé à propos des autres textes, l'édition que mademoiselle Dupont a donnée (1840-1847), pour la Société de l'histoire de France, l'édition, toute récente, de M. de Chantelauze ne nous ayant pas paru meilleure au point de vue du texte. Cependant nous avons laissé en suspens la question de la prononciation de l'*e* fermé issu de *a* tonique latin, dans les cas où il est devenu ouvert dans la langue moderne.

EXTRAITS

DES

GRANDS HISTORIENS

DU MOYEN AGE

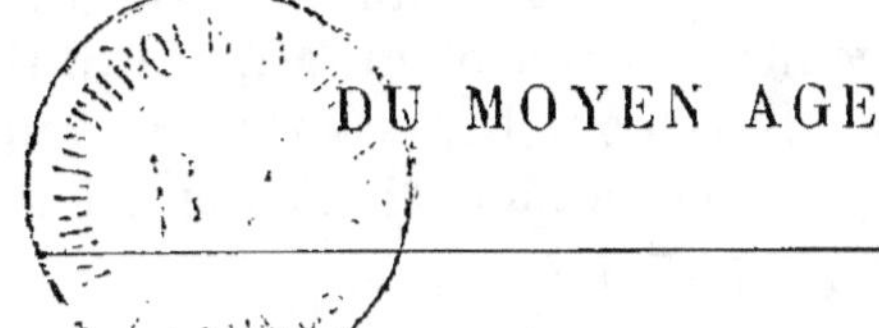

A. — VILLEHARDOUIN

1. — Début. — Foulque de Neuilly prêche la croisade.

1. Sachiez que mil et cent et quatre vinz et dix sept ans [1] après l'incarnation de Nostre Seignor [2] Jesu Crist, al tens Innocent [3], apostoile de Rome et Phelipe [4], roi de France et Richart, roi d'Engleterre, ot un saint home en France qui ot nom [5] Fouques [6] de Nuilli [7] (cil Nuillis siét entre Laigni sor Marne et Paris), et il ére prestres et tenoit la parroisse de la ville. Et cil Fouques dont je vos di comença a parler de Deu par France et par les autres terres entor ; et sachiez que Nostre Sire(s) fist maintes miracles por lui.

1. Éd. *anz.* — 2. Éd. *Seignor.* — 3. *Al tens Innocent*, du temps d'Innocent. L'ancien français supprimait volontiers, surtout avant le XIVe siècle, la préposition *de* devant un nom de personne désignant le possesseur (génitif latin). Innocent III était pape depuis le 8 janvier 1198 (nouveau style). D'après l'ancien style, l'année ne devait se terminer qu'à Pâques, qui tomba cette année-là le 29 mars : l'indication de Villehardouin est donc exacte. — 4. Philippe II, ou Philippe-Auguste, fils de Louis VII, régna de 1180 à 1223. Ce prince eut une part glorieuse à la prise de Saint-Jean-d'Acre (1191), avec Richard-Cœur-de-Lion, roi d'Angleterre, son allié dans la troisième croisade, vainquit à Bouvines (1214) l'empereur Othon IV et le comte de Flandre, alliés de Jean-sans-Terre, frère et successeur de Richard, et assura ainsi la réunion à la couronne de la plupart des provinces que les Anglais possédaient en France. On l'a surnommé le *Charlemagne capétien.* — 5. *Avoir nom* se construisait avec le cas sujet, comme *se nommer* et les autres verbes réfléchis accompagnés d'un attribut. 6. Éd. *Folques.* — 7. *Nuilli*, Neuilly.

2. Sachiez que la renomée de cel saint home ala tant qu'èle vint a l'apostoile de Rome, Innocent; et l'apostoiles envoia en France et manda al prodome que il preeschast des croiz[8] par s'autorité[9]. Et après i envoia un suen cardonal, maistre Perron[10] de Capes[11], croisié, et manda par lui le pardon tél[12] con je vos dirai : Tuit cil qui se croi(s)-seroient et feroient le servise Deu un an en l'ost seroient quite de toz les pechiez que il avoient faiz, dont il seroient confès. Por ce que cil pardons fu issi granz, si s'en esmurent mout li cuer des genz, et mout[13] s'en croisiérent por ce que li pardons ére si granz.

Les principaux croisés furent Thibaut, comte de Champagne et de Brie et Louis, comte de Blois et de Chartres, neveux des rois de France et d'Angleterre; Simon de Montfort; Renaut de Montmirail, Geoffroi de Villehardouin, maréchal de Champagne; Baudouin, comte de Flandre, sa femme la comtesse Marie, sœur de Thibaut de Champagne, son frère Henry et son neveu Thierry. Six messagers (de ce nombre était Villehardouin) envoyés par les comtes Thibaut, Louis et Baudouin, avec pleins pouvoirs pour se procurer des vaisseaux, se rendent à Venise, où ils arrivent la première semaine de carême de l'an 1201.

---

8. *Des croiz*, une croisade. *Par s'autorité*, en son nom. *Son* (comme *mon*, *ton*), possessif masculin pour *sa*, devant une voyelle, ne commence à se montrer qu'au xive siècle. — 9. *Perron*, cas régime formé d'après l'analogie de la 3e déclinaison des noms en *o, onis* (*Othe, Othon*), Pierre. — 10. *Capes*, Capoue. — 11. *Tél*, éd. *tel*. Nous croyous devoir marquer d'un accent aigu l'*e* provenant de *a* latin tonique (bien que la prononciation différât peut-être un peu de celle de notre *e* fermé), pour bien marquer la différence avec l'usage moderne, qui ne s'est guère fixé qu'à la fin du xvie siècle. Nous écrirons donc *mér, pére, entrérent*, etc. ; de même, nous marquerons d'un accent aigu l'*e* de la diphtongue *ié*, quelle que soit sa provenance, même dans les mots où il est ouvert aujourd'hui, car l'*e* y était fermé, sauf dans le dialecte wallon, lorsqu'elle remplaçait *e* ouvert du français propre. — 12. *Servise* (= servitium) est de formation savante, de même que *service*, dont il n'est qu'une variante. Voy. Constans. *Chrestomathie de l'ancien français*, 2e éd., Paris, Bouillon, 1890, p. 139, note au v. 78. — *Servise Deu*. Voy. ci-dessus, note 3. — 13. *Mout*, éd. *mult*. Nous écrirons toujours ainsi, conformément à la prononciation. Les manuscrits donnent le plus souvent *ml't* en abrégé ; mais alors même qu'il y a *mult* ou *molt*, il faut y voir : dans le premier cas, une habitude graphique des scribes qui transcrivaient plus fréquemment du latin ; dans le second, une orthographe archaïque. Dès le milieu du xiie siècle, l'*l* devant une consonne était complètement vocalisée. Nous vocalisons également l'*l* dans tous les mots semblables, en renvoyant en note la leçon de l'édition et du ms. dont elle suit l'orthographe, parfois variable. — Le premier *mout* représente *multum*, adverbe ; le second *multi*, sujet pluriel.

II. — *Les Croisés concluent un traité avec les Vénitiens.*

15. Li dux [1] de Venise, qui ot a nom Henris [2] Dandole. et ére mout sages et mout pro(u)z, si les honora mout, et il et les autres genz [3], et les virent mout volentiers. Et quant il baill[i]érent [4] les lètres lor seignors [5], si se mer-veill[i]érent [4] mout por quél afaire il érent venu en la terre. Les lètres érent de creance ; et distrent [6] li conte que autant les creïst on [7] comme lor cors [8], et tenroient [9] fait ce que cist six feroient.

16. Et li dux lor respont : « S[e]ignor, je ai veües vos lètres. Bien avons coneü [10] que vostre s[e]ignor sont li plus haut home qui soient sanz corone ; et il nos mandent que nos creons ce que vos nos diroiz [11], et tenront ferm [12] ce que vos feroiz. Or dites ce que [13] vos plaira. »

17. Et li message respondirent : « Sire, nos volons que vos aiez vostre conseil, et devant vostre conseil nos vos dirons ce que nostre seignor vos mandent, demain, se il vos plaist. » Et li dux lor respondi(t) que il lor requeroit respit al quart jor [14], et adonc a[v]roit son conseil en-semble [15], et porroient dire ce que il requeroient.

18. Il atendirent trés ci que al [16] quart jor que il lor ot mis ; il entrérent el palais, qui mout ére riches et biaus [17], et

---

II. 1. *Li dux,* le doge Henri Dan-dolo. — 2. *Henris.* Pour le cas sujet, voy. la note 1, 5. — 3. *Genz,* éd. *gens.* Le texte n'étant pas du domaine picard ou wallon (Nord et Nord-Ouest), il y a lieu d'attribuer au scribe les cas isolés ou *s* se rencontre pour *z* ($= ts$).

4. *Bailliérent... merveilliérent,* éd. *baillerent... merveillerent.* Nous pla-cerons désormais entre crochets, sans en avertir, les lettres nécessaires pour rétablir l'orthographe régulière ; de même nous mettrons entre paren-thèses les lettres à supprimer. — 5. *Lor seignors,* de leurs seigneurs. Voy. la note I, 3, à laquelle nous renvoyons une fois pour toutes. — 6. *Distrent.* Le parfait pour l'imparfait, comme souvent en ancien français. — 7. *On,* éd. *en.* — 8. *Lor cors,* eux-mêmes. *Cors* (et aussi, mais moins souvent *personne, chiéf* (tête), *membres*) s'em-ployait avec un possessif ou un com-plément déterminatif avec ou sans *de,* pour désigner une personne, même lorsqu'on ne visait que la personnalité, et non le corps de l'individu désigné. — 9. *Tenroient* a pour sujet *li conte ;* sous-entendez *que il.*

10. *Coneü,* éd. *queneu.* — 11. *Diroiz* (éd. *direz*) ; *feroiz* (éd. *ferez*). L'e long de *habetis,* qui forme la désinence du futur, donne régulièrement *ei,* et à la fin du xiie siècle *oi.* La forme *ez* est analogique. Cf. *conseilleroiz,* § 20. — 12. *Tenront ferm,* ratifieront. — 13. *Que* ($=$ quod), neutre, est ici sujet.

14. *Al quart jor,* jusqu'au quatrième jour. — 15. *Ensemblé,* éd. *ensemble.*

16. Éd. *tresci que au.* — 17. *Biaus,* éd. *biax :* orthographe fréquente dans le manuscrit suivi par l'éditeur. Du

trovérent le duc et son conseil en une chambre, et distrent lor message en tél maniére : « Sire, nos somes a toi venu de par les hauz [18] barons de France qui ont pris le sine [19] de la croiz por la honte Jesu Crist vengier et por Jerusalem reconquerre, se D(i)eus [20] le vueut soffrir. Et por ce que il sévent que nule genz [21] n'ont si grant pooir d'aus aidier con vos et la vostre genz, vos prient por Dieu que vos aiez pitié de la terre d'outre mér [22] et de la honte Jesu Crist, et que vos voilliez mèt(t)re paine coment il puissent avoir navie et estoire. »

19. « En quél maniére ? » fait li dux. — « En totes les maniéres, » font li message, « que vos lor savroiz [23] loer ne conseil[l]ier [24] que il faire ne soffrir [24] puissent. — Certes, » fait li dux, « grant chose nos ont requise, et bien semble que il béent a haut afaire ; et nos vos en respondrons d'ui a huit jors [25]. Et ne vos merveilliez mie se li termes est lons, car il covient mout penser a si grant chose. »

20. Al terme que li dux lor mist, il revindrent el palais. Totes les paroles qui la furent dites et retraites ne vos puis mie reconter, mais la fins dou parlement fu teus : « Seignor, « fait li dux, » nos vos dirons ce que nos avons pris a conseil [26], se nos i poons mètre nostre grant Conseil et le commun de la terre, que il l'otroit ; et vos vos conseilleroiz [27] se [28] vos le porroiz [27] faire ne [29] soffrir.

21. « Nos ferons (v)uissiers [30] a passer [31] quatre mille et

<hr>

reste, *x* finale n'est qu'un signe purement graphique, une abréviation équivalente à *us*. Nous corrigerons désormais le texte sur ce point, sans en avertir. — 18. *Hauz* (éd. *hals*). Voy. notes I, 13 et II, 3. — 19. *Sine*, orthographe conforme à la prononciation. Cf. le moderne *signet*. — 20. *Deus* (éd. *Dieus*). La forme non diphtonguée, qui se rencontre au début de l'ouvrage (Cf. §§ 1 et 2), montre que le scribe a été d'abord plus attentif et que la forme *Dieus* lui appartient. Voy. note II, 38. — *Vueut* (éd. *vuelt*). Voy. note I, 13. — 21. *Genz*, sujet singulier : à l'origine *gent*, invariable au singulier. Le pluriel est employé par syllepse à cause du sens collectif. — 22. Éd. *d'oltremer... vueilliez*. Nous vocaliserons désormais, sans en avertir, l'*l* placée devant une cons., qui se rencontre assez souvent dans l'édition.

23. *Savroiz* (éd. *saurez*). Voy. note II, 11, — 24. *Ne conseillier... ne soffrir*. Ne « ni », s'employait fréquemment pour *ou*, ou *et*, non seulement dans les propositions négatives comme aujourd'hui, mais encore dans les propositions interrogatives, conditionnelles, dubitatives ou présentant quelque indétermination. — 25. *Jors*, éd. *jorz*.

26. *Pris a conseil*, résolu. — 27. *Conseilleroiz, porroiz*. Voy. note II, 11. — 28. *Se.* éd. *si*. — 29. *Ne soffrir*. Cf. § 23, fin et voy. note II, 24.

30. *L'issiers*, mieux que *vuissiers* (édition), vaisseaux dont le flanc était percé d'une porte (*uis*) pour embarquer les chevaux. — 31. *A passer*, pour passer.

cinc cenz chevaus et nuef mille escuiers, et ès nés [32] quatre
mille et cinc cenz chevaliers et vint mille sergenz a pié.
Et a toz ces chevaus et ces genz iért teus la covenance [33]
que il porteront vïande a nuef mois. Tant vos ferons al
mains [34], en tél forme [35] que on donra por le cheval quatre
mars et por l'ome deus.

22. « Et totes ces co(n)venances [34] que nos vos devisons,
vos tendron[s] par [36] un an, dès le jor que nos departirons
del port de Venise a faire le servise D(i)eu et la Crestïenté [37],
en quélque leu [38] que ce soit. La somme de cest avoir, qui
ci est devant nomez, si monte quatre vint cinq mille
mars.

23. « Et tant ferons [39] nos plus que nos metrons cinquante galées armées por l'amor de D(i)eu, par tél co(n)ve-
nance que, tant con nostre compaignie durra, de totes con-
questes que nos ferons de terre ne d'avoir, par mér ou
par terre, la moitié en avrons, et vos l'autre. Or si vos
conseilliez, se vos le porroiz faire ne soffrir [29]. »

24. Li message s'en vont, et distrent que il parleront [40]
ensemble et lor en respondront l'endemain. Conseilliérent
soi et parlérent ensemble cèle nuit, et si s'accordérent al
faire. El demain [41] vindrent devant le duc et distrent :
« Sire, nos somes prest d'aseürer ceste co(n)venance. » Et
li dux dist qu'il en parleroit a la soe gent, et ce que il tro-
veroit [42], il le lor feroit savoir.

25. L'endemain, al tierz jor [43], manda li dux, qui mout

---

32. *Et ès nés*, et dans les vaisseaux
(sous-entendu « nous passerons »).
Anacoluthe remarquable. — 33. *Teus*
(éd. *telx*). Voy. notes I, 13 et II, 17.
Covenance, convention. Cf. § 22. —
34. *Ferons*, éd. *feromes*. Voy note 39.
— *Mains*. Voy. note VI, 8. — 35. *En
tél forme que*, à condition que.

36. *Par*, pendant. Cf. *par nuef jors*
§ 137. — 37. *A faire*, etc., pour faire
le service *dé* Dieu et *de* la Chrétienté.
Voy. note 1, 3. — 38. *Leu*, d'abord *lóu*
(= locum) avec l'accent sur l'*o*, où
le *c* s'est absorbé dans la voyelle labiale suivante *u*. (Voy. notre *Chrestomathie*, II, 19). La forme *leu* dérive
d'une forme primitive *lueu* o bref donne

ue), d'où *leu* et *lieu*. Cf. *Dieu* et *Deu* et
voy. note II, 20.

39. *Ferons, metrons* : éd. *feromes,
meteromes*, formes dialectales du Nord
et du Nord-Est.

40. *Parleront* (éd. *parleroient*). Le
mélange du futur et du conditionnel
semblerait ici un peu dur, tandis que le
défaut de concordance (le futur au lieu
du conditionnel) n'a rien d'insolite en
ancien français. — 41. *El demain*, éd.
et demain. — 42. *Trouver en son conseil*,
ou simplement *trouver* (quand le sens
est suffisamment clair par le contexte).
signifie « être conseillé d'une chose, décider d'après l'avis de son conseil ».

43. *L'endemain al tierz jor*, le

ére sages et proz, son Grant Conseil : et li Conseils ére de quarante homes des plus sages de la terre. Et il, par son sens et par son engin, que il avoit mout clér et mout bon, les mist en ce que [44] il le [45] loérent et vourent [46]. Ensi les [47] mist, puis cent, puis deus [48] cenz, puis mil, tant que tuit le creantérent et loérent. Puis en as(s)embla ensemble bien dix mil[le] [49] en la chapèle de saint Marc, la plus bèle qui soit, et si lor dist que il oïssent messe del Saint Esperit et priassent D(i)eu que il les conseillast de la requeste as messages [59] que il lor avoient faite. Et il si firent mout volentiers.

26. Quant la messe fu dite, li dux manda aus messages que il requeïssent [51] a tot le pueple humblement que il vousissent que cèle co(n)venance fust faite. Li message vindrent el mostier : mout furent esgardé de maintes genz qui nes avoient ainc mais veüz.

27. Joffrois de Vile Hardoin, li mareschaus de Champaigne, mo(n)stra la parole [52], par l'acort et par la volenté as autres messages [50], et lor dist : « Seignor, li baron de France li plus haut et li plus poèsteïf nos ont a vos envoiez, si vos crient merci que il vos preigne pitié de Jerusalem, qui est en servage de Turs, que vos por D(i)eu voilliez lor compaignie [53] a la honte Jesu Crist vengier [54]. Et por ce vos i [55] ont esliz que il sévent que nule genz n'ont [56] si grant pooir, qui sor mér soient, come vos et la vostre genz. Et nos comandérent que nos vos en [57] chaïssiens as

---

matin du troisième jour : le sens propre de *l'endemain* (in-de-mane) est « le lendemain matin ». Le simple *main* est plus usité dans le sens de « matin ». — 44. *Les mist en ce que*, etc., les amena à le conseiller et à le vouloir. — 45. *Le*, cela. — 46. *Vourent*, éd. *voltrent.* — 47. *Les*, c'est-à-dire les quarante du Grand Conseil. — 48. *Deus*, éd. *deux.* — 49. *Mil* de l'édition est peut-être une mauvaise lecture de l'abréviation *m. Mille* seul donne régulièrement *mil*; le pluriel *milia* (*millia*) donne *mile* (*mille*). — 50. *As messages*, des messagers (cf. § 27), datif de possession assez usité au lieu du génitif. Le pronom *il*, qui suit, représente *li message.*

51. *Requeïssent*, pour *requesissent*, se présente de très bonne heure. Le parfait, 2ᵉ pers. du sing et 1ʳᵉ et 2ᵉ du plur. (et l'imparfait du subjonctif), de *guerre* a subi l'influence de *veïs, veïmes, veïstes.* De même *faire, mettre*, etc.

52. *Monstra la parole*, prit la parole. Cf. V, § 213, etc. — 53. *La compaignie*, éd. *lor compaignier. Lor* pour *eus* (*eux*) est rare. Pour la correction, cf. § 29, fin. — 54. *A... vengier*, pour venger. — 55. *I*, à cela, pour cela. Éd. *eslis.* — 56. *Nule genz n'ont.* Syllepse du nombre. Voy. II, note 21. La proposition relative est séparée de l'antécédent *genz*, comme souvent en ancien français. — 57. *En chaïssiens*, en levassiens (éd. *leveïssiens*). Le premier

piez et que nos n'en [37] levassiens jusques a tant que vos
a[v]riez otroié que vos a[v]riez pitié de la Terre Sainte
d'outre mér. »

28. Maintenant li six message s'agenoillent a lor piez
mout plorant, et li dux et tuit li autre s'escrevérent a plorer [58] de la pitié, et s'escriérent tuit a une voiz et tendirent
lor mains en haut et distrent : « Nos l'otrions ! nos
l'otrions ! » Enqui ot si grant bruit et si grant noise que il
sembla que terre [59] fondist.

29. Et quant cèle granz noise remést et cèle granz pitiez,
que [60] onques plus grant ne vit nus hom, li bons dux de
Venise, qui mout ére sages et proz, monta el leteri et parla
al [61] pueple et lor dist : « Seignor, veez l'onor que Dieu vos
a faite, que la meillor genz del monde ont guerpi [62] tote
l'autre gent et ont requis vostre compaignie de [63] si haute [64]
chose ensemble faire con de [65] la rescosse Nostre Seignor. »

30. Des paroles [66] que li dux dist bones et belles ne vos
puis tout raconter ; mais ensi fina la chose que de faire
les cha(r)tres pristrent a l'endemain jor ; et furent faites et
devisées [67]. Quant èles furent faites, si fu la chose devisée [67] a conseil que on iroit en Babiloine [68], por ce que
par Babiloine por[r]oient mieuz les Turs destruire que
par autre terre. Et en oiance [69] fu devisé [67] que il en iroient
outre mér. Il estoit adonc quaresmes, et de la saint Johan
en un an, qui fu mil deus cenz ans et deus après l'incarnation Jesu Crist, devoient li baron et li pelerin estre en
Venise, et li vaissel appareillié contre eus [70].

---

en signifie « au sujet de cela, dans ce but », le second « de là ».

58. Trad. : « fondirent en larmes. » — 59. *Terre*, comme *ciel* et *paradis*, s'emploie souvent sans article ; ils sont alors considérés comme des noms pro- pres de lieu. Du reste, l'ancien fran- çais supprimait volontiers l'article de- vant certaines catégories de noms, par exemple devant les titres, etc.

60. *Que*, [telle] que. — 61. *Al*, éd. *au*. — 62. *Guerpi*, laisse de côté. — 63. *De*, au sujet de, pour. — 64. *Haute*, éd. *alte*. — 65. *Si haute chose... con de*, si haute (glorieuse) chose comme est (que l'est).

66. *Des paroles*, etc. Cette formule naïve d'abréviation est chère à Ville- hardouin. Nous en avons déjà vu un exemple plus haut, II, § 20 ; nous en rencontrerons d'autres. — 67. *Devisées*, arrêtées dans leur termes. A la même ligne, *devisée* signifie « décidée, con- venue » ; de même trois lignes plus loin. — 68. La *Babylone* dont il est ques- tion ici est, naturellement, Babylone d'Égypte, comme on disait au moyen âge, c'est-à-dire Le Caire. — 69. *En oïance* (éd. *oïance*), publiquement (par opposition aux mots *a conseil*, dans le conseil). — 70. *Eus*, éd. *als*. *Contre eus*, en face d'eux (prêts à les recevoir).

Thibaut, comte de Champagne, étant mort, les Croisés, sur la proposition de Villehardouin, désignent pour les commander Boniface, marquis de Montferrat. Un certain nombre de pèlerins étant allés s'embarquer en Pouille, l'argent manqua aux Croisés pour payer les Vénitiens, et, pour obtenir un répit, ils durent leur promettre de leur aider à reprendre Jadres (Zara). La ville fut prise et on s'y installa pour la mauvaise saison. A la requête d'Alexis, fils d'Isaac l'Ange et neveu d'Alexis III l'Ange qui avait occupé le trône de Constantinople après avoir fait crever les yeux à son frère, la plus grande partie des Croisés décident de le rétablir sur le trône ; les autres se rendent en Syrie. Prise de Duras (Durazzo), d'Andre (Andros) et d'Avie (Abydos), où les vaisseaux qui étaient en retard rejoignent le gros de la flotte.

III. — *Les Croisés arrivent devant Constantinople.*

127. Lors se partirent del port d'Avie[1] tuit ensemble. Si pëussiez vëoir flori le Braz Saint Jorge[2] contremont de nés et de galies et d'uissiers[3] ; et mout granz merveille ére la biautez a regarder. Et ensi corurent contremont le Bra(i)z Saint Jorge tant que il vindrent, la veille de la saint Johan[4] Baptiste, en juin, a Saint Estiéne[5], a une abbaïe qui ére a trois lieues de Costantinople[6]. Et lors virent tot a plein Costantinople[6] cil des nés et des galies et des uissiers[3], et pristrent port et aancrérent lor vaissiaus.

128. Or poez savoir que mout esgardérent Costantinople cil qui onques mais ne l'avoient vëüe, que il ne pooient mie cuidier que si riche vile pëust estre en tot le monde. Con[7] il virent ces hauz murs et ces riches tours dont éle ére close tot entor a la reonde, et ces riches palaiz et ces hautes

---

III. 1. *Avie*, Abydos, sur le détroit des Dardanelles, en Asie. — 2. Le Bras de Saint-Georges désigne ici le détroit des Dardanelles (l'Hellespont). Plus loin, il désigne la mer de Marmara ou même le canal de Constantinople ou la Corne d'or. — 3. *D'uissiers*, éd. *de rissiers*. Cf. plus bas et voy. la note II, 30. — *Merveille*, éd. *mervoille* ; de même, 18. — 4. Éd. *Jehan*. — 5. *Saint Estiéne*, aujourd'hui *San Stephano*, célèbre par le traité de paix qui y a été récemment conclu entre la Russie et la Turquie et qui a consacré l'indépendance à peu près complète de la Bulgarie. — 6. Éd. *Costantinoble*, forme qui se rencontre ailleurs. De même à la ligne suivante et §§ 133, 134 et 137. Nous ne corrigeons que pour l'uniformité de l'orthographe.

7. *Con*. éd. *cum*. L'éditeur met une virgule avant ce mot et un point après *soveraine* ; la phrase suivante commence par *Et sachiez*. La correction que nous introduisons nous semble indispensable.

iglises[8], dont il i avoit tant que nu(l)s nel peüst[9] croire, se il ne le veïst a l'ueil[10], et le lonc et le lé de la vile qui de totes les autres ere soveraine, sachiez que il n'i ot si hardi cui[11] la chars ne fremist; et ce ne fu mie merveille, que onques si granz af(f)aires ne fu empris[12] de nul(l)e gent, puis que li monz fu estorez.

129. Lors descendirent a terre li conte et li baron et li dux de Venise, et fu li parlemenz el[13] mostier Saint Estiéne. La ot maint conseil pris et doné. Totes les paroles[14] qui la furent dites ne vos contera mie li livres[15], mais la somme[16] del conseil si fu teus[17] que li dux de Venise se dreça en estant et lor dist :

130. « Seignor, je sai plus del co(n)vine de cest païs que vos ne faites[18], car autre foiz i ai esté. Vos avez le plus grant afaire et le plus perillos[19] entrepris que onques genz entrepreïssent; por ce si covendroit que on ovrast sagement. Sachiez, se nos alons a la terre ferme, la terre est granz et large, et nostre gent[20] sont povre et disetos[21] de la viande, si s'espandront par la terre por querre la viande; et il i a mout grant plenté de la gent el païs, si ne porriens tot garder que[22] nos n'en perdissiens. Et nos n'avons mestier de perdre, que mout avons poi de gent a ce que[23] nos volons faire.

131. « Il a isles[24] ci près, que vos poez vëoir de ci, qui sont abitées de genz et laborées[25] de blez et de viandes et d'autres biens. Alons enqui prendre port, et recu[e]illons

---

8. *Iglises* éd. *yglises.* — 9. *Peüst*, éd. *poist.* — 10. *Ueil*, éd. *oil.* — 11. *Cui*, a qui, dont; datif de possession. — 12. *Empris*, éd. *enpris.*

13. *El*, éd. *ou.* — 14. *Totes les paroles*, etc. Voy. note II, 66. — 15. *Li livres*, la chronique. — 16. *Somme*, éd. *summe.* — 17. *Teus*, éd. *tiels.*

18. *Faites.* L'emploi de *faire* dans les phases comparatives, pour éviter la répétition d'un verbe, est tres fréquent en aucien français, même si ce verbe n'indique nullement une action ou s'il est neutre. — 19. Remarquez la place du substantif *afaire* entre deux adjectifs qui s'y rapportent: cette construction n'est pas rare. On trouve de même le verbe placé entre ses deux régimes réunis par une copule. — 20. *Nostre gent* nos gens. *Gent* a pris la forme d'un sujet pluriel masculin. Cette construction par syllepse du genre est à opposer à celle que nous avons déjà vue. Voy. note II, 21. — 21. *Disetos*, éd. *diseteus. D. de la viande* (éd. *viande*; de même partout), souffrant du manque de vivres. Plus loin, § 131, *viande* a le sens de « produits de la culture du sol ».— 22. *Tot*, tout notre monde, tous nos gens. *Que*, sans que. — 23. *A ce que*, pour ce que.

24. *Il a isles*, il y a des iles. — 25. *Laborées de blez* (litt. : travaillées de blés), cultivées en blé, de façon à en produire.

les blez et les vïandes del païs; et quant nos avrons les vïandes recu[e]illies, alons [26] devant la vile et faisons ce que Nostre Sire(s) avra porveü. Quar plus seürement guerroie cil qui a la vïande que cil qui n'en a point. » A cel conseil s'accordérent li conte et li baron, et s'en ralérent tuit a lor nés, chascuns a ses vaissiaus [27].

132. Ensi repo(u)sérent cèle nuit. Et al ma(i)tin, le jor de la feste mon seignor saint Johan Baptiste, en juin(g), furent dreci[é]es les baniéres et li confanon ès chastiaus des nés, et les houces ostées des escuz, et portendu li bort des nés. Chascuns regardoit ses armes teus con a lui co(n)vint, que de fi sévent que par tens en a[v]ront mestier.

133. Li marinier traient les ancres et laissent les voiles al vent aler, et Dieus lor done bon vent tél con a eus co(n)vint. Si s'en passent [28] trés par devant Costantinople, si près des murs et des tours que a maintes de lor nés traist on [29] : si i avoit tant de gent sor les murs et sor les tors, que il sembloit que il n'eüst se la non [30].

134. Ensi lor bestorna [31] Dieus Notre Sire(s) le conseil qui fu pris le soir de torner ès isles, ausi con se chascuns n'en eüst [32] onques oï parler, et maintenant traient a la ferme terre plus droit que [33] il onques pue[e]nt. Et pristrent port devant un palais l'empereor Alexi, dont li leus [34] estoit apelez Chalcedoines [35]; et fu endroit Costantinople, d'autre part del Braz, devers la Turquie. Cil palais fu un des plus biaus et des plus delitables que onques ueil [36] peüssent esgarder, de toz les deliz [37] que il covient a cors d'ome, que en maison de prince doit avoir [38].

---

26. *Alons*, éd. *alomes*. — 27. Ed. *nés chascuns et a ses vaissiaus.*

28. *S'en passent.* On disait *s'en passer*, *s'en venir*, comme *s'en aller.* — 29. *Traist on.* L'inversion du sujet est de règle lorsqu'un régime ou un adverbe précède. — 30. *Que il n'eüst* (éd. *aust*) *se la non*, qu'il n'y en eût pas si ce n'est là. La place réguliere des mots qu'introduit *sinon* dans la phrase est, en ancien français, entre *si* et *non*. *Il n'eüst* (sans adverbe), comme *il a*, plus tard *il y a.*

31. *Ensi lor bestorna*, etc. Ainsi (comme vous allez voir), Dieu leur changea la résolution. etc. On voit que Villehardouin est parfois aussi naïf que le bon Joinville. — 32. *Eüst*, éd. *aust.* — 33. *Plus droit que*, le plus directement que. Cette construction est la plus fréquente dans l'ancienne langue. — 34. *Leus.* Voy. note II, 38. — 35. *Chalcedoines* (éd. *Chalcidoines*), Chalcédoine, sur la côte d'Asie, près de Scutari, en face de Constantinople. — 36. Ed. *Uuques uel.* — 37. *De toz les deliz* est un complément explicatif de *delitables. A cors d'ome*, à un homme. Voy. note II, 8. — 38. *Que doit avoir*, qu'il doit y avoir. Voy. note 30.

135. Et li' conte et li baron descendirent a la terre et se [h]erbergiérent el palais et en la vile entor; et li plusor tendirent lor paveillons. Lors furent li cheval trait fors des uissiers[39], et li chevalier et li serjant descendirent a la terre a totes lor armes[40], si que il ne remést ès vaissiaus que li marinier. La contrée fu bèle et riche et plenteürose de toz biens, et les moies des blez, qui estoient messoné, parmi les champs. Tant que chascuns en vout prendre, si en prist, con cil qui[41] grant mestier en avoient.

136. Ensi sejornérent en cel palais l'endemain, et al tierz jor lor dona Dieus bon vent; et cil marinier resachent lor ancres et drècent lor voiles al vent. Ensi s'en vont contremont le Braz, bien une lieue desor Costantinople, a un palais qui ére l'empereor Alexi, qui ére apelez l'Escutaire[42]. Enqui se aancrérent[43] les nés et li uissier et totes les galies; et la chevalerie qui ére [h]erbergi[é]e el palais de Calcedoine ala encoste par terre.

137. Ensi se herbergiérent[44] sor le Bra(i)z Saint Jorge, a l'Escutaire[42] et contremont, l'os des François. Et quant ce vit l'emperére[45] Alexis, si fit la soe ost issir de Costantinople, si se herberja sor l'autre rive, d'autre part, endroit eus[46], si fist tendre ses paveillons, por ce que cil ne peüssent prendre terre par force sor lui. Ensi sejorna l'os[t] des François par nuef jors[47], et se pourchaça de vïande cil qui mestier en ot : et ce furent tuit cil de l'ost.

Les Grecs sont défaits dans un premier engagement peu important. Le lendemain, l'empereur Alexis envoie un messager aux Croisés pour leur manifester son étonnement de ce que, chrétien, il est attaqué par des chrétiens. Ceux-ci répondent en le sommant de rendre le trône à son neveu.

---

39. *Uissiers*, éd. *vissiers* (de même toujours). — 40. *A totes lor armes*, avec leurs armes. Ce n'est que plus tard que *a tot* est devenu une préposition et par conséquent invariable. — 41. *Con cil qui*, comme gens qui (parce qu'ils).

42. *L'Escutaire*, Scutari, sur la côte d'Asie, au-dessus de Chalcédoine. — 43. *Aancrérent*, éd. *ancrcerent*.

44. *Se herbergiérent* a pour sujet l'os, qui, en sa qualité de collectif, peut se construire avec le pluriel. Cf. *gent* et voy. note II, 21. — 45. *L'emperére*, au cas régime *l'empereor*. *L'* pour *li* se rencontre déjà dans le *Roland*. L'Alexis dont il s'agit ici et plus haut (§§ 134 et 136) est l'usurpateur Alexis III-l'Ange. — 46. *Endroit eus* (éd. *als*), en face d'eux. — 47. *Par nuef jors* (éd. *jorz*), pendant neuf jours. Voy. note II, 36

IV. — *Les Croisés montrent le jeune Alexis au peuple de Constantinople. — L'avant-garde est confiée au comte de Flandre Baudouin.*

145. Li baron parlérent ensemble l'endemain, et distrent qu'il mostreroient Alexi, le fil l'empereor de Costantinople [1], al pueple de la cité; et dont firent ariver les galies totes. Li dux de Venise et li marchis de Monfer[r]at entrérent en une, et mistrent avec eus Alexi, le fil l'empereor Sursac, et ès autres galies entrérent li chevalier et li baron, qui vout [2].

146. Ensi s'en alérent rés a rés [3] des murs de Costantinople et mostrérent al pueple des Grés le va[l]let et distrent : « Veez ici vostre seignor naturél, et sachiez nos ne venimes [4] mie por vos mal faire, ainz venimes por vos garder et por vos deffendre, se vos faites ce que vos devez : car cil cui vos obeīssiez con [5] a seignor vos tient a tort et a pechié, contre Dieu et contre raison. Et bien savez con il a desloiaument ovré vers son seignor et vers son frére, que il li a les ueuz [6] traiz et tolu son empire a tort et a pechié. Et veez ci le droit [h]oir : se vos vos tenez a lui, vos feroiz ce que vos devroiz; et se vos nel faites, nos vos ferons le pis que nos porrons. » Onques nus de la terre ne de la cité ne fist semblant que il se tenist a lui, por la cremor et por la dotance de l'empereor Alexi. Ensi s'en revindrent en l'ost ariére, et alérent chascuns a sa he[r]berge.

147. L'endemain, quant il orent la messe oïe, s'asemblérent a parlement [7], et fu li parlemenz a cheval en mi les champs. La peüssiez véoir [8] maint bel destr[i]er et maint bon chevalier desus. Et fu li conseuz [9] des batailles devi-

---

IV. 1. Ed. *Costantinoble.* — 2. *Qui vout,* [celui] qui voulut : singulier distributif en apposition à deux noms pluriels.

3. Éd. *rez à rés.* — 4. *Et sachiez nos ne venimes mie,* et sachez [que] nous ne sommes pas venus. Le passé défini est très souvent employé pour le passé indéfini ou pour l'imparfait. L'ellipse de *que* dans les propositions substantives, après un verbe d'opinion ou de sentiment, est également assez fréquente. — 5. *Con,* éd. *cum.* — 6. *Ueuz,* éd. *els.*

7. *A parlement,* en conseil, pour délibérer. — 8. *La peüssiez véoir,* etc. La formule est tout à fait dans le goût des chansons de geste; mais la description s'arrête court, l'instinct suggérant au chroniqueur la nécessité d'être, autant que possible, bref et précis. — 9. *Conseuz,* éd. *conseils. Et*

ser, quantes et quéls il en avroient. Bestance i ot assez
d'une part et d'autre, mais la fins [10] del conseil fu teus que
al conte Baudoin de Flandres fu otroi[é]e l'avangarde,
por ce que il avoit mout grant plenté de bones genz, et
d'archiers et d'arbalest[r]iers plus [11] que nu(l)s qui en l'ost
fust.

Les Croisés s'emparent d'abord du port de Constantinople et
de la tour de Galata, qui le commandait. Après avoir repoussé plusieurs sorties des Grecs, ils tentent l'assaut. Le doge de Venise, qui devait attaquer par mer, se fait débarquer et s'empare,
quoique aveugle, de vingt-cinq tours, que défendaient des Anglais
et des Danois. Ce que voyant, l'empereur Alexis va présenter la
bataille aux Croisés, qu'avaient rejoints les Vénitiens ; mais il n'ose
s'engager à fond malgré l'énorme supériorité de ses forces. La
nuit suivante, il quitte la ville avec peu de gens, et les habitants
rétablissent sur le trône le vieil Isaac. Les Croisés ont soin de
faire confirmer par lui les engagements pris par son fils Alexis :
payement de deux cent mille marcs, entretien de dix mille hommes pendant un an en Égypte et de cinq cents chevaliers pendant sa vie en Terre-Sainte ; et cette condition remplie, ils font
couronner empereur le jeune Alexis. Les Grecs décident de
prolonger leur séjour et Alexis IV parcourt avec eux son empire pour se faire reconnaître. En son absence, il survient à
Constantinople un incendie qui augmente les défiances entre
les Grecs et les Latins. A son retour (11 novembre 1203), Alexis
essaye de retarder indéfiniment le payement de l'indemnité de
guerre, dont une petite partie seulement avait été versée, et, se
croyant sûr de son autorité, ne se donne plus la peine de dissimuler son orgueil. Les Croisés décident de lui envoyer une
sommation.

V. — *Défi des Croisés à l'empereur Alexis.* — *Les Grecs
tentent d'incendier la flotte.*

211. A cel message [1] fu esliz Cuenes [2] de Betune et Joffrois de Ville Hardoin li mareschaus de Champaigne, et
Miles [3] li Braibanz de Provins ; et li dux de Venise i envoia

---

fu li conseuz, etc. Trad. : « et le conseil s'occupa de distribuer les batailles
(les corps de troupes), toutes celles
qu'ils pourraient avoir. — 10. *Mais la
fins*, etc. Voy. note II, 66. — 11. Éd.
gens et d'archiers et d'arbalestiers plus.

V. 1. *A cel message*, pour ce message. — 2. *Cuenes*, éd. *Coenes* (de
même § 213). — 3. *Miles*, cas sujet de
Milon.

trois hauz[4] homes de son conseil. Ensi montérent li message sor lor chevaus, les espées çaintes ; et chevauch[i]érent ensemble trésque[5] al palais de Blaquerne. Et sachiez que il alérent en grant peril et en grant aventure, selon[c] la traïson as Grés.

212. Ensi que descendirent a la porte et entrérent el palais, et trovérent[6] l'empereor Alexi et l'empereor Sursac son pére seanz en deus chaiéres lez a lez. Et delez aus séoit l'empereris, qui ére fame al pére et marastre al fil, et ére suer al roi de Hongrie[7], bèle dame et bone. Et furent a grant plenté de hautes genz[8], et mout sembla bien corz[9] a riche prince.

213. Par le conseil as autres messages mostra la parole Cuenes de Betune, qui mout ére sages et bien emparlez : « Sire, nos somes a toi venu de par les barons de l'ost et de par le duc de Venise. Et saches tu que il te reprovent le grant servise que il t'ont fait, con la genz sévent et con il est ap(p)aris[s]ant[10]. Vos lor avez juré, vos et vostre péres, la co(n)venance a tenir[11] que vos lor avez co(n)vent[12] ; et vos chartes en ont[13]. Vos ne lor[14] avez mie si bien tenue com vos deüssiez.

214. « Semont vos ont maintes foiz, et nos vos en se-

4. *Hauz*, éd. *hals*. — 5. Éd. *trosque*.

6. *Ensi que... et trovérent*, lorsque... ils trouvèrent. *Et* devant une proposition principale précédée d'une proposition circonstancielle(dont le sujet peut être différent) est très usité en ancien français, et se retrouve en ancien provençal et en italien.—7. Éd. *Hungrie*. — 8. *Et furent a grant planté de hautes genz*, et il y avait une grande quantité de gens de qualité. Anacoluthe remarquable. *De hautes genz* est bien le complément déterminatif de *planté*, et non le sujet de *furent* avec un sens partitif : pour cela il faudrait *des*, et non *de*, en ancien français. L'accord du verbe a lieu suivant le sens. — 9. *Corz. Sembler* est ordinairement construit avec le cas sujet en ancien français.

10. *Con*, éd. *cum*. *Il* est un neutre ; c'est pourquoi *aparissant* a la forme du cas régime, le neutre ayant en latin une même forme au nominatif et à l'accusatif. *Il est aparissant*, périphrase pour *il apert*. *Aparissant*, forme inchoative (= *appariscentem*) ; la forme normale *aparant* se trouve au § 633. — 11. *Juré a tenir*, juré de tenir : construction fréquente. — 12. *La covenance que vos lor avez covent*, la convention que vous avez faite avec eux. L'emploi comme régime d'un verbe d'un nom verbal de même sens, et souvent aussi de même racine, comme ici, est plus fréquent en ancien français qu'en français moderne. — 13. *En ont* a pour sujet *il* (sous-entendu). — 14. *Lor* pour *la lor*. Quand le pronom personnel de la 3e personne doit être employé dans la même proposition comme régime direct et comme régime indirect, on supprime généralement le pronom régime direct.

monons, voiant toz voz barons [15], de par eus [16], que vos lor
taignoiz [17] la co(n)venance qui est entre vos et eus [16]. Se vos
le faites, mout lor ert bel ; et se vos nel faites, sachiez que
dès hore en avant il ne vos tiénent ne por seignor ne por
ami, ainz porchaceront que il avront le lor [18] en totes les
maniéres que il porront. Et bien vos mandent il que il ne
feroient ne vos ne autrui [19] mal, tant que il l'eüssent [20]
desfié, que [21] il ne firent onques traïson, ne en lor terre
n'est il mie acostumé que il le facent. Vos avez bien oï
que [22] nos vos avons dit, et vos vos conseilleroiz si con vos
plaira. »

215. Mout tindrent li Gré a grant merveille [23] et a grant
outrage ceste desfiance ; et distrent que onques mais nus
n'avoit esté si [h]ardiz qui os(s)ast l'empereor de Co(n)stantinople desfier en sa chambre meïsmes. Mout fist as
messages mauvais semblant l'empérére(s) Alexis, et tuit li
Grieu, qui maintes foiz lor [24] avoient fait mout b(i)el.

216. Li bruiz [25] fu mout granz par la dedenz ; et li message s'en tornent et viénent a la porte et montent sor les
chevaus. Quant il furent defors la porte, n'i ot celui qui [26]
ne fust mout liez ; et ne fu mie granz merveille [23], que [27] il
érent mout de grant peril eschampé, que mout se tint a pou
que il ne furent [28] tuit mort ou pris. Ensi s'en revindrent
a l'ost, et contérent as barons si con il avoient esploitié.
Ensi comença la guerre, et forfist qui forfaire pot, et par
mér et par terre. En maint leu as(s)emblérent [29] li Franc et
li Grieu : onques, Dieu merci ! n'as(s)emblérent [29] ensemble

---

15. *Voiant toz vos barons,* en présence de tous vos barons. Proposition
participiale absolue, ou le participe
présent est ordinairement invariable.
Cf. en français moderne, *suivant,*
durant, etc., où le souvenir de l'origine participiale est effacé. — 16. *Eus*
éd. *als.* — 17. *Taignoiz.* Forme
étymologique (*oi* = è latin) de l'indicatif, qui au pluriel prête ordinairement ses formes au subjonctif. —
18. *Porchaceront que il avront le lor,*
s'efforceront d'avoir (poursuivront le
recouvrement de) ce qui leur appartient. *Que,* de telle sorte que : le futur
indique le résultat acquis plutôt que
le résultat à acquérir, ce qui constitue
une petite irrégularité. — 19. *Ne vos.*
ne autrui, ni [à] vous ni [à] autrui.
— 20. *Eüssent.* éd. *aussent.* — 21. *Que,*
car. — 22. *Que,* [ce] que.

23. Éd. *mervoille.* — 24. *Lor* pour
le lor. Voy. note 14.

25. *Bruiz,* éd. *bruis.* — 26. *N'i ot*
celui qui, il n'y eut personne (parmi
les ambassadeurs) qui. — 27 *Que,*
car. — 28. *Furent.* L'indicatif était de
règle dans cette locution, de même que
dans les locutions semblables *por poi*
(*pour peu*), *por un poi, por un petit*
que ne. — 29. *Asemblérent,* se rencontrèrent (en bataille).

que plus n'i perdissent li Grieu que li Franc. Ensi dura la guerre grant piéce, trésque[30] enz el cuer de l'iver.

217. Et lors se porpensérent li Grieu d'un mout grant enging, qu'il pristrent dix [et] sept nés granz, ses[31] emplirent totes de granz merriens[32] et d'esprises et d'estopes et de poiz et de toniaus, et attendirent tant que li venz venta devers eus[33] mout durement. Et une nuit, a mie nuit, mistrent le feu ès nés et laissiérent les voiles aler al vent; et li feus aluma mout haut, si que il sembloit que tote la terre arsist. Et ensi s'en viénent vers les navies des pelerins; et li criz liéve en l'ost, et saillent as armes de totes parz. Li Venisïén cor(r)ent a lor vaissiaus, et tuit li autre[34] qui vaissiaus i avoient, et les comencent a rescor[r]e del feu[35] mout viguerosement.

218. Et bien tesmoigne[36] Joffrois li mareschaus de Champaigne, qui ceste uevre[37] dita, que onques sor mer ne s'aid[i]érent genz mieuz que li Venisïén firent[38]; qu'il[39] sail-[l]irent ès galies et ès barges des nés, et prenoient les nés totes ardanz a cros[40], et les tiroient par vive force devant lor anemis fors del port, et les metoient el cor(r)ant del Braz[41], et les laissoient aler ardant contreval le Braz[41]. Des Greus i avoit tant sor la rive venuz[42] que ce n'ére fins ne mesure; et ére li criz si granz que il sembloit que terre et mérs[43] fondist. Et entroient ès barges et en salvacions, et traioient as noz qui rescooient le feu; et en[44] i ot de bleciez.

219. La chevalerie de l'ost, erraument qu'èle ot oï le cri, si s'armèrent tuit[45]; et issirent les bat(t)ailles as

<hr>

30. Éd. *trosque;* de même § 220 — 31. *Ses* = *si les,* et les. — 32. Éd. *merrienz.* — 33. *Eus,* éd. *aus.* — 34. *Et tuit li autre* doit se joindre à *Li Venisïén* (*et,* « et aussi »). — 35. *Rescorre del feu* (éd. *dou feu*), porter secours contre le feu, préserver du feu (sous-entendu *l-s vaissiaus.*)

36. *Et bien tesmoigne,* etc., Villehardouin, comme César, donne à son œuvre une forme impersonnelle: Joinville, au contraire, se met directement en scène. — 37. *Uevre,* éd. *ovre.* — 38. *Firent.* Voy. la note III, 18. — 39. *Qu'il,* car il. — 40. *A cros,* avec des crocs. — 41. *Le Braz,* le Bras de Saint-Georges, c'est-à-dire ici : le canal de Constantinople, ou même la Corne d'or. Cf. la note III, 2. — 42. Traduisez : « Il etait venu tant de Grecs sur le rivage (littéralement : Parmi les Grecs, il y en avait tant de venus sur le rivage). » — 43. *Terre et mérs.* Voy. la note II, 59. — 44. *En,* de ceux qui étaient sur les navires qui combattaient l'incendie.

45. *S'armérent tuit.* Le pluriel pour le singulier, à cause du sens collectif du mot *chevalerie.*

champs, chascune endroit soi, si con èle ére hebergi[é]e;
et il doutérent que li Grieu ne les venissent assaillir par
devers les champs.

220. Ensi soffroient cel travail et cèle angoisse trésque
a clér jor; mais par l'aïe de Dieu ne perdirent noient li
noz, fors que une néf de Pisans qui ére plaine de ma(a)r-
ch[e]andise : icèle fu arse del feu. Mout orent esté[46] en
grant peril cèle nuit; que[47], se lor naviles fust ars, il
eüssent tot perdu, que il ne s'en peüssent[48] aler par terre
ne par mér. Ice guerredon lor vout rendre[49] li emperéres
Alexis del service qu'il li avoient fait.

A la suite de l'insuccès de leur tentative, les Grecs empri-
sonnent l'empereur et couronnent Ducas Murzuphle, qui règne
sous le nom d'*Alexis V*, et fait étrangler le jeune Alexis, en
même temps que meurt son père Isaac. Murzuphle est battu en
rase campagne. Les pèlerins qui s'étaient rendus directement en
Syrie sont obligés de s'en retourner après avoir perdu beaucoup
de monde par les maladies ; un certain nombre tombent dans
une embuscade en se rendant auprès de Boémond, prince d'Antioche, et sont pris ou tués. Avant d'attaquer Constantinople,
les Croisés font un traité avec les Vénitiens pour régler le partage de la conquête à faire et l'élection de l'empereur. Après un
premier assaut infructueux, ils s'emparent d'une petite partie
de la place. La nuit suivante, Murzuphle s'enfuit secrétement, et
une partie de la ville brûle par la faute de quelques Croisés,
qui, par crainte d'une surprise, ont cru bon de s'isoler en allu-
mant l'incendie entre eux et les Grecs. Le jour venu (12 avril 1204),
toute la ville est définitivement occupée par les vainqueurs.

VI. — *Partage du butin.*

252. Lors fu crié par tote l'ost, de par le marchis Boniface de Monferrat, qui sires ére de l'ost, et de par les barons et de par le duc de Venise, que toz li avoirs fust
aportez et as(s)emblez, si con il ére as(s)eüré et juré et faiz
escomeniemenz[1]. Et furent nomé[2] li leu en trois iglises,
et la mist on gardes des François et des Venisïéns[3], des

---

46. *Orent esté*, avaient été. —
47. *Que*, car. — 48. *Peüssent*, auraient
pu. Emploi fréquent de l'imparfait du
subjonctif, qui semble dû à une tradition étymologique. — 49. *Vout rendre.*

Périphrase plus énergique que *rendit.*
VI. 1. *Juré et faiz escomeniemenz*
(éd. *fais escomen.*), juré sous peine
d'excommunication. — 2. *Nomé*, désignés. — 3. Éd. *Veniciens.*

plus loiaus que on pot trover. Et lors comença chascuns a aporter le gaaing[4] et a mètre ensemble.

253. Li uns aporta bien, et li autres mauvaisement, que[5] covoitise, qui est racine de toz maus, ne laissa[6], ainz comenciérent d'enqui en avant li covoitos[7] a retenir des choses, et Nostre Sires les comença mains[8] a amer. Ha! Diex, con s'estoient loiaument demené trésque[9] a cel point! Et Dam[e]deus lor[10] avoit bien mostré, que[11] de[12] toz lor afaires les avoit honorez et essauciez sor tote l'autre gent. Et maintes foiz ont domage li bon por les mauvais.

254. As(s)emblez fu li avoirs et li gaainz[13]; et sachiez que il ne fu mie toz aportez avant[14], car[15] assez en i ot de ceus qui en retinrent, sor l escomeniement[16] de l'aposto[i]le. Ce qui as mo(u)stiers[17] fu aporté as(s)emblé fu et de(s)parti des Frans et des Venisïens par moitié, si con la compaignie ére jurée[18]. Et sachiez que li pelerin, quant il orent[19] parti, que[20] il paiérent de la lor partie cinquante mil[le] mars d'argent as Venisïens, et bien en departirent cent mil[le]entr'eus ensemble par lor gent[21]. Et savez coment? Deus serjanz[22] a pié contre un a cheval, et deus serjanz a cheval contre un chevalier. Et sachiez que onques hom n'en ot plus, po(u)r autesce[23] ne po(u)r proesce

4. *Gaaing*, éd. *gaieng*. Notez la place de ce mot entre les deux verbes auxquels il sert de régime. Nous avons déjà signalé cette construction. Cf. note III, 19. — 5. *Que*, car.

6. *Ne laissa*, ne s'abstint pas, agit. — 7. *Coveitos*, éd. *covotous*. — 8. *Mains*, pour *meins* = minus. La forme moderne *moins* est due à l'influence de la labiale précédant la voyelle (m). Cf. *avoine*, à côté de *peine*, *mène* (anciennement *meine*), etc. — 9. Éd. *loialment* d. *trosque*. — 10. *Lor* pour *la lor*. Voy. V, 14, note. — 11. *Que*, car. L'éditeur supprime la virgule avant *que*, ce qui prouve qu'il fait de la proposition qui suit le régime direct de *avait montré*. — 12. *De*, à propos de, dans.

13. Éd. *gaains*. — 14. *Aportez avant*, apporté en public, mis en commun. Cf. *vint avant*, § 255. —

15. Éd. *quar*. — 16. *Sor l'escomeniement*, encourant ainsi l'excommunication, malgré l'excommunication. — 17. *As mostiers*, éd. *aus moustiers*. — 18. Éd. *Veniciens* (de même trois lignes plus loin). *Si con* (éd. *cum*) *la compaignie ére jurée*, selon [les conditions de] l'association acceptées sous serment. — 19. *Orent parti*, eurent fait le partage. — 20. *Que li pelerin... que*. Lorsque le sujet est séparé du verbe par une proposition incidente de même sujet, l'ancien français répète volontiers le *que* qui introduit la première proposition. — 21. *Entr'eus*, éd. *entr'alx*. *Departirent par la gent*, distribuèrent à leurs gens. — 22. *Deus serjanz*, etc. C'est-à-dire qu'un chevalier reçut autant que deux sergents à cheval, et un sergent à cheval deux fois autant qu'un sergent à pied. — 23. Éd. *altesce*.

que il eüst, se ensi non[24] con il fu devisé et fait, se emblé
ne fu[25].

255. Et de l'embler[26], cil qui en fu revoiz, sachiez que il
en fu fait grant justise ; et assez en i ot de penduz. Li
cuens de Saint Pol en pendi[27] un suen chevalier l'escu al
col, qui en avoit retenu ; et mout i ot de ceus qui en retindrent[28], des petiz et des granz, mais ne fu mie seü. Bien
poez savoir que granz fu li avoirs ; que[29], sanz celui qui
fu emblez et sanz la partie des Venisiéns[30], en vint bien
avant quatre cens mil[le] mars d'argent et bien dis mil[le]
chevaucheüres, que unes, que autres[31]. Ainsi fu departiz
li gaainz[32] de Costantinople con vos avez oï[33].

Baudouin, comte de Flandre, est nommé empereur, et Boniface,
marquis de Montferrat, épouse la veuve d'Isaac et obtient le
royaume de Salonique. Murzuphle, en apprenant que les Croisés
avaient quitté Constantinople pour assurer la soumission du pays,
se réfugie à Messinople auprès d'Alexis III, frère d'Isaac, qui
lui offre sa fille, mais bientôt lui fait traîtreusement crever les
yeux. A l'approche de Baudouin, Alexis quitte Messinople.
Cependant Baudouin, malgré la protestation de Boniface de
Montferrat, va se faire reconnaître des habitants de Salonique,
et Boniface, à son tour, après avoir pris le Dimot (Didymotichos) va assiéger Andrinople, qui était à l'empereur. Sur les
instances de Villehardouin, accouru de Constantinople, à cette
nouvelle, il consent à lever le siège et à s'en rapporter à
l'arbitrage du doge et des hauts barons restés à Constantinople,
lesquels obligent Baudouin à lui rendre Salonique. Les Croisés se
partagent les terres de l'empire grec. Murzuphle, tombé entre
les mains de Baudouin, est précipité du haut d'une colonne

---

24. *Se ensi non.* En ancien français on plaçait entre *si* (*se*) et *non*
le ou les mots que l'on place aujour-
d'hui après *sinon*. — 25. *Se emblé ne
fu*, en dehors de ce qui avait été
gardé à tort (littéralement : si ce
[qu'il avait] ne fut dérobé).

26. *Et de l'embler*, pour ce qui est
du vol. Le premier *en* qui suit représente l'infinitif pris substantivement
l'embler; le second représente *cil*.
Notez la hardiesse de la tournure
pléonastique (*cil, en*) d'ailleurs très
claire. — 27. *En pendi*, fit pendre
pour ce motif. — 28. *En avoit retenu*,
en retindrent ; dans les deux cas, *en*
représente comme plus haut, dans *n'en
ot plus*, l'idée vague de *avoir, butin*. —
29. *Que*, car. — 30. Éd. *sans la p.
des Veniciens.* — 31. *Que unes, que autres* (litt. « tant des unes que des autres »), de valeurs diverses (en rénnis-
sant les bonnes et les mauvaises). —
32. Éd. *gaienz.* — 33. *Con vos avez oï.*
La cherté des manuscrits au xiiie siècle justifie cette formule, qui montre
que les œuvres en prose étaient des-
tinées à être lues devant un public,
tout comme les romans en vers ou en
prose.

très élevée; en même temps le marquis Boniface se saisit de l'empereur Alexis, le frère d'Isaac, et l'envoie, avec sa femme, prisonnier à Montferrat.

Une partie des Croisés qui s'étaient rendus en Syrie repasse par Constantinople et apporte à Baudouin la nouvelle de la mort de sa femme Marie, qui s'était mise en route pour le rejoindre. Théodore Lascaris, gendre d'Alexis III, et prétendant à l'empire, essuie une défaite et son frère Constantin est défait à son tour par Henri, frère de l'empereur. Cependant Boniface guerroyait en Morée, et assiégeait en vain Corinthe et Napoli de Romanie, villes fortes défendues par un Grec nommé Lasgur Leosgur). Les Grecs, profitant de l'éparpillement des Croisés, appellent à leur aide Johannis, roi de Vlaquie (Valachie), et se révoltent au Dimot et à Andrinople. Henri, qui se trouvait en Asie, à l'Andremite (Adramittium), sur la mer Égée, est prié d'abandonner ses conquêtes pour venir au secours de l'empereur : de même on évacue Lupaire (Leopadion), Nicomie (Niomédie), etc. Les Croisés étaient si effrayés que Renier de Trit fut laissé presque seul à Finepople (Philippopolis) et que ses chevaliers, et même son frère, son neveu et son gendre, quittèrent la ville. Sans attendre l'arrivée de tous les renforts qui venaient d'Asie, Baudouin va rejoindre à Nequise (Nikitza), à neuf lieues Sud-Est d'Andrinople, Manessier de l'Isle et Villehardouin, partis en avant-garde, et entreprend le siège d'Andrinople (29 mars 1205).

VII. — *Siège d'Andrinople; retraite des Croisés.*

354. Lors vint novelle que Johans[1] li rois de Blaquie venoit sor eus por sec(c)orre la vile. Si ordenérent lor afaire, et fu devisé que Joffrois li mareschaus et Manessiers de l'Isle garderoient l'ost, et l'emperéres Baudoins et tuit li autre istroient fors, se Johannis venoit a bataille[2].

355. Ensi demorérent trésque al mercredi[3] des foiries des Pasques, et Johanis fu ja si apro(i)chiez qu'il fu logiez bien a cinq lieues d'eus[4]. Et envoia cor[r]e devant lor

VII. 1. *Johans,* Johannis ou Joanice (1196-1207), roi de Valachie (Blaquie) et de Bulgarie (Bogrie), avait usurpé le trône sur les fils de son frère Pierre. Il souleva les Grecs contre l'empereur latin Baudouin, qui avait dédaigné son alliance, le fit prisonnier près d'Andrinople et l'enferma à Tirnovo, où il mourut peu après. Il marcha ensuite contre Boniface, prince de Thessalonique, et mourut assassiné par un de ses généraux au moment où il allait prendre la ville. — 2. *Venoit a bataille,* littéralement : « venait à la bataille, offrait la bataille ».

3. Éd. *trosque al maicresdi.* Le mercredi des féries de Pâques, c'est le mercredi de la semaine de Pâques. — 4. *D'eus,* éd. *d'als.*

ost ses Com(m)ains, et li criz liéve en l'ost, et s'en issent a desroi. Et chaciérent les Com(m)ains une mout bone lieue mout folement; et quand il s'en vourent venir, li Com(m)ain com(m)enciérent a traire sor eus [5] mout durement, si lor navrérent de lor chevaus assez.

356. Ensi s'en revindrent en l'ost, et furent mandé li baron en l'ostél l'empereor Baudoin. Et pristrent conseil, et distrent que mout avoient fait grant folie, qu'il avoient tant chacié tél gent qui estoient si legiérement [6] armé. La somme [7] del conseil fu teus que, se Johannis venoit mais [8], que [9] il istroient fors et se rengeroient devant lor ost, et que enqui l'atendroient et d'enqui ne se movroient. Et i[l] fisent crier par tote l'ost que nus ne fust si hardiz qu'il passast cel ordenement por cri ne por noise que il oïst. Et fu devisé que Joffrois li mareschaus garderoit devers la cité, et [10] Manassiers de l'Isle.

357. Ensi trespassérent cèle nuit trésque al juesdi [11] matin des foiries des Pasques, et oïrent la messe et mengiérent al disner. Et li Com(m)ain corent trésque a lor paveillons, et li criz liéve, et il corent as armes et s'en issent de l'ost totes lor batailles ordenées, si con il avoient devisé devant.

358. Li cuens Loëis s'en issi premiers a [12] la soe bataille, et commence les Com(m)ains a porsivre [13], et mande l'empereor [14] Baudoin que il le sivist [15]. Ha! las, con malement il tindrent ce qu'il avoient devant devisé le soir! que [16] ensi porsivirent [17] les Com(m)ains bien près de deus lieues loing et as(s)emblérent a eus [18] et les chaciérent

---

5. Éd. *voldrent... sor als.*

8. Ed. *ligierement.* — 7. *La somme,* etc. Voy. II, note 66. — 8. *Mais,* encore, de nouveau. — 9. *Que se... que.* Voy. note VI, 20. — 10. *Et,* et aussi.

11. Ed. *trosque al joesdi. Des foiries des Pasques.* Voy. note 3.

12. *A,* avec. — 13. *Les Comains a porsivre* (éd. *porsevre*). Construction fréquente en ancien français. — Notez également le mélange du présent et du passé défini, ici et dans la phrase suivante (*porsivirent, asemblérent, comencent*). Du reste, l'ancien français usait d'une plus grande liberté que le français moderne dans l'emploi des temps et des modes. — 14. *L'empereor.* Sous-ent. *a.* Ellipse fréquente devant les noms de personne, moins fréquente cependant que celle de *de* devant un nom de personne désignant le possesseur. — 15. *Mande que il le sivist.* L'imparfait du subjonctif se justifie par l'emploi du présent historique, comme en latin. — 16. *Que,* puisque, car. — 17. Éd. *porsuirent.* — 18. *Asemblérent a eus* (éd. *als*), en virent aux mains avec eux.

grant piéce; et li Com(m)ain recorent sor eus [19] et commencent a huer et a traire.

359. Et li no[z] orent batail[l]e d'autre gent que de chevaliers, qui ne savoient mie assez d'armes [20], si s'escomencent a esfreer et a desconfire. Et li cuens Loëis, qui fu as(s)emblez [21] premiers, fu navrés en deus leus mout durement; et li Comain et li Blac les comenciérent a envaïr; et li cuens ot esté chaüz [22], et uns suens chevaliers, qui ot non Johan[s] de Friaise, fu descenduz [22], si le [23] mist sor son cheval. Assez fu de la gent le conte [24] Loëis qui li distrent : « Sire, alez vos en, car trop malement navrez [25] estes en deus leus. » Et il dist : « Ne place Damledeu [26] que ja mais me soit reprové que je fuie de champ, et lais[s]e l'empereor! »

360. L'emperére, qui mout ére chargiez endroit lui [27], rapeloit sa gent, si lor disoit que il ne fuiroit ja, et qu'il ne le laissassent mie; et bien tesmoignent cil qui la furent que onques mais cors de chevalier [28] mieuz ne se defendi de lui [29]. Ensi dura cil estors longuement : teus i ot qui [30] bien le firent et teus i ot qui [30] le guerpirent. A la parfin, si con [31] Deus sueffre les mesaventures, si furent desconfit.

---

19. *Recorent sor eus* (éd. *recuerent sor als*), courent à leur tour sur eux.

20. *Qui ne savoient mie assez d'armes*, peu au courant des usages de la chevalerie. — 21. Ed. *assemblés.* — 22. *Ot esté chaüz* (éd. *chaus*), *fu descenduz* (éd. *descendis*), était tombé (avait été désarçonné), était descendu. Dans les deux cas, le passé défini est employé pour l'imparfait, selon un usage fréquent, non seulement pour les temps périphastiques, mais pour les temps simples. Dans les temps composés, cette tournure a l'avantage d'indiquer à la fois l'action (par le temps de la narration) et le résultat de l'action par la périphrase. Notons d'ailleurs que *chaoir* est ici construit comme un verbe actif employé au passif (*estre chaü*, d'ou la différence des deux constructions : *ot esté, fu.* — 23. *Si le*, éd. *si lo.* — 24. *Le conte*, du comte (Cf. § 361). — 25. *Navrez estes.* Avec le pluriel de politesse, on met l'attribut (participe ou adjectif), au singulier. — 26. Ed. *dam le Dieu.* L'étymologie (*Dominum-illum-Deum*) exige l'orthographe que nous adoptons.

27. *Chargiez endroit lui*, pressé de son côté (Cf. 25). — 28. *Cors de chevalier*, pour *chevaliers*. La périphrase est ici mieux justifiée que dans d'autres exemples, où rien n'indique que l'on vise le corps plutôt que la personne. Voy. II, note 8. — 29. *De lui*, que lui (construction ordinaire avec le comparatif). — 30. *Teus* (éd. *telx*) *i ot qui*, il y en eut qui. Cette locution est assez souvent employée en apposition au sujet de la proposition principale, comme une espèce de parenthèse. Cf. Merlin, l. 53 (Coustans, *Chrestomathie*, p. 88) : *Et quant il l'ot chantée jusques a l'evangile et il orent offert, si s'en issirent tiels i ot.* — 31. *Si con* (éd. *si com*), est ici explicatif.

Enqui [32] remést el champ l'emperére(s) [33] Baudoins, qui onques ne vout fuïr, et li cuens Loëis : l'emperére(s) Baudoins fu pris vis, et li cuens Loëis fu ocis.

361. Ha! las, con dolerose [34] perte fu la faite! La fu perduz
li evesques Pierres de Bethleem, et Est[i]énes del Perche li
frére(s) le conte Joffroi, et Renauz [35] de Monmirail li frére(s)
le conte de Nevers, et Mahi[e]us de Va(s)lencort, et Roberz
de Ronçoi, Johans de Friaise, Gautiers de Nuilli, Ferris
d'Ierre, Johans ses frére(s), Eustaice(s) de Heumont.
Johans ses frére(s), Baudoins de Nuevile, et mout des
autres, dont li livres [36] ne parole mie ci. Et li autre qui
porent eschamper s'en vinrent fuiant a l'ost.

362. Et quant ce vit Joffrois li mareschaus de Champaigne, qui gardoit [37] devant une des portes de la cité, si
s'en issi plus to[s]t que il pot [38] a la gent [39] que il ot, et
manda Manassier [40] de l'Isle, qui gardoit l'autre porte,
que il le sivist [41] isnellement. Et chevaucha a tote sa bataille [42] encontre les fuianz grant aleüre, et li fuiant se
recueillirent tuit a lui. Et Manassiers de l'Isle, qui vint
au plus to[s]t que il pot a la soe [43] gent, si se joinst a lui,
et lors orent plus grant bataille; et tuit cil qui vindrent
en la chace qu'il porent retenir, si les mistrent en la bataille.

363. Et ceste chace si fu entre none et vespres ensi(n)que
retenue. Li plusor furent si esfreé que il fuioient par
devant eus trésque [44] enz ès paveillons et enz ès hosteus [45].

---

32. *Enqui*, éd. *iqui*. — 33. *L'emperéres*. Voy. III, note 45.

34. Éd. *com dolereuse*. — 35. Éd. *Renaus*. — 36. *Dont li livres*, etc. Il ne s'agit point ici d'un renvoi à une source écrite quelconque, puisque le chroniqueur était présent à l'action : c'est tout simplement une manière impersonnelle de dire : « Que je ne mentionne pas ici. » On a pu voir d'ailleurs que Villehardouin, comme César, ne parle jamais de lui qu'à la troisième personne : c'est le contraire de Joinville, qui se met volontiers directement en scène.

37. *Gardoit*, était de garde. — 38. *Plus tost qu'il pot*, le plus tôt qu'il put. L'ancien français supprimait ordinairement l'article neutre dans le superlatif relatif non accompagné d'un régime. — 39. *A lu gent*, avec les gens. — 40. *Manassier*, à Manassier, voy. note 14. — 41. *Sivist*, éd. *suist*. — 42. *A tote sa bataille*, signifie simplement avec sa troupe. Ce n'est qu'assez tard que *tout* s'est définitivement soudé à la préposition *a* pour former l'adverbe *atout*, avec. Cf. le patois *itou*. Jusque-là il s'accordait avec le nom suivant. Cependant on trouve déjà *atout* au xiii[e] siècle. — 43. *Soc*, éd. *sue*.

44. Éd. *devant als trosque*. — 45. Éd. *hostiels*.

Et ensi cèle chace fu recovrée con vos avez oï; et li Comain s'arestérent, et li Blac[46] et li Grieu qui chaçoient. Et hard[o]iérent a cèle batail[l]e as ars[47] et as saièt(t)es; et cil de la batail[l]e se tindrent coi, les vis devers eus[48]. Ensi furent trésque a vespre bas, et li Comain et li Blac se recomenciérent a retraire[49].

364. Lors manda Joffrois de Vile Hardoin, li mareschaus de Champaigne et de Romenie, le duc de Venise en l'ost, qui[50] vieuz[51] hom ére et gote ne vèoit, mais mout ére sages et proz[52] et vigueros, et li manda que il venist a lui en sa bataille ou il se tenoit el champ[53], et il si fist. Et quant li mareschaus le vit, si l'apèle a conseil d'une part tot sol[54], et si li dist : « Sire, vos veez la mesaventure qui nos est avenue : perdu avons l'empereor Baudoin et le comte Loëis, et le plus de nostre gent[55] et de la meillor. Or pensons del remanant garir[56], que[57], se Dieu n'en prent pitiez[58], nos sommes perdu[59]. »

365. Ensi fu la fins[60] de lor conseil, que li dux de Venise s'en riroit[61] en l'ost et conforteroit la gent, et que chascuns fust[62] armez de ses armes et se tenist[62] coi[s] en sa

---

46. *Et li Blac*, et aussi les Valaques. Construction fréquente. — 47. *As ars*, avec leurs arcs. Remarquez en dehors de l'emploi (d'ailleurs fréquent) de *a*, au sens de avec, l'emploi de l'article défini. Les expressions modernes *combattre à l'arc, à l'épée*, ont le singulier, qui leur donne un sens général, malgré la présence de l'article déterminatif. — 48. Éd. *quoi l. v. d. als.* — 49. *Se recomenciérent* (pour *se comenciérent*) *a retraire*. Notez le pléonasme et la place du pronom régime de l'infinitif avant le verbe qui régit cet infinitif, même s'il le régit au moyen d'une préposition. Cette construction, qui s'est maintenue jusqu'à nos jours, est devenue l'exception, au lieu d'être la règle.

50. *Qui, etc.* Pour la séparation du relatif de l'antécédent, voy. II, note 56. — 51. *Vieuz*, éd. *viels*. — 52. Éd. *preuz*. — 53. *El champ*, sur le champ de bataille. — 54. *Sol*, éd. *seul*. — 55. *Le* (éd. *la plus de notre gent*, la plus grande partie de nos gens. *Le plus* est un neutre. — 56. *Del remanant garir = del garir le r.*, (songeons) à sauver le reste. L'inversion du régime qui est placé devant l'infinitif amène forcément dans ces locutions la suppression de l'un des deux articles : on ne saurait dire en effet, *del* (= *de le*) *le remanant garir*. L'emploi des infinitifs pris substantivement avec l'article, assez rare en français moderne était bien plus fréquent en ancien français. — 57. *Que*, car. — 58. *Se Dieu n'en prent pitiez* (litt. « si pitié n'en prend Dieu »). On dirait aujourd'hui en renversant les termes : « s Dieu n'en prend pitié. » — 59. Éd *pardu*.

60. *Ensi fu la fins*, etc. Voy. II note 66. — 61. *S'en riroit* (= *re-iroit*) s'en irait de nouveau, retournerait. — 62. *Fust, tenist*, etc. Remarquez l'alternance du conditionnel et de l'imparfait du subjonctif. Quoiqu'il y ai ici une idée de recommandation, d'ordre donné, ce mélange serait choquan'

he[r]berge et en son paveillon ; et Joffrois li mareschaus remanroit en sa bataille et defors l'ost[63] toz ordenez tant que[64] il seroit nuiz, por ce que lor anemi ne les veïssent esmovoir, et quant il seroit nuiz, si se morroient de devant la vile : li dux de Venise s'en iroit devant, et Joffrois li mareschaus feroit l'ariére garde, et cil[65] qui avec lui estoient.

366. Ensique attendirent trésqu'a[66] la nuit ; et quant il fu nuiz, li dux de Venise se parti de l'ost[63], si con devisé ére, et Joffrois li mareschaus fist l'ariére garde. Et s'en partirent le petit pas, et en menérent tote lor gent a pié et a cheval, et navrez et autres, que[67] onques ne laissiérent nului[68]. Et chevauchiérent vers une cité qui siét sor mér, que l'on appelle Rodestoc[69], qui bien ére trois jo(u)rnées loing d'enqui[70]. Ensi se partirent d'Andrenople con vos avez oï : et ceste aventure si avint en l'an de l'incarnation Jesu Crist mil deus cenz cinq anz[71].

Pierre de Bracieux et Payen d'Orléans, et les gens du comte Louis, qui venaient au secours d'Andrinople, rencontrent les Croisés en retraite et se chargent de faire l'arrière-garde, sur la demande de Villehardouin. Ils parviennent à Rodestoc, où ils trouvent enfin du repos et un abri sûr. Sept mille pèlerins découragés abandonnent l'armée et retournent chez eux. Henri, frère de Baudoin, est nommé régent et fait demander des secours au pape, en France et dans d'autres contrées, car Johannis occupait tout le pays en Europe à l'exception de Constantinople, de Rodosto et de Salembrie, et Lascaris, la côte d'Asie, à l'exception de l'Espigal (*Spiga*). Sur ces entrefaites le doge meurt, à Constantinople.

Cependant le régent avait remporté quelques avantages, mais il avait échoué devant Andrinople, et Finepople (*Philipopoli*) avait été ruinée par Johannis. Bientôt les Croisés sont défaits près de La Rousse (Rhusion, aujourd'hui *Keschan*), et les villes de Naples (*Napoli de Romanie*) et de Rodestoc (*Rodosto*) ruinées par Johannis, qui continue ses ravages dans tout l'empire. Les Grecs, traités par lui en ennemis, se réconcilient avec les Latins et Johannis est forcé de lever le siège de Dimot (Didymotichos, aujourd'hui *Dimitika*, au sud d'Andrinople). Les Croisés déli-

si l'imparfait du subjonctif n'avait souvent, en ancien français comme en latin, le sens du conditionnel. — 63. *L'ost*, le camp (Cf. § 366, l. 2). — 64. *Tant que*, jusqu'à ce que. — 65. *Et cil*, et aussi ceux. Voy. note 46.

66. Éd. *trosqu'a*. — 67. *Que*, de sorte que. — 68. Éd. *nelui*. — 69. *Ro-* *destoc*. Rodosto (ancienne *Rhœdestus* des Latins), sur la mer de Marmara, à vingt-cinq lieues Ouest de Constantinople. — 70. *D'enqui*, éd. *d'iqui*. — 71. *L'an... mil deus cenz* (éd. *cens*) *cinq anz*. Anacoluthe dont il y a plusieurs autres exemples dans Villehardouin. Cf. ici-même, VIII, fin.

vrent Renier de Trit, depuis longtemps assiégé à l'Estanemac (Stenimakon, près de Philippopoli), et apprennent de lui la mort de Baudouin. Ils couronnent alors Henri, son frère (août 1206). Celui-ci obtient d'importants succès sur Johannis et Théodore Lascaris, son allié. Boniface de Montferrat offre sa fille en mariage à l'empereur, qui accepte. Henri délivre successivement Andrinople assiégée par Johannis, le Chivetot (*Chios?*), Equise (*Cyzique*) et Nicomie (*Nicomédie*), assiégés par Lascaris. Ce dernier obtient une trêve de deux ans, à condition de rendre tous les prisonniers et d'abattre la forteresse de Sainte-Sophie de Nicomédie, et l'empereur peut s'occuper exclusivement de la guerre contre Johannis. Il profite d'une occasion favorable pour se rencontrer avec son beau-père.

VIII. — *Hommage lige de Boniface à l'empereur Henri et de Geoffroi de Villehardouin à Boniface. — Mort de Boniface.*

495. En cel termine, Bonifaces li marchis de Monfer[r]at, qui ére a la Serre[1], que il avoit refermée, fist chevauchi[é]es trésque[2] a Messinople[3], et la terre se rendi a son comandement. Lors prit ses messages, si les envoia a l'empereor Henri, et li manda que il parleroit volentiers a lui sor le flum[4] qui cort soz la Quipesale[5]. Et il n'avoient mais eü pooir de parler ensemble trésque la terre fu conquise, que il avoit tant de lor anemis entre eus que li uns ne pooit venir a l'autre. Et quant l'emperére(s) et ses conseuz[6] oï[7] que li marchis Bonifaces ére a Messinople, si en furent mout lié. Et li manda par ses messages ar(r)iers que il iroit parler a lui al jor que il li avoit mis[8].

496. Ensi s'en ala l'emperére(s) vers cèle part, et laissa Co(e)non de Betune, por garder la terre, a Andrenople a toz[9] cent chevaliers. Et vindrent la ou li jorz fu pris[10], en une mout bèle praerie près de la cité de la Quipesale; et vint l'emperére(s) d'une part, et li marchis d'autre, et s'asemblérent a[11] mout grant joie, et ne fu mie merveille,

VIII. 1. *La Serre*, Serræ (aujourd'hui *Serrès*), en Macédoine, au Nord-Est de Thessalonique. — 2. Éd. *trosque* (Cf. deux lignes plus loin). — 3. *Messinople*, Mosynopolis, non loin de la baie de Lagos, au Sud-Ouest d'Andrinople. — 4. *Sor le flum.* etc. Il s'agit de la Marizza, l'Hèbre des anciens. — 5. *La Quipesale* est l'ancienne *Cypsela Thraciæ*, aujourd'hui *Ipsala*, au Sud de Didymotique. — 6. Éd. *consels*. — 7. *Oï*, au singulier, montre que *et ses conseuz* constitue une espèce de parenthèse : « et aussi son conseil ». — 8. *Mis*, fixé. — 9. *A toz* (éd. *atot*). Voy. VII, note 42. — 10. *Fu pris*, avait été pris. Voy. VII, note 22. — 11. *A*, avec.

que [12] il ne s'érent pieç'a veü. Et li marchis demanda a l'empereor novelles de sa fille l'empereris Agnès, et il li dist que èle ére grosse d'enfant [13], et il en fu mout liez et joianz. Lors devint li marchis hom [14] de l'empereor Henri, et tint de lui sa terre, ensi con il avoit fait l'empereor [15] Baudoin son frére. Lors dona li marchis Bonifaces a Joffroi [16] de Vile Hardoin, le mareschal de Romenie [17] et de Champaigne, la cité de Messinople a totes [18] ses apartenances, ou celi [19] de la Serre, la quéle que il ameroit mieuz [20]; et cil en fu ses hom liges, sauve la feauté l'empereor de Costantinople [21].

497. Et ensi sejornérent par dous jors en cèle praerie a mout grant joie, et distrent, puis que Diex avoit doné [22] que il pooient venir ensemble, que encore porroient il grever lor enemis. Et en [23] pristrent un parlement que il seroient a l'issue d'esté, el mois d'octobre [24], a tot lor pooir, en la praerie de la cité d'Andrenople, por hostoier sor le roi de Blaquie. Et ensi departirent mout lié et mout haitié : li marchis s'en ala a Messinople, et l'emperére(s) Henris vers Costantinople.

498. Quant li marchis fu a Messinople, ne tarda mie plus de cinq jors que il fist une chevauchi[é]e, par le conseil as Greus [25] de la terre, en la montaigne de Messinople, plus d'une grande jornée loing. Et con [26] il ot esté en la terre et vint al partir, li Bo(u)gre de la terre se furent as(s)emblé [27], et virent que li marchis fu a pou de gent [28].

12. *Que*, car. — 13. Éd. *d'anfant*. — 14. *Hom*, homme-lige (de même à la fin du paragraphe). — 15. *Ensi con il avoit fait l'empereor*. Dans les phrases comparatives, l'ancien français remplace volontiers le verbe déjà exprimé par le verbe *faire*, qui se construit alors comme ce verbe. Cette construction, encore très usitée aux xviie et xviiie siècles, est devenue rare. Ici, il semble qu'il faudrait écrire *de l'empereor*. Peut-être aussi doit-on sous-entendre *a*, et alors *faire* aurait un sens plus voisin de son sens propre ; mais cela semble douteux. — 16. Éd. *Geffroi*. — 17. *Romenie*, Romanie. On donna ce nom à l'empire fondé à Constantinople par les Latins, ainsi appelés par opposition aux Grecs. — 18. *A totes*. Voy. VII, note 42. — 19. *Celi* (cas emphatique féminin de *cil*), celle. — 20. *Mieuz*. Voy. VII. note 38. — 21. Éd. *Costantinoble* (Cf. § 497, fin).

22. Éd. *jorz* (de même § 498). *Doné*, accordé. Remarquez l'indicatif *pooient* (au lieu du subjonctif), qui marque que l'auteur envisage plutôt le résultat obtenu que le but à atteindre. — 23. *En*, à ce sujet. — 24. Éd. *d'octubre*.

25. *As Greus*. Datif de possession fréquent en ancien français. — 26. *Et con* (éd. *et cum*), et lorsque. — 27. *Se furent asemblé*, s'étaient assemblés ; mais plus loin *s'asembler*, asembler, signifient « attaquer, en venir aux mains avec. » — 28. *A pou de gent*, avec peu de monde.

Et viénent de totes parz, si s'assemblent a s'ar(r)iére garde.
Et quant li marchis oï le cri, si sailli en un cheval toz de-
sarmez, un glaive en sa main. Et con [26] il vint la ou il
estoient as(s)emblé a s'ar(r)iére garde, si lor corut sus et
les chaça une grant piéce ar(r)iére.

499. La fu feruz d'une saiète li marchis Bonifaces de
Monfer[r]at, parmi le gros del braz desoz l'espaule, mortélment, si que il comença a espandre del sanc. Et quant
sa genz virent ce, si se [29] comenciérent a esmaier et a desconforter et a ma[u]vaisement maintenir. Et cil qui furent
entor le marc[i]s le sostindrent, et il perdi mout del sanc [30],
si se comença a pasmer. Et quant ses genz virent que il
n'avoient nule aïe de lui, si s'escomenciérent a esmaier,
et le comencent [31] a laissier. Ensi furent desconfit par
ceste mesaventure, et cil qui reméstrent avec lui, et ce fu
po[u], furent mort.

500. Et li marchis Bonifaces de Monfer[r]at ot la teste
coupée, et la genz de la terre envoiérent [32] Johannis [33] la
teste, et ce fu une des graignors joies que il eüst [34] onques. Ha! las, con doleros [35] domage ci ot a l'empereor
Henri et a tos les Latins de la terre de Romenie, de tél
homme perdre par tél mesaventure, un des meillors barons et des plus larges [36], et des meillors chevaliers qui fust
el remanant del monde [37]. Et ceste mesaventure avint en
l'an de l'incarnation Jesu Crist mil dous cenz et set [38] anz [39].

---

29. *Se* porte sur les trois verbes, voy. VII, note 49. — 30. *Mout del sanc*, beaucoup de sang sens partitif. Cf. plus haut : *del sanc*). -- 31. *Es-comenciérent, comencent*. Quoique l'ancien français fasse volontiers alterner le présent et le passé défini, il faut admettre ici une véritable négligence. Pour la place de *le*, voy. VII, note 49.

32. *La genz* (éd. *gens*) *envoiérent*. Voy. VII, note 22. — 33. *Johannis*, à Johannis. La préposition *à* est rarement supprimée en dehors du datif. Il est vrai qu'ici l'idée d'attribution accompagne l'idée de la destination. — 34. *Eüst*, éd. *aust*. — 35. Éd. *do lorous*. — 36. *Larges*. La libéralité était prisée chez un chevalier presque autant que le courage. On voit que ce n'est point là une appréciation particulière aux jongleurs ou aux sergents et écuyers, qui devaient surtout profiter de ces largesses, puisque c'est Villehardouin qui vante cette qualité chez Boniface. Il est vrai qu'il en avait reçu la riche ville de Messinople. Voy. ci-dessus § 497 et cf. *le Ménestrel*, I. § 82, fin. — 37. *Del*, éd. *dou*. — 38. Éd. *cens et sept*. — 39. *En l'an*, etc. Voy. VII, note 71. Henri de Hainaut, qui avait succédé à son frère Beaudouin, mourut à son tour empoisonné en 1216, au moment où il allait marcher contre Michel, despote de Serbie.

B. — RÉCITS D'UN MÉNESTREL DE REIMS AU XIII⁰ SIÈCLE

I. — *Blondel retrouve et délivre le roi Richard.*

77. Dès ore en avant, vous dirons dou roi Richart[1], que li dus d'Osteriche tenoit en prison, ne nus ne savoit nouvèles de lui fors seulement li dus[2] et ses consaus. Or avint que li rois avoit nourri un menestrel d'enfance[3], qui avoit non Blondiaus[4]. Cil se pensa que il querroit par toutes terres de ci a tant que il en orroit nouvèles ; et se mist a la voie[5], et tant ala par les estranges contrées que il ot bien demourei[6] an et demi, ne onques ne pot oïr vraies nouvèles dou roi.

78. Et tant aventura que il entra en Osteriche, ainsi comme aventure le menoit, et vint droit au chastel ou li rois estoit en prison. Et se herberja chiez une veve famme, et li demanda cui cil chastiaus estoit qui tant estoit et biaus et forz et bien assis. S'ostesse li respondi et dist que ce estoit le duc[7] d'Osteriche. « Bèle ostesse[8], » dist

---

1. 1, Le roi d'Angleterre, Richard I⁰ʳ, surnommé Cœur-de-Lion (1189-1199), fils et successeur de Henri II, était né en 1157. Ce prince, d'une bravoure à toute épreuve, mais d'un caractère indomptable, se révolta trois fois contre son père. A son retour de la croisade qu'il avait entreprise avec Philippe-Auguste, il fut jeté par la tempête sur les côtes de Dalmatie, et crut pouvoir traverser, sous un déguisement, les terres du duc d'Autriche, qu'il avait mortellement offensé au siège de Saint-Jean-d'Acre ; mais il fut découvert malgré son déguisement (il tournait la broche à la cuisine sous la robe d'un marmiton), et retenu prisonnier au château de Dureustein, près de Krems, à environ 60 kilomètres Nord-Ouest de Vienne. — 2. *Fors seulement li dus. Fors*, «excepté», se construisait aussi bien avec le cas sujet (comme adverbe) qu'avec le cas regime (comme préposition). — 3. Rapprochez *nourri* et *d'enfance* (dès son enfance). — 4. *Blondiaus. Avoir nom* se construit avec le cas sujet, comme *s'appeler* et les autres verbes réfléchis. Voy. Villehardouin, I, note 4. — 5. *Se mist a la voie*, se mit en route. — 6. *Demourei.* Un des traits principaux des dialectes de l'Est est l'emploi de *ei* pour rendre *a* latin accentué libre (suivi d'une seule consonne). Cf. *trouvei, corneir*, § 79, *leiz*, § 80, etc.

7. *Le duc*, au duc. Avec le datif de possession ou d'attribution, l'ancien français supprime volontiers la préposition *à*. — 8. *Bèle ostesse* (Cf. *biaus frères*, § 82). L'adjectif *bel, bèle* constitue une épithète de simple politesse,

Blondiaus, a il ore nul prison dedenz le chastel ? — Certes, » dist la bonne famme, oïl, un, bien a quatre anz[9]. Mais nous ne pouons savoir qui il est ; et si vous di certainement que on le garde bien et soingneusement, et bien creons que il soit gentis hons et granz sires. »

79. Quant Blondiaus oï ces paroles, si en fu a merveille liez, et li sembla en son cuer que il avoit trouvei ce qu'il queroit, ne onques n'en fist semblant a s'ostesse. La nuit fu mout aises et dormi jusques au jour ; et quant il oï la guète corneir le jour, il se leva et ala au moustier prier Dieu qu'il li aidast. Et puis vint au chastel et s'acointa dou chastelain de laienz, et dist qu'il estoit menestreus et mout voulentiers demourroit a lui, se il vouloit. Li chastelains estoit juenes chevaliers et jolis, et dist qu'il le retenroit voulentiers.

80. Adonc fu liez Blondiaus, et ala querre sa vïèle et ses estrumenz, et tant servi le chastelain qu'il li plot mout et fu mout bien de laienz[10] et de toute la mesnie. Ainsi demoura Blondiaus tout l'iver laienz, ne onques ne pot savoir qui li prisons estoit, et tant qu'il[11] ala un jour par les festes de Pasques touz seus en un jardin qui estoit leiz la tour, et regarda leiz lui, et pensa se[12] par aucune aventure porroit v[ë]oir le prison. Ainsi comme il estoit en ceste pensée, li rois regarda par une archiére, et voit[13] Blondel. Et pensa comment il se feroit a lui connoistre, et li souvint d'une chançon qu'il avoient faite entr'eus deus, que nus ne savoit que il dui[14].

81. Si commença a chanteir le premier mot[15] haut et clér[16], car il chantoit trés bien. Et quant Blondiaus l'oï, si sot certainnement que ce estoit ses sires, si ot en son cuer

à peu près comme aujourd'hui *cher*, dans *cher monsieur*, *chère madame*. — 9. *Bien a quatre anz*. Chiffre notablement exagéré. Mais nous avons vu que le Ménestrel ne se piquait pas d'exactitude. Voy. Introduction, § II.

10. *Et fu mout bien de laienz*, et il fut en bons termes avec ceux du château (de là dedans). — 11. *Et tant que*, tant et si bien que : tournure elliptique (*et il fit tant*). — 12. *Et pensa se*, et il se demanda si. — 13. *Regarda... et voit*. Alternance du présent historique et du passé défini fréquente en ancien français. — 14. *Que il dui*, si ce n'est eux deux. *Que*, au sens de « si ce n'est », comme *nisi* en latin et souvent *fors* (*hors*) en ancien français, veut après lui même cas que devant.

15. *Mot*, motif, couplet. — 16. *Clér*, adverbe, comme *haut*. — 17. *S'en parti*,

la graingneur joie qu'il eüst eü onques mais nul jour.
A tant s'en parti[17] dou vergier et vint en sa chambre ou il
gisoit et prist sa vïèle et commença a vïeleir une note, et
en vïelant se delitoit de son seigneur qu'il trouvei avoit.
Ainsi demoura Blondiaus de ci qu'a Pentecouste, et si bien
se couvri que nus de laienz ne s'en perçut[17] de son affaire.

82. Adonc vint Blondiaus au chastelain et li dist : « Sire,
se il vous plaisoit, je m'en iroie voulentiers en mon païs,
car grant piéce a que je n'i fui. — Blondiaus, biaus fréres[18], ce ne ferez vous pas, se vous m'en creez; mais de-
moureiz encore, et je vous ferai grant bien. — Certes,
sire, » ce dist Blondiaus, « je ne demourroie en nule maniére. » Quant li chastelains vit qu'il nou[19] porroit retenir, si li otroia le congié et li donna roncin et robe
nueve[20].

83. A tant se parti Blondiaus dou chastelain, et ala tant
par ses journées[21] que il vint en Engleterre, et dist aus
amis le roi et aus barons qu'il avoit le roi trouvei, et leur
dist ou il esteit. Quant il ont entendu les nouvéles, si en
sont trés lié, car li rois estoit li plus larges hons[22] qui
onques chauçast esperon. Et prirent conseil ensemble que
il envoieroient en Osteriche au duc pour le roi raiembre,
et eslurent deus chevaliers qui la iroient, des plus vaillanz
et des plus sages.

84. Et tant errérent par leur journées que il vinrent en
Osteriche, ou il trouvérent le duc a un sien chastel et le
saluérent de par les barons[23] d'Engleterre et li dirent :

---

ième sens que *se parti*, « partit ». Le
ens de *en* commence à s'affaiblir dans
la plupart de ces locutions, où il avait
l'origine sa valeur propre d'adverbe
indiquant l'éloignement. Cf., quatre
lignes plus loin, *s'en perçut*, où *en*
constitue un véritable pléonasme.

18. *Biaus fréres*. Les mots *frère*
et *sœur* s'employaient couramment
comme termes d'amitié. Pour *beau*, voy.
note 8. — 19. *Nou*, de *nel* = *ne le*. —
20. *Roncin et robe nueve*. Tels étaient
les présents ordinaires qu'on faisait aux
jongleurs, lorsqu'ils quittaient un château où l'on avait été satisfait de leurs
services.

21. *Par ses journées* [*de voyage*],
par ses étapes (Cf. §§ 84, 191, etc.). —
22. *Li plus larges hons*. Voy. Villehardouin, VIII, note 46. *Qui onques chauçast esperon*, qui eût jamais chaussé
éperon (périphrase pour désigner les
chevaliers). L'imparfait est ici pour le
plus-que-parfait, peut-être par une ré-
miniscence étymologique.

23. *De par les barons*, de la part des
barons. L'origine de la locution est *de
[la] part les barons*, ou les *barons* est
un génitif avec l'ellipse bien connue de
la préposition *de* devant le nom du
possesseur. La confusion a eu lieu de
très bonne heure, grâce à la ressem-

« Sire, nous sommes ci envoié de par les barons d'Engleterre, et avons apris que vous tenez en prison le roi Richart. Sire, il vous mandent et prient que vous en preingniez raançon, et il vous en donront tant comme il vous venra en grei. » Li dus lor respondi que il s'en conseilleroit, et quant il fu conseilliez, si leur dist : « Biau seigneur, si vous le voulez avoir, il le vous convenra raiembre de deus cens mile mars d'esterlins [24]. Et si n'en reprenez plus la parole, car ce seroit painne perdue ».

85. A tant prisent li mesage congié, et dirent que ce reporteroient il aus barons, et si en avroient conseil [25]. Et s'en revinrent en Engleterre et dirent aus barons ce que li dus leur avoit dit, et il dirent que ja pour ce ne demourroit [26]. Donc firent apareillier la raançon, si la firent porteir au duc. Et li dus leur delivra le roi, et ainsois leur fist donneir bonne seürtei de lui [27] que ja mais ne li [28] feroit moleste [29].

86. Ainsi avint que li rois Richarz fu raienz [30], et fu receüz en Engleterre a grant honeur ; mais mout en [31] fu sa terre grevée et les eglises dou regne, car il leur en [32] couvint mètre jusques a leur calices, et chantérent lonc tans en calices d'estain et de fust.

II. — *Épisode du siège de Damiette par les Croisés.*

158. Ainsi furent une grant piéce que Saphadins [1] et li autre soudan ne se remurent. Et cil de Damïéte [2] estoient

---

blance des sons ; mais la locution primitive a persisté à côte de la locution altérée. — 24. *Deus cens mile mars d'esterlins,* c'est-à-dire cent mille livres sterling, qui vaudraient aujourd'hui deux millions cinq cent mille francs. Du reste la valeur des monnaies a beaucoup varie. Cf. Mathieu Paris, année 1235, p. 104 : *Marcas bonorum et legalium Esterlingorum,* 13 *soliuis et* 4 *Esterlingis pro marca qualibet computatis* (dans Ducange, s. v. *Esterlingus*).

25. Éd. *et si en eüssent conseil.* Cf. ms. de Bruxelles : *et en avoient conseils.* — 26. *Demourroit.* Impersonnellement. Traduisez : « que ce (la grosse rançon) ne serait point un obstacle. — 27. *De lui,* au sujet du roi, pour l roi. « Le roi » est le sujet sous-entendu de *feroit.* — 28. *Li,* à lui, l duc. — 29. *Moleste,* éd. *molestei.*

30. Éd. *raiens.* — 31. *En,* à caus de cela, de ce rachat. — 32. *Chante rent,* dirent la messe. Ce mot ne s dit ordinairement que des messes chan tées, des grand'messes : ce devaient êtr à cette époque, les plus fréquentes.

II. 1. *Saphadins.* Ce nom est donn ici par erreur à Malec-el-Camel, souda de Babylone d'Égypte (Le Caire), fi de Saphadin. — 2. *Damïéte,* Damiet

a grant meschiéf, et avoient une grant maladie en leur
bouche[3] qui lor toloit le boire et le mangier, et mouroient
a glaive[4]. Et avoit une si orrible pueur en Damïète des cors
qui estoient mort que nus n'i pouoit durer, ainsois mouroient presque tuit, que pour la pueur, que[5] pour la maladie ; et furent si adoulei qu'il ne pouoient plus souffrir[6].

159. Et prisent[7] un coulon mesagier qui avoit estei
nourriz en Babiloine, et firent escrire unes lètres[8] ès
queis[9] il avoit[10] escrit leur mesaise et leur mortalitei, et
pour Mahom les secourussent[11], car il en estoit granz mes-
tiers ; et bien seüssent qu'il n'avoient point de chevetain,
car il estoit morz en la maladie commune. Et requeroient
que on leur envoiast chevetain gentil homme et preu-
domme et sage, qui la citei seüst et peüst gouverneir.
Et troussérent les lètres au coulon desouz la destre éle.
A tant laissiérent le coulon aleir[12] ; et il se mist en l'air et
regarda son chemin et s'adreça droit vers Babiloine ; et
vola tant qu'il vint au coulomier[13] ou il ot estei[14] nourriz.

(Tamiathis), aujourd'hui à 9 kilomètres
de la mer, sur la branche orientale du
Nil. Elle ne fut prise qu'en 1249, par
saint Louis, qui la rendit aux musul-
mans comme partie de sa rançon. —
3. *Une grant maladie en leur bouche.*
Probablement la diphtérie. Cf. nos
extraits de Joinville, § 64, fin. — 4. *A
glaive*, dans de grandes souffrances.
On trouve aussi fréquemment *a dolor
et a glaive*. — 5. *Que... que*, tant...
que. — 6. *Souffrir*, résister. Cf. plus
haut *durer*.

7. *Et prisent*, etc. On voit que
l'idée d'utiliser les pigeons comme messagers en temps de guerre n'est pas
nouvelle. Elle semble bien d'invention
musulmane. — 8. *Unes lètres*, une
lettre. *Un* s'emploie au pluriel, en
ancien français comme en latin, avec
les noms qui n'ont pas de singulier,
ou qui ont au singulier un sens différent : c'est le cas de *litteræ*. En latin
classique, les exemples qu'on rencontre
sont assez rares. Cf. cependant Té-
rence, *Eunuque*, II, 3, 75 : *Aderit una
in unis œdibus*, et Cicéron, *pro Flacco*,
XXVI, 62 : *Unis moribus et numquam*

mutatis legibus vivunt (ils suivent toujours les mêmes usages et vivent sous
les mêmes lois). — 9. *Queis*, prononciation dialectale de *qués*, forme où l'*l*
de *quéls* (quales) a été écrasée, au lieu
d'être vocalisée comme dans *queus*. —
10. *Il avoit*, il y avait. *Escrit* est un
neutre. — 11. *Et les secourussent.* Anacoluthe. Le subjonctif, à cause de l'idée
de prière implicitement contenue dans
il avoit escrit.

12. *A tant laissiérent le coulon aleir.*
Cela rappelle tout à fait la répétition,
dans les chansons de geste, au commencement d'une laisse (tirade sur la
même assonance ou rime), de l'idée
exprimée à la fin de la laisse précédente, souvent dans les mêmes termes.
Nous avons déjà dit (Voy. l'INTRODUC-
TION, § II), que ces récits avaient dû être
récités devant un public. — 13. *Coulombier, coulomier* : variantes d'un même
mot signifiant tantôt « colombier »,
tantôt « gardien du colombier », em-
ployées sans doute ici à dessein pour
éviter la répétition à trop courte distance. — 14. *Ot estei*, avait été.

Et quant li coulombiers [13] qui le coulomier gardoit le perçut, si l'ala dire le soudan et li dist : « Sire, il i a un messagier nouveau venu. » Et li soudans dist que on li [15] aportast, et on si fist. Et il prist le coulon et li osta la lètre de la destre éle et la fist lire et sot coment il estoit ceus de Damïète [16]. Et quant il le sot, si en fu trop doulanz, et ot mout grant droit, car ce estoit la cleis de sa terre.

161. Et ot conseil comment il ouvreroit; et li fu loei que il preïst un gentil homme sage et viguereus et l'envoiast a Damïète pour estre chevetains. Et il si fist. Et fist faire un cuir de buef de quatre doubles en maniére d'un oef [17], et fu mis dedenz atout la lètre le soudan. Et fu li vaissiaus bien cousuz et bien poiez, et fu assis sour liége en tél maniére qu'il ne pouoit tumeir [18] ne afondreir. Et estoit touz ou flun [19], mais qu'il [20] en paroit entour un pié; et avoit un trou ou comble par deseure, par quoi [21] il reprenoit s aleinne [22]. Ainsi fu mis ou flun de nuit, et flouta tant li vaissiaus qu'il vint au pont que li Crestïén avoient fait parmi le flun.

162. Et li crestïén avoient tendu une roi de lonc en lonc le pont [23], pour les aventures qui avenir pouoient; et quant vint a la mie nuit, li vaissiaus [24] arresta au pont, pour la roi qui le retint, et demeura jusqu'au jour que on vit le sommeron qui paroit par defors. Et alérent a neis la, et fu li vaissiaus sachiez hors a cros [25], si l'en

---

15. *Li* [le], lui. Voy. Villehardouin, V, note 14. — 16. *Comment il estoit ceus de Damïète* (litt. : comment il allait [à] ceux de Damiette), quelle était la situation de ceux de D.

17. *En maniére d'un oef*, en forme d'œuf. — 18. *Tumeir, tumer* est le même mot que *tomber*, qui signifie proprement faire l'arbre droit, cabrioler. Ici : « se retourner sens dessus dessous ». — 19. *Ou flun*, plongé dans l'eau du fleuve. — 20. *Mais que*, si ce n'est que (porte sur *touz*). — 21. *Un trou par quoi*. L'emploi du relatif neutre, au lieu du masculin ou du féminin, n'est pas rare en ancien français. — 22. *S'* = *sa*. L'emploi du possessif masculin pour le féminin devant les mots commençant par une voyelle n'est pas antérieur au xive siècle. On dit encore *ma mie, ma mour*, mauvaise orthographe pour *m'amie* = *ma amie*, etc. Notez aussi *tante*, où le possessif s'est agglutiné au nom (*ante* = amita).

23. *De lonc en lonc le pont*, le long du pont (de bateaux). Voy. Villehardouin, I, note 3. — 24. *Li vaissiaus*, l'appareil qui contenait le chevalier. *Vaisseau* se dit de tout récipient; c'est d'ailleurs un augmentatif de *vase*, (dont la forme régulière et ancienne est *vés*), quoiqu'il ait la forme d'un diminutif. — 25. *A neis*, avec des embarcations; *a cros*, avec des crocs.

portérent au treif le roi ; et fu li vaissiaus dépeciez, et en fu geteiz li sarrazins a toute la lètre[26].

163. Et la fist li rois lire ; et vit on en la lètre que c'estoit li niés le soudan, et l'envoioit en Damïéte pour estre chevetains ; et sot [on] tout le couvine de ceus de la citei. Et li rois le fist mètre en aniaus[27] et bien gardeir soin gneusement, jusqu'a une nuit qu'il avint que les gardes furent tuit yvres et dormirent si fort que li prisons eschapa, et s'en fuioit par derriére les tentes.

164. A tant s'esveilliérent les gardes qui le gardoient, et criérent « hahai ! » et le queroient parmi l'ost ; et li prisons estoit ja si esloingniez qu'il estoit aus derreinnes tentes. Et tout[28] fust eschapeiz, se ne fussent boulengier qui estoient relevei pour pestrir ; et oïrent les aniaus sonneir et crier après lui : « Prenez le prison ! prenez le prison ! » Et li uns d'eus tenoit un broion, et l'en fiert parmi la teste si fort qu'il l'ocist ; dont[29] li rois fu trop doulanz quant ille sot, car il en eüst eü grant raançon ou eschange de gentil homme.

III. — *Démélés de l'évêque de Beauvais avec la reine Blanche.*

188. ... A la pardefin, furent mandei bourjois de Biauvais, et se plaindrent de leur evesque, qui les escommenioit. Et la roïne fist apeleir l'evesque et li demanda pour queil raison il escommenioit les bourjois le roi. Li evesques respondi que a li n'estoit il mie tenuz de respondre. « Comment, » dist la roïne, « ne estes vous pas hons le roi, ne ne[1] ferez vous droit devant nous qui avons le bau de France a gardeir[2] ? »

189. « Par saint Pierre ! » dist li evesques, « je vuel que tuit cil de çaienz sachent que je n'ai seigneur ou monde fors l'apostoile, en cui protection[3] je sui ; ne devant autre seigneur ne[4] responderoie. » Quant la roïne oï ainsi

---

26. *A toute la lètre.* Voy. Villehardouin, VII, note 42, et cf. *atout*, § 161.

27. *Mètre en aniaus*, mettre aux fers.

28. *Tout*, entièrement. On trouve plus fréquemment l'adjectif variable. — 29. *Dont* [ce] dont.

III. 1. *Ne ne*, et ne. Voy. Villehardouin, II, note 24. — 2. *Le bau de France a gardeir*, équivaut à : a baillir (administrer, gouverner) *la France.*

3. *En cui protection*, en la protection de qui. — 4. *Ne... ne*, et ne. Voy. note 1.

parler l'evesque, si li fu mout bel[5], car elle savoit bien qu'il erroit. Et lors dist tout en audiance[6] : « Seigneurs, vous oëz bien que[7] li evesques dit : je vuel que vous en soiez recordant en lieu et en tans, et je averai conseil selon ce qui est dist. » A tant departi li parlemenz, et ala chascuns en sa terre.

190. Et la roïne assembla son conseil et leur[8] demanda que[9] il estoit a faire de l'evesque de Biauvais, qui ainsi avoit ouvrei contre la couronne de France. Et ses consaus dist, depuis qu'il noioit[10] l'omage le roi, qu'elle pouoit par droit saisir le fié que il tenoit dou roi. Et la roïne fist maintenant escrire unes lètres[11], et les envoia au bailli de Biauvoisin[12]. Et quant li evesques le sot, il fu trop esbaïz, ne onques pour ce ne se vout humilier ne requerre merci a la roïne; car li trés granz orgues[13] de son cuer ne li laissa[14], ains li toli les ieus dou cuer, que[15] il ne vit goute. Et c'est li vices ou monde qui plus[16] destruit en homme raison et droiture,

191. Quant li evesques vit que ce fu a certes, si fist apresteir son oire, et fist arroi, qu'il avoit deniers et chevaus, et mut a grant compaingnie de Biauvais, e teil eür qu'oncques[17] puis n'i rentra. Et ala tant par ses journées que il vint a Torins, une citei en Lombardie, et la se herberja et tint mout bel osteil[18]. Et l'endemain au matin se leva et oï messe et s'en ala son chemin; et n'ot mie grantment errei qu'il trouva un homme en une vigne fouant, qui avoit grant couronne[19] et un anel d'or en son doit. Il s'arresta et le salua, si li dist :

192. « Biaus sire[20], qui estes vous qui en ceste vigne

---

5. *Bel* est un neutre et par conséquent prend la forme du cas oblique. — 6. *Tout en audiance*, tout haut (de façon à être bien entendu). — 7. *Que*, ce que.

8. *Leur* au pluriel, par syllepse, à cause du collectif *conseil*. Cf. § 195 fin, et pour le verbe au pluriel, deux lignes plus haut : *sa mesnie firent havot.* — — 9. *Que*, quelle chose (interrogation indirecte). Cf. § 194, *que il vouloit.* — 10. *Noioit*, niait. — 11. *Unes lètres.* Voy. II, note 8. — 12. *Biauvoisin*,

Beauvoisis. — 13. *Orgues* pour *orguenz*, cas sujet de *orgueil.* Voy. II, note 8. — 14. *Ne li laissa*, ne [le] lui permit pas. Voy. Villehardouin, V, note 14. — 15. *Que*, de sorte que. — 16. *Plus*, le plus. Cf. *mieuz*, § 192, fin et voy. Villehardouin, VII, note 38.

17. *A teil eür que*, de telle sorte que *eür* (augurium), d'ou *bonheur*, *malheur* a un sens indifférent. — 18. *Et*, éd e i. *Osteil* pour *ostél, hostél*, « train de maison ». — 19. *Couronne*, tonsure.

20. *Biaus sire*, voy. 1, note 8 et 18

fouez ? — Certes, sire, » dist li preudons, « je sui li evesques de Torins, qui ci gaaing mon pain. — Comment ? »
dist li evesques de Biauvais, « il n'afiért mie a evesque
qu'il soit fouéres en vignes. — En non Dieu, » dist li
evesques de Torins, « m'eveschié [21] est si povre qu'elle ne
souffit mie a mes despens ; si me couvient faire mieuz [22]
que je puis. »

193. Adonc dist li evesques de Biauvais : « Sire, pour
Dieu, priez pour moi, car j'en ai grant mestier. » Et li
evesques respondi que si feroit il voulentiers, et se il li
plaisoit, priast ausi pour lui, et si [23] li deïst son nom. Et
li dist que il avoit a non Miles [24] et estoit evesques de
Biauvais. A tant se departi de lui, et sa mesnie le sivoit a
dis huit sommiers [25]. Et li evesques qui fouoit ès vignes
leur demanda a cui il estoient, et il li respondirent que il
estoient a l'evesque de Biauvais.

194. Et quant li preudons l'entendi, si jeta jus sa bèche,
e[t] courut après l'evesque de Biauvais, et li escria : « Sire,
entendez moi ! entendez moi ! » Li evesques s'arresta et li
demanda que il vouloit ; et li preudons li dist : « Sire, vous
m'aviez en couvent [26] que vous prieriez pour moi ; biaus
chiers sires, je vous en relais. — Dieu merci, » dist li
evesque de Biauvais, « queil entencion i entendez vous [27] ?
— En non Dieu, sire, » dist li evesques de Torins, « je le
vous dirai. Il me semble que vous soiez trop embesoingniez,

---

21. *M'eveschié. M' = ma.* Voy. II,
note 29. Le genre de *eveschié*, ici féminin, a changé d'après l'analogie de
duché, comté (Cf. Franche-Comté). Ces
derniers mots ont emprunté le genre
des mots parallèles *duchee, comté*
(Cf. IV, § 403, *contei*), dans lesquels
le suffixe-*atum* (*é*) avait été échangé
contre le sufixe-*itatem. Eveschié* suppose *epispocatum* pour *episcopatum*,
car l'*i* n'a pu se produire qu'avant le
changement de *a* latin en *é*, et cet *i*
se conserve, comme on sait, même
dans les dialectes où *c* latin devant *a*
ne devient pas *ch* (*evesquié*). — 22. *Si*,
ainsi. *Mieuz.* Voy. Villeh. III, 33.

23. *Et si* a la même valeur que la
simple copule *et*. D'ailleurs *si* (= sic)
s'emploie aussi fréquemment seul avec

un sens presque explétif, où se conserve
cependant, d'une façon plus ou moins
effacée, une idée de postériorité ou de
conséquence. — 24. *Avoir a non* se
construisait, comme *avoir non* et les
verbes réfléchis, avec le cas sujet (*avoir
non* équivaut à *se nommer*). Voy. Villehardouin, I, note 5. — 25. *A dis huit
sommiers*, avec dix-huit conducteurs
de bêtes de somme (et leurs bêtes).
Leur, à la ligne suivante, se rapporte
à *sommiers*.

26. *Vous m'aviez en couvent*, vous
m'aviez promis (il était convenu entre
nous). Cf. IV, §§ 403 et 411. — 27.
Queil entencion i entendez vous, comment l'entendez-vous (quelle intention
y mettez-vous?) Voy. Villehardouin, V,
note 12.

et avez tant a faire de vos besoingnes que vous ne porriez entendre a la moie. »

195. A tant se departi li uns de l'autre, et li evesques erra [28] tant par ses journées que il vint a Assise, ou sains François fu neiz et ou li cors de lui gist. La li prist une granz maladie diverse [29], qu'uns [30] apostumes li leva en mi l'eschine par dedenz le cors, et tant li crut que il li fendi l'eschine dès le crepon jusqu'aus espaules, et ouvri comme se il fust baconneiz. Ainsi vesqui quatre jourz en teil douleur, et mourut, et fu enfouiz comme evesques en la mère eglise, et sa mesnie firent [31] havot de quanqu'il avoit. Et ainsi vont les choses aus clers qui ne prennent garde a leur afaire. Et s'en rala la mesnie l'evesque arriére en leur païs.

IV. — *Jugement rendu entre les fils de la comtesse de Flandre.*
— *Exemple du loup et de la chèvre.*

398. Or avint une aventure en France d'un jugement, qui fu renduz en la court le roi [1], des enfantz [2] la contesse de Flandres, les queis elle avoit eü [3] : de Bouchart d'Avesnes deus fiuz, Jehan et Baudoin, et de mon seigneur Guillaume de Danpierre, Guillaume et Guion et Jehan.

399. Si fu li jugemenz teis que Guillaumes averoit la contei de Flandres après le decès de sa mére, et furent forjugié Jehans et Baudoins, pour ce que leur péres avoit prise leur mére et espousée mauvaisement [4], car il estoit soudiacres. Et d'autre part la damoisèle [5] li fu chargie en garde, pour sauf faisant que [6] sa lige dame estoit, par les

---

28. *Erra*, voyagea. *Par ses journées.* Cf. § 191 et voy. I, note 21. — 29. *Diverse*, d'aspect varié, compliqué. — 30. *Que*, car. — 31. *Sa mesnie firent.* Syllepse du nombre amenée par le sens collectif de *mesnie*. Deux lignes plus loin, le singulier et le pluriel (*rala, leur*) sont mélangés.

IV. 1. *Le roi*, du roi. — 2. *Des enfanz*, an sujet des enfants. — 3. *Eü.* Le participe passé des verbes actifs ne suit pas du tout en ancien françis la règle imaginée par les grammairiens du xviiᵉ siècle. Lorsque le régime précède, il peut varier ou rester invariable. Dans le premier cas, il est considéré comme un adjectif verbal indiquant le résultat de l'action ; dans le second, comme un neutre indiquant d'une manière générale l'action du verbe.

4. *Mauvaisement*, irrégulièrement.— 5. *La damoisèle*, la comtesse. — 6 *Pour sauf faisant que*, pour bien affirmer que. Le gérondif n'est pas rare avec *pour*. On trouve souvent aussi la préposition *à* placée immédiatement avan

pérs de Hainnaut. Mais on li fist grace[7], dont[8] on fist mal.

400. Or vous dirons qu'[9] il en avint. Jehans et Baudoins se departirent de court[10] plus tost que[11] il porent, et vinrent a un chastel[12] leur mére qui siet en la marche de Flandres et de Hainnaut, et entrérent enz et en mirent hors la garnison la contesse et le garnirent bien. Et quant la contesse le sot, si en fu trop[13] doulante, et assembla ses oz et ala devant le chastel et l'assi[s]t. Mais elle n'avoit homme en l'ost qui li aidast de cuer, ainsois amoient mieux Jehan et Baudoin que li.

401. Quant la contesse vit que ainsi estoit, si se parti de l'ost et i laissa chevetain mon seigneur Guion de Danpierre son fil, car mes sires Guillaumes ses fiuz li ainsneiz estoit morz. Et s'en vint a court[14] a la roïne et li cheï aus piez et li dist : « Dame, pour Dieu merci, Jehans et Baudoins mi fil m'ont tolu Ripemonde, un mien chastel, et me[15] béent a deseriter. Dame, pour Dieu, or i metez conseil[16], car je sui vo famme lige et sui cousine germainne au roi, et si sui preste et apareillie de croire vostre conseil et de mètre toute ma terre en vostre main. — Dame, » dit la roïne, « vous parlerez au conte de Poitiers et au conte d'Anjo, et je leur manderai entresait qu'il i mètent conseil. »

402. La contesse se parti a tant de la roïne et trouva les contes a Saint Germain en Laie[17], ou li cuens de Poitiers estoit deshetiez, et parla a eus et leur conta son besoing ; et il li respondirent molement. Quant la contesse vit et

---

l'infinitif, au lieu de l'infinitif, lorsque le régime est placé entre *pour* et cet infinitif (*pour la chose a faire*) : locution équivalente à celle qui nous occupe. — 7. *On li fist grace* semble signifier que l'ou rendit sa liberté d'action à la comtesse. Peut-être le texte est-il altéré : un des manuscrits porte *on leur fist tort*. — 8. *Dont*, [ce] en quoi.

9. *Que*, quelle chose. — 10. *De court*, de la cour [de Flandre]. — 11. *Plus tost que*, le plus tôt que. Voy. Villehardouin, VII, note 38. — 12. *A un chastel*. Ripemonde, aujourd'hui Rupelmonde, sur l'Escaut, dans la Flan-

dre orientale. Cf. § 401. — 13. *Trop*, beaucoup, très.

14. *A court*, à la cour. Cf. 10. *A la roïne*, vers la reine. — 15. *Me* dépend de *deseriter* (éd. *deseritier*). — 16. *Or i metez conseil*, maintenant pourvoyez-y. Cf. un peu plus loin, *qu'il i mètent conseil*.

17. Saint-Germain-en-Laye, à 21 kilom. Nord-Ouest de Paris, près de la Seine et à la lisière de la forêt de Saint-Germain. *Laye*, bas-latin *leda*, *ledia* (origine germanique), signifie une route tracée à travers une forêt, et aussi une forêt percée de routes.

perçut leur courage, si [18] traist le conte d'Anjo a une part et li dist : « Biaus niés, aidiez moi de bon cuer, car je vuel que vostre painne i soit bien sauve [19], et je vous donrai la contei [20] de Hainnaut, qui bien vaut vint mil[e] livres l'an. Et vuel que vous en soiez maintenant en possession, et vous en donrai mes lètres pendanz [21]. »

403. Quant li cuens l'oï ainsi parleir, si li esclaira li cuers et dist a la contesse : « Dame, se vous me faites ce que vous m'avez en couvent, je vous renderai le chastel et vous ferai vostre terre tenir en paiz a touz jourz mais. ». Et la contesse li rendi maintenant la contei [20] de Hainnaut par devant le conte de Poitiers et l'en donna bonne chartre en son seel [22]. A tant se parti la contesse des contes et s'en ala droit à Ripemonde et les [23] trouva ainsi comme elle les avoit laissié, et pou i avoit perdu et gaaingnié.

404. Or vous vuel dire un essemple pour ce que la contesse avoit quis aiüe au conte de Poitiers et au conte d'Anjo.

405. Il fu une foiz uns leus qui avoit deus jourz de terre [24] ahennable, et vint a une chiévre qui avoit deus chevresons [25], si li dist : « Chiévre, j'ai deus jourz de bonne terre ahennable d'aragis [26] de vigne, si te lo que tu les faces a moitié. Et saches de voir que la terre est si crasse qu'elle portera froument tout adès sans fiens mètre ; et saches de voir que je la feïsse [27] plus volentiers que je ne la donnasse a moitié ; mais j'ai un grant plait en la court mon seigneur Noble le lion contre Belin le mouton, de deus brebiz siennes que il dit que je li oi mangies, si me couvient estre chascune semainne a plait [28] et estre en grant painne de querre mon conseil [29]. »

406. Certes, » dit la chièvre, « je n'oseroie. — Pour quoi ? »

<hr>

18. *Si*, Cf. § 403. début et voy. III, note 23. — 19. *I soit bien sauve.* ne soit pas perdue. — 20. *La contei.* Voy. III. note 21. — 21. *Lètres pendanz* (litt. : lettres avec sceaux pendants), lettres patentes, authentiques. — 22. *L'en = li en*, lui en. *En son scel*, avec son sceau. — 23. *Les*, c'est-à-dire « ses gens, son armée. » — 24. *Deus jourz de terre*, une terre qu'on pouvait labourer en deux jours. — 25. *Chevresons* pour *chevreçons*, chevreaux. —

26. *D'aragis de vigne*, qui pourrait faire une bonne vigne *ou* une vigne labourable. *Aragis* (ce mot manque dans le dictionnaire de Godefroy) est un dérivé de *arage*, terre labourable, bonne terre. — 27. *Que je la feïsse*, que je la travaillerais. Cf. § 406, *je la ferai*, et § 407, *fist la terre*. — 28. *A plait*, à l'audience. — 29. *Querre son conseil* équivaut à *se conseiller*, « réfléchir sur ce que l'on a à faire, » ou encore « consulter ».

dit li leus. — « Par foi, » dit la chièvre, « pour ce que vous iestes uns granz sires et forz et bien enparenteiz, et je sui une petite chose[30] et de povre affaire[31], si n'averoie nul bon plait encontre vous. — Ha! » dit li leus, « chiévre, belle amie, or ne me resoing de rien[32]. Je te jur, par la foi que je doi dame Hersant, ma femme, et mes douze enfanz que j'ai de l(u)i touz vis, que je te serai bons parsonniers[33], ne ja en ma vie tort ne te ferai. — Par foi, » dit la chièvre, « je la ferai[34], mais adès me douterai que vous ne me faciez male part. »

407. A tant s'en parti li leus de la chiévre. Et la chièvre list la terre et ahenna de froument[35], et mouteplia et fu en point de messonneir. Et vint au leu et li dist : « Leus, nostre froumenz est en point de cuildre[36] : venez i vous[37] ou i envoiez. — Par foi, » dit li leus, je n'i puis aleir; mais fai le messonneir, si fai mètre le froument d'une part et la paille d'autre[38], et quant je revenrai de mon plait, si partirons bonnement. » La chiévre n'en pot plus porteir[39] dou leu et s'en revint; et messonna le froument, et le fist batre et mètre le grain d'une part et la paille d'autre.

408. A tant ez vous le leu qui vient[40], qui n'atendoit autre chose; et vient a la chiévre, si li dit mout fiérement : « Ore, dame, partirons nous nostre despouille? — Oïl, voir, » dist la chiévre, « biaus sires, se vous voulez. Veez ci[41] le grain d'une part et la paille d'autre, si comme vous me commandastes; si penrez la moitié de l'un et la moitié de l'autre. — Va a dïables, sote beste; tu ne sez que tu dis. Ainsi ne sera il pas. — Comment donc[42]?» dit la chiévre.

---

30. *Chose* est souvent employé en ancien français pour désigner une personne, surtout avec les épithètes *petite, malheureuse, faible,* et autres semblables. — 31. *Et de povre affaire,* et de peu de conséquence. — 32. *De rien,* en rien, nullement. — 33. *Parsonnier,* pour *parçonnier,* de *parçon* = partitionem (Cf. § 411. — 34. *Je la ferai* (nous préférons *la,* que donne un manuscrit, à *le* de l'édition), je la travaillerai. Cf. note 27.

35. *Et ahenna de froument,* et l'ensemença de froment après l'avoir labourée. *Ahaner* et *semer* sont souvent rapprochés. Le sens propre de *ahaner,* c'est « pousser des *ahan!* geindre », d'où « travailler la terre ». — 36. *Cuildre* (éd. *cuiedre*), cucillir. — 37. *Vous,* vous-même. — 38. *D'autre,* sous-ent. *part.* Voy. ci-dessous deux autres exemples de cette locution elliptique. — 39. *Porteir,* obtenir.

40. *Qui vient.* Nous ne croyons pas qu'on puisse admettre la leçou *on vient,* du manuscrit que suit l'édition, même en lisant *on vient;* de même § 413. — 41. *Veez ci* est le pluriel correspondant au singulier *voi ci (voici).* — 42. *Comment donc?* L'interrogation

409. « En non Dieu, » dit li leus, « je [l] te dirai : je sui uns granz hons et ai mout grant mesnie, et me convient asseiz plus[43] qu'il ne fait toi[44] ; car tu iés une lasche criauture, si averas de pou asseiz : tu averas la paille, et je averai le grain. — Hai mi ! sire, » dit la chiévre, vous ne dites mie bonne raison ; mais, pour Dieu, prenez vostre part, et moi laissiez la moie. — Par la laingue Beu[45], » dit li leus, « je n'en ferai nient. Et bien te conseil[46] que je revenrai ci le matin, et tu me saches dire se tu le feras ou non. »

410. A tant s'en parti li leus, et la chiévre demoura toute esbaubie. Et se pensa de deus viatres qu'elle avoit nourri[47] de son lait a sa mamelle, qui estoient d'une abaïe de Citiaus, qui estoient près de lui manant, dont li uns des chiens avoit non Taburiaus et li autres Roeniaus[48]. Et s'en va droit a eus, et les trouva a l'entrée de la porte. Et quant Taburiaus et Roeniaus virent venir leur mére, si li vont a l'encontre et la font bien vaingnant[49] et li demandent queis[50] besoinz l'a amenée. Et elle leur dit comment li leus la vouloit meneir[51].

---

de la chèvre, interloquée par la brutale apostrophe du loup, est d'une naïveté vraiment comique.

43. *Plus* (substantif). « une plus grande quantité », est sujet de *convient*, qui n'est pas pris ici impersonnellement. — 44. *Qu'il ne fait toi*, qu'il ne te convient, qu'à toi. Voy. Villehardouin, VIII, note 15. — 45. *Par la laingue Beu* (éd. *beu*), par la langue de Dieu (Cf. § 414, *par le cuer Beu*). On trouve assez souvent, dans les jurons, *Dieu* (*Deu*) dénaturé en *bieu* (*beu*) et même *bleu* (Cf. encore aujourd'hui : *ventrebleu ! sacrebleu !*) à titre d'atténuation. Une autre manière d'atténuer les jurons consiste à introduire la négation *pas* devant le mot *Dieu*. Elle est très usitée dans le provençal moderne, qui combine souvent les deux genres d'atténuation, par exemple dans : *coquin de pas Bieune !* litt. « coquin de pas Dieu ! » — 46. *Et bien te conseil*, etc., et je te conseille, etc. L'anacoluthe est remarquable en ce sens que dans les constructions semblables, l'ancien français répète ordinairement *que* devant le membre de phrase qu'il s'agit de rapprocher du verbe régisseur dont il se trouve séparé par une incidente, tandis qu'ici les deux propositions sont également régies par le premier verbe, qui ne convient bien qu'à la seconde. La première est amenée par l'idée de « dire » implicitement contenue dans *conseillera* : il y a une espèce de *zeugma*.

47. *Nourri*. Voy. note 3. — 48. *Taburiaus, Roeniaus*. Taburel, Roenel. Pour le cas sujet, voy. III, note 24. — 49. *La font bienvaingnant*, lui font bon accueil (litt. : la font bien venant, la mettent dans la situation de quelqu'un qui vient bien, qui est bien accueilli. On disait autrefois *bienvenant* là où nous disons *bienvenu*. — 50. *Queis*. Dialectal pour *qués* (*quels*), forme où l'*l* s'est écrasée, au lieu de se vocaliser comme dans *queus*. — 51. *Meneir*, traiter.

411. « Voire, » dist chascuns des chiens, « par nos botes, ainsi n'ira il pas. Ore vous en raleiz, et nous vous avons en couvent[52] que nous i serons le matin bien main a la parson[53] de vous et d'Isengrin, et se Dieu plai[s]t, il ne vous fera ja tort ne outrage la ou nous soiens[54]. » A tant s'en rala la chiévre et s'en vint a son osteil, et trouva ses deus chevresons plouranz et les rapaisa; et se coucha dormir[55], mais pou i reposa; et se leva bien matin et pria Dieu qu'il la conseillast.

412. A tant ez vous les deus fréres Taburel et Roenel; et la saluent et li demandent se Isengrins est venuz. Et la chiévre dit : « Nennil encore. — Or vous dirons, bèle mère, » dient li chien, « que nous ferons[56]. Nous nous reponrons en cest buriau d'esteule et serons la tout coi; et bien verrons et orrons que Isengrins voura faire; car, se il nous savoit a sejour, il n'i venroit pas, espoir, ains atenderoit tant que nous n'i seriens pas. — Par ma foi, » dit la chiévre, « mi enfant, vous dites bien. » Et li chien s'en vont et se mucent ou buriau d'esteule.

413. A tant ez vous Isengrin le leu qui vient, et amainne Renart son compére a son conseil, qui maintes mauvaises taches li avoit faites, et dit a la chiévre : « Ore dame, iestes vous conseillie? — Dont, » respondi la chiévre, « queil conseil voulez vous que j'aie? Prenez vostre part et me laissiez la moie. — Voire, » dit li leus, « en[ne] as tu groucié? — Certes, » dit elle[57] « ne sera[58] autrement que je t'ai dit. » Et endementiéres que li leus et la chiévre betensoient, Renarz géte ses ieus vers le buriau d'esteule et voit les queues des viatres et dit a Isengrin :

414. « Biaus compéres, tenez[59] vous près de vostre affaire, car je voi teil chose en vostre affaire que vous ne veez pas.

---

52. *Nous vous avons en couvent.* Voy. III, note 26. — 53. *Parson.* Cf. note 33. — 54. *Soiens* (dialectal), soyons. Le substantif indique ici l'indétermination dans l'avenir. — 55. *Se couchier dormir* est une expression fréquente en ancien français, dans laquelle l'infinitif semble indiquer le but. On sait que, déjà dans le latin de la décadence, l'infinitif se rencontre pour le supin après certains verbes signifiant le mouvement ou la direction.

56. *Que nous ferons,* ce que (litt. : quelle chose) nous ferons. Latinisme (proposition interrogative indirecte). Deux lignes plus loin, le cas est un peu différent : la proposition est plutôt relative, et il faut sous-entendre l'antécédent *ce.*

57. *Dit elle,* éd. *dit il.* — 58. *Ne sera,* il n'en sera. — 59. *Prenez vous près,* appliquez-vous.

— Par le cuer Beu [60] » dit li leus, « sire Renarz, il ne sera autrement : j'averai le grain, et elle avera la paille. — En non Dieu, » dist Renarz, « biaus compéres, je nou di se pour bien non [61], et bien vous en çouvicigne [62]. Prenez ci garde : je m'en vois [63]. » Et se part Renarz d'Isengrin et monte en un tertre près d'enqui pour véoir la fin que ses compéres fera. Et Isengrins prent ses sacs entre lui et son charreton, et les emplissoit dou froument. « Par la mére Dieu, » dist la chiévre, « ore est aus laides [64]. » Et escrie Roenel et Taburel : « Mi enfant, vous veez comment il est. » Et li chien saillent hors de l'esteule, et ne demandent qui ot donnei [65].

415. Et assemblérent au leu de cors et de piz, et le portérent a terre le ventre deseure [66], et li montent sour la mormelante, et li font plus de cent plaies sour le cors de lui, et faisoient les flocons de son poil voleir vers le ciel, et l'atournérent enqui en teil maniére que on n'i sentoit ne pous ne aleinne, et le cuidoient avoir mort. Et prisent le froument, et le portérent ou grenier a la chiévre ; et endementiéres que il portoient le blei, li charretons prist Isengrin et le mist au plus tost que il pot sour la charrète a grant painne, et se part d'enqui tantost, et le mainne vers son recèt.

416. A tant ez vous Renart qui li vient a l'encontre, qui tout avoit veü et qui mout en estoit liez, car c'estoit sa nature : il estoit liez quant maus adresoit [67]. Et venoit a son compére, qui mout estoit maumeneiz, et li dit en faingnant [68] : « Biaus compéres, il me poise mout de vostre mesestance, et si vous m'en eüssiez creü, il fust autrement qu'il n'est, car je vous disoie bien que vous preïssiez

---

60. *Par le cuer Beu.* Voy. note 15. — 61. *Je nou* (= *nel* = *ne le*) *di se pour bien non*, je ne le dis que dans un bon but. L'ancien français plaçait ordinairement entre *si* et *non* les mots qu'on introduit aujourd'hui par *sinon*, écrit en un seul mot. — 62. Éd. *couvieigne*. — 63. Éd. *vais*. — 64. *Ore est aus laides*. l'heure est aux outrages. C'est ainsi que l'éditeur (*Glossaire*) et Godefroy (Dictionnaire, s. v.) semblent comprendre. La leçon de l'un des mss. *or vat a l'ayde* (où le *t* de *vat* est euphonique, indique peut-être la bonne leçon. — 65. *Qui ot donnei*, qui avait tort. Il semble qu'il soit fait ici allusion à une tricherie dans quelque jeu. Il ne saurait d'ailleurs être question de cartes à cette date.

66. *Le ventre deseure*, le ventre en l'air.

67. *Adresoit* (pour *adreçoit*), éd. *adersoit*. — 68. *En faingnant*, hypocritement.

garde a vostre affaire, que je vëoie teil chose en vostre affaire que vous ne voiez pas. — Renarz, Renarz, » dist Isengrins « qui n'a plus d'ami que vous[69], il n'en a point. On m'a fait honte : je l'amenderai quant je porrai. » A tant se part Isengrins de Renart, et Renarz li fait la loupe[70].

417. Et Isengrins s'en va en son osteil, ou sa famme, dame Hersanz, l'atendoit, et si enfant. Et quant il le virent venir gisant sour la charrète sour un pou d'estrain, si le commenciérent a moqueir[71] et li dirent : « Plus apareillie chose remaint que ceste[72]. Est ce li froumenz que vous nous deviez ameneir pour faire des gastiaus en quaresme? » Ainsi disoient la maisnie Isengrin, et on dit piéce a : « Cui il meschiét, tuit li mesoffrent[73]. » Et Isengrins descent de la charrète touz bleciez et s'en va le col baissant couchier en son lit, ne puis ne fu il gariz de ses plaies en cinc mois de l'an.

418. Or revenrons a Roenel et a Taburel et a la chiévre, qui orent portei le froument ou grenier, et dirent : « Béle mére[74], nous nous en irons en maison, qui est asseiz près de ci, et se vous avez mestier de nous, nous serons adès apareillié de vous aidier. Et veez ci[75] un cor que vous sonnerez, s'il vous est besoinz, et tantost comme nous l'orrons sonneir, nous acourrons a vous. — Granz mercis, » dit la chiévre, « bel enfant[74]. Ben[ë]oite soit l'eure que je vous aletai premiers. » A tant prisent li chien congié et s'en alérent en leur abaïe.

419. Or vous dirons pour quoi je vous ai contei cest essemple : pour Jehan d'Avesnes, que je di qui fu li leus, et sa mére fu la chiévre, et li cuens d'Anjo et li cuens de Poitiers[76] furent Roeniaus et Taburiaus. Et Jehans d'Avesnes vouloit avoir le grain et vouloit sa mére laissier la paille,

---

69. Traduisez : qui n'a pas d'autre ami que vous. » — 70. *Li fait la loupe.* Les exemples abondent de cette locution, qu'on trouve jointe à « faire la moue »; mais aucun n'aide à déterminer le genre de grimace dont il est question. L'étymologie *lupa*, donnée par Diez, n'est pas sûre, car *lupa* a donné régulièrement *louve.*

71. *Moqueir*, éd. *moquier* — 72. *Plus apareillie*, etc., litt. « Plus dure une chose bien préparée que celle-ci »; ce qui revient à dire : « Vous ne vous attendiez pas à celle-là. » — 73. Trad.: « Celui qui est malheureux, tout le monde l'accable. »

74. *Béle mére*, Cf. plus loin *bel enfant* et voy. I, notes 8 et 18. — 75. *Veez ci*, voy. note 41. — 76. Voy. Commynes, II, note 57.

car il li vouloit tolir sa terre, ou il n'avoit droit, et la vouloit deseriteir. Mais sa mére, que je compér a la chiévre, nou pot souffrir, ains ala au conte d'Anjo et au conte de Poitiers, que je di qui furent[77] Roeniaus et Taburiaus, et fist tant envers eus que il li aidiérent son droit a retenir envers son fil, qui est compareiz au leu. Et li foula on si sa vendenge qu'il n'ot pouoir ne talant de regibeir, si comme vous orrez ça en avant, se j'ai lieu et tans dou dire.

77. L'application du conte au fait historique laisse un peu à désirer: ainsi les chiens sont autrement désintéressés que le comte d'Anjou, et l'on ne voit pas bien quel est le personnage que vise *Renart*. La fable n'est d'ailleurs pas sortie tout entière de l'imagination du Ménestrel, comme le veut M. de Wailly: elle lui a été certainement inspirée par la scène du partage entre le lion, le loup et le renard, qui forme la xvie branche du *Roman de Renart* (éd. Martin). Ysengrin (le loup) attribue à Noble (le lion) le taureau et la vache que Renart a enlevés au vilain après l'avoir noyé dans un fossé, et se réserve le veau, excluant ainsi Renart du partage. Celui-ci, mieux avisé, donne toute la proie au lion, alléguant son bel appétit, et le lion lui fait compliment sur sa finesse. Nous ne pouvons entrer ici dans une comparaison détaillée.

JOINVILLE

I. — *Dédicace et préface.*

1. A son bon signor Looïs[1], fil dou roi de France, par
la grace de Dieu roi de Navarre, de Champaigne et de Brie
conte palazin, Jehans, sires de Joinville, ses seneschaus[2]
de Champaigne, salut et amour et honnour et son servise
appareillié[3].

Chiers sires, je vous faiz a savoir que ma dame la roïne
vostre mére, qui mout n'amoit, a cui Dieus bone merci
face[4], me pria si acertes comme elle pot que je li feïsse
faire un livre des saintes paroles et des bons faiz nostre
roi[5] saint Looïs, et je le li oi en couvenant, et a l'aide de
Dieu li livres est assouvis en dous parties : la premiére
partie si[6] devise comment il se gouverna tout son tens
selon Dieu et selon l'Eglise et au profit de son règne; la
seconde partie dou livre si parle de ses granz chevaleries
et de ses granz faiz d'armes...

2. Or di je a vous, mon signour le roi de Navarre, que
je promis a ma dame la roïne vostre mére, a cui Dieus
bone merci face[4], que je feroie cest livre, et pour moi

I. 1. *Looïs*, Louis X, *le Hutin* (c'est-
à-dire : *le Querelleur*), qui monta sur
le trône en 1314, n'etait encore en
1309 que roi de Navarre et comte de
Champagne et de Brie, du chef de sa
mère Jeanne de Navarre, morte le 2
avril 1305. Louis X, fils de Philippe le
Bel, était l'arrière-petit-fils de saint
Louis : il était né en 1289 et avait par
conséquent vingt ans. — 2. Le séné-
chalat était héréditaire dans la famille
de Joinville. L'historien fut sénéchal de
Champagne à treize ans, à la mort de
son père (1237), et il le resta sous Philippe le Bel, qui avait acquis cette province par son mariage avec Jeanne de
Champagne, et sous son fils Louis X.

— *Ses seneschaus* (cas sujet), son sénéchal. — 3. *Son servise appareillié*,
son service zélé, complet, son entier
dévouement.

4. *A cui Dieus bone merci face.* Cette
formule indique que la personne est
morte. Il en est de même de celle-ci :
Que Dieus absoille (absolve). Cf. §§ 2,
46, etc. — 5. *Nostre roi.* L'emploi du
cas oblique comme génitif de possession
(sans *de*) persiste au temps de Joinville,
surtout avec *roi* et *Dieu*, si fréquemment employés. — 6. *Si* (lat. *sic*) est
ici presque explétif. Le cas est différent de celui que nous avons signalé
plus haut, Ménestrel, III, 23, où il for-
tifie la copule *et*.

aquitier de ma promesse l'ai je fait. Et pour ce que je ne
voi nullui qui si bien le doie avoir comme vous qui estes
ses hoirs, le vous envoi je, pour ce que vous et vostre
frére et li autre qui l'orront si puissent penre bon exemple et les exemples mettre a oevre[7], par quoi Dieus lour
en sache grei.

II. — *Vertus et autres qualités de saint Louis.*

3. En nom de Dieu le tout puissant, je Jehans, sire de
Joinville, seneschaus de Champaigne, faiz escrire la vie
nostre saint roi Looïs, ce que je vi et oï par l'espace de
sis anz que je fu en sa compaignie ou pelerinage d'outre
mér et puis que nous revenimes. Et avant que je vous
conte de ses grans faiz et de sa chevalerie, vous conterai
je ce que je vi et oï de ses saintes paroles et de ses bons
enseignemens, pour ce qu'il soient trouvei li uns après
l'autre pour edifier ceuz qui les orront.

Cis sainz hom ama Dieu de tout son cuer et ensuivi ses
oe(u)vres, et i apparut en ce que, aussi comme Dieus morut pour l'amour que il avoit eü[1] son peuple, mist il son
cors en aventure par plusours foiz pour l'amour que il
avoit a son peuple, et s'en fust bien soufers, se il vousist,
si comme vous orrez ci après. La grans amours qu'il avoit
a son peuple parut a ce qu'il dist a mon sieur Lo[o]ïs[2],
son ainsnei fil, en une mout grant maladie que il ot a
Fonteinnebliaut : « Biaus fiz, » fist il, « je te pri que tu te
faces amer au peuple de ton roiaume, car vraiement je
ameroie mieus que uns Escoz venist d'Escosse et gouvernast
le peuple dou roiaume bien et loialment, que [ce que][3] tu
le gouvernasses malapertement. Li sainz rois ama tant
veritei que neïs aus Sarrazins ne vout il pas mentir de ce
que il leur avoit en convenant, si comme vous orrez ci après.

De la bouche fu il si sobres que onques jour de ma vie
je ne li oï devisier[4] nulles viandes, aussi comme maint
riche home font, ainçois manjoit pacientment ce que ses

---

7. *Mettre a oevre*, mettre à exécution, réaliser.

II. 1. *Eü*, éd. en. — 2. *Looïs*. Ce fils
aîné de saint Louis mourut en 1263,

sept ans avant son père. — 3. Voy. n.
24. *Malapertement*, maladroitement.

4. *Devisier nulles viandes*, indiquer,
commander aucun mets.

queus li appareilloit et mettoit on [5] devant li. En ses paroles fu il attemprez, car onques jour de ma vie je ne li
oï mal dire de nullui, ne onques ne li oï nommer le dïable,
li queus nons est bien espandus par le roiaume, ce que
je croi qui [6] ne plait mie a Dieu. Son vin trempoit par mesure, selonc ce qu'il vëoit que li vins le pooit soufrir...

Il me demanda se je vouloie estre honorez en ce siécle
et avoir paradis a la mort, et je li diz oïl. Et il me dist :
« Donques vous gardez que vous ne faites ne ne dites a
vostre escïent nulle riens que, se touz li mondes le savoit,
que vous ne peüssiez congnoistre [7] : *Je ai ce fait, je ai ce
dit.* » Il me dist que je me gardasse, que je ne dementisse
ne ne desdeïsse nullui de ce que il diroit devant moi, puis
que [8] je n'i avroie ne pechié ne doumaige ou souffrir [9], pour
ce que les dures paroles meuvent les mellées, dont mil
home [10] sont mort.

Il disoit que l'on devoit son cors vestir et armer en tél
maniére que li preudome de cest siécle ne deïssent que il
en feïst trop [11], ne que li joene home ne deïssent que il
feïst pou [12]. Et ceste chose ramenti je le pére le roi [13] qui
orendroit est, pour les cotes brodées a armer [14] que on
fait hui et le jour [15], et li disoie que onques en la voie
d'outre mer, la ou je fu, je n'i vi cottes brodées, ne les [le]
roi, ne les autrui. Et il me dist qu'il avait tieus atours
brodez de ses armes qui li avoient coustei huit cenz livres
de parisis; et je l idiz que il les eüst mieus emploiés se il
les eüst donnez pour Dieu [16], et eüst fait ses atours de bon
cendal enforcié de ses armes, si comme ses péres faisoit.

4. Il m'apela une foiz et me dist : « Je n'os parler a

---

5. *Et mettoit on*, et que l'on mettait.
La fin de la phrase est construite comme
si le régime direct (*ce que*) était placé
après le verbe au lieu d'être avant. —
6. Voy. Commynes, VII, note 57. —
7. *Que, se... que.* Pour la répétition
de *que*, si fréquente en ancien français,
voy. Villeh. VI, note 19. Ici, ce n'est
pas la conjonction, mais le pronom relatif. *Congnoistre*, reconnaître, avouer.
— 8. *Puis que*, lorsque. — 9. *Ou
souffrir* forme un pléonasme avec *i*.
Souffrir est d'ailleurs pris substantivement ; *ou = el = en le*. — 10. *Mil
home*, beaucoup de gens.

11. *Trop.* Le sens moderne commence
à se dessiner. — 12. *Pou*, trop peu. —
13. *Le pére le roi*, etc., le pére du roi
actuel (Philippe III *le Hardi*, fils de
saint Louis). Voy. I, note 4. — 14. *La
cote a armer* était une espèce de blouse
serrée à la taille que l'on mettait sous
l'armure. — 15. *Hui et le jour*, aujourd'hui encore. On trouve aussi : *hui
et cel jour, hui cel jour.* — 16. *Pour
Dieu.* pour des fondations pieuses.

vous, pour le soutil senz dont vous estes, de chose qui touche a Dieu, et pour ce ai je appelei ces dous fréres qui ci sont, que[17] je vous vueil faire une demande. » La demande fu teus[18] : « Seneschaus, » fist il, « queus chose est Dieus ? » Et je li diz : « Sire, ce est si bone chose que mieudres ne puet estre. — Vraiement, » fist il, « c'est bien respondu, que ceste response que vous avez faite est escripte en cest livre que je tieing en ma main. Or, vous demant je, » fist il, « le quél vous ameriés mieus, ou que vous fussiés mesiaus, ou que vous eüssiés fait un pechié mortél ? » Et je[19], qui onques ne li menti, li respondi que je en ameroie mieus avoir fait trente que estre mesiaus. Et quant li frére s'en furent parti, il m'apela tout seul et me fist séoir a ses piez[20] et me dist : « Comment me deïstes vous hier ce ? » Et je li diz que encore li disoie je. Et il me dist : « Vous deïstes comme hastis musarz[21], car vous devez savoir que nulle si laide mezélerie n'est comme d'estre en pechié mortél, pour ce que l'ame qui est en pechié mortél est semblable au diable, par quoi nulle si laide mesèlerie ne puet estre. Et bien est voirs que quant li hom meurt, il est gueris de la mesèlerie dou cors, mais quant li hom qui a fait le pechié mortél meurt, il ne sait pas ne n'est certains que il ait eü[22] en sa vie tél repentance que Dieus li ait pardonnei, par quoi grant poour doit avoir que celle mezèlerie li dure tant comme Dieus iert en paradis. Si[23] vous pri, » fist il, « tant comme je puis, que vous metés vostre cuer a ce, pour l'amour de Dieu et de moi, que vous amissiez mieus que touz meschiez avenist au cors, de mezèlerie et de toute maladie, que ce que[24]

---

17. Joignez *pour ce et que*. — 18. *Teus*, éd. *teix*. — 19. *Et je*, et moi. La forme du sujet est ici seule correcte, elle s'est conservée dans les formules d'actes : *Je soussigné*. Cependant on a employé de bonne heure, *moi, tu, il*, comme sujets absolus. — 20. *Séoir a ses piez*. Les sièges étaient rares dans les appartements. D'ailleurs on se tenait ordinairement debout devant le roi ; mais Joinville nous offre plusieurs passages, par ou l'on voit que l'on s'asseyait fréquemment à terre. Cf. ici même, p. 53. — 21. *Hastis musarz*, franc étourdi, écervelé. Les deux mots sont à peu près synonymes. — 22. *Que il ait eü* ne convient bien qu'à *ne n'est certains* : avec *il ne sait pas*, il faudrait *s'il a eü*. Il y a ici une espèce de zeugma. — 23. *Si*, donc. — 24. *Que ce que*. Construction parfaitement logique : *ce*, « ceci », annonce la proposition commençant par *que* ; le subjonctif est justifié par l'indétermination, l'éventualité. Aujourd'hui de pareilles propositions sont introduites par *si*. Cf. § 3, fin du 2e alinea, etc.

li pechiés morteus venist a l'ame de vous [25]. » Il me demanda se je lavoie les piez aus povres le jour dou grant jeudi [26] : « Sire, » dis je, « en mal eür [27]! les piez de ces vilains ne laverai je ja. — Vraiement, » fist il, « ce fu mal dit, car vous ne devez mie avoir en desdaing ce que Dieus fist pour notre enseignement; si vous pri je, pour l'amour de Dieu premier [28] et pour l'amour de moi, que vous les acoustumez [29] a laver. »

Il ama tant toutes maniéres de gens qui Dieu crëoient et amoient que il donna la connestablie de France a mon signour Gille le Brun [30], qui n'estoit pas dou roïaume de France, pour ce qu'il estoit de grant renommée de croire Dieu et amer : et je croi vraiement que teus [31] fu il.

Maistre Robert de Sorbon [32], pour la grant renommée que il avoit d'estre preudom(e), il le faisoit mangier a sa table. Un jour avint que il manjoit delez moi, et devisiens li uns a l'autre, et nous reprist et dist : « Parlés haut, » fist il, « car vostre compaignon [33] cuident que vous mesdisiés d'aus. Se vous parlés ou mangier de chose qui nous doie plaire, si [34] dites haut; ou se ce non, si vous taisiés. » Quant li rois estoit en joie, si me disoit : « Seneschaus, or me dites les raisons pour quoi preudom vaut mieus que beguins. » Lors si encommençoit la tençons de moi et de maistre Robert. Quant nous aviens grant piesce desputei, si rendoit sa sentence et disoit ainsi : « Maistre Roberz, je vourroie bien avoir le nom de preudome, mais que je le fusse, et touz li remenans vous demourast [35], car preudom est si grans chose et si bone chose que, neïs au nommer [36], emplist il la bouche. »

25. *A l'ame de vous*, à votre âme. Cette construction, qui n'est pas absolument rare, est amenée ici par l'opposition à *au cors*, qui précède. — 26. Le grand jeudi, c'est le Jeudi saint. — 27. *En mal eür!* équivaut à « ce serait fâcheux », ou plus familierement encore à « quel malheur! » Cf. *malheur!* dans l'argot parisien. — 28. *Premier*, d'abord. — 29. *Acoustumez* est au subjonctif. La forme de ce temps s'est longtemps confondue avec celle de l'indicatif aux 1re et 2e personnes du pluriel. Cf. § 13, etc. 30. Gilles de Trasignies, surnommé le *Brun*, était Flamand d'origine. — 31. *Teus*, éd. *teix*.

32. Robert de Sorbon fonda, à l'Université de Paris, un collège auquel on donna le nom de Sorbonne. On appelait collège dans une université, un établissement qui nourrissait et logeait une partie des étudiants et des maîtres de cette université. — 33. *Vostre compaignon*, vos compagnons. — 34. *Si*, « à cette condition », n'est pas, dans ce genre de phrases, tout à fait explétif. Cf. I, 6. — 35. *Et touz*, etc. (s.-ent. *que*), depend de *je vourroie bien*. — 36. *Neïs*

Au contraire disoit il que male chose estoit de penre de l'autrui, car li rendres estoit si griez que, neïs au nommer[36], li rendres escorchoit la gorge par les erres qui i sont, les queus[37] senefient les ratiaus au dïable, qui touz jours tire ariére vers li ceus qui l'autrui chatel vue(u)lent rendre; et si[38] soutilment le fait li dïables, car aus grans usuriers et aus granz robëours les attire il si que il lour fait donner pour Dieu ce que il dev(e)roient rendre. Il me dist que je deïsse au roi Tibaut[39] de par li que il se preïst garde a la maison des Preeschëours de Provins que il faisoit, que il n'encombrast l'ame de li pour les granz deniers que il i metoit; car li saige home, tandis que il vivent, doivent faire dou leur aussi comme executour en dev(e)roient faire, c'est a savoir que li bon executour desfont premiérement les torfaiz au mort[40] et rendent l'autrui chatel, et dou remanant de l'avoir au mort font aumosnes.

6. Li sainz rois fu a Corbeil a une Penthecouste, la ou il ot quatre vins chevaliers. Li rois descendi après mangier ou prael desouz la chapelle, et parloit a l'uis de la porte[41] au conte de Bretaigne[42], le pére au duc qui ore est, que Diex gart. La me vint querre maistres Roberz de Sorbon, et me prist par le cor de mon mantel, et me mena au roi, et tuit li autre chevalier vindrent après nous. Lors demandai je a maistre Robert : « Maistre Roberz, que me voulez vous ? » Et me dist : « Je vous v[u]eil demander, se li rois se sëoit en cest prael et vous vous aliez sëoir sur son banc plus haut que li, se on vous en dev(e)roit bien blasmer. » Et je li diz que oïl. Et il me dist : « Dont faites vous bien

<hr>

au nommer, rien qu'à le nommer. L'emploi de l'infinitif comme nom était bien plus libre en ancien français qu'il ne l'est aujourd'hui. Voyez trois lignes plus loin et ailleurs. — 37. *Queus*, éd. *quiex*. — 38. *Et si* est à peu l'équivalent de *et*. Voy. Ménestrel, III, note 23. — 39. *Au roi Tibaut*. Thibaut II, roi de Navarre, qui avait épousé Isabelle, fille de saint Louis. Comme comte de Champagne, il se nommait Thibaut V. — 40. *Desfont les tor'aiz au mort*, réparent les injustices commises par le mort (datif de possession). *Torfaiz* = *torz faiz* (torts faits). Cf. *bienfaits* pour *biensfaits*.

41. *L'uis de la porte*, c'est « l'ouverture de la porte. » — 42. Jean II, fils du comte Jean Ier, fut le premier qui porta le titre de duc de Bretagne. Comme il était mort en 1305, et que Jean III ne succéda à Arthur II qu'en 1312, il faut admettre que Joinville a mis plusieurs années à *dicter* sa *Vie de saint Louis*, ou bien, ce est plus probable (Voy. l'Introduction, III), qu'il se servait de notes rédigées antérieurement à 1309 date de la dédicace de l'œuvre.

a blasmer [43], quant vous estes plus noblement vestus que li rois, car vous vous vestez de vair et de vert, ce que li rois ne fait pas. » Et je li diz : « Maistres Roberz, sauve vostre grace, je ne faiz mie a blasmer, se je me vest de vert et de vair, car cest abit me lessa mes péres et ma mére [44] ; mais vous faites a blasmer, car vous estes fiz de vilain et de vilainne, et avez laissié l'abit vostre pére et vostre mére, et estes vestus de plus riche camelin que li rois n'est. » Et lors je pris le pan de son seurcot et dou seurcot le roi, et li diz : « Or esgardez se je di voir. » Et lors li rois emprist a deffendre maistre Robert de paroles de tout son pooir. Après ces choses, mes sires li rois appela mon signour Phelippe [45], son fil, le pére au roi qui ore est, et le roi Tibaut, et s'asist a l'uis de son oratour et mist la main a terre et dist : « Sëez vous ci bien près de moi, pour ce que on ne nous oie. — Ha ! sire, » firent il, « nous ne nous oseriens assëoir si près de vous. » Et il me dist : « Seneschaus, sëez vous ci. » Et si fiz je, si près de li que ma robe touchoit a la seue, et il les fist assëoir après moi et lour dist : « Grant malapert [46] avez fait, quant vous estes mi fil et n'avez fait au premier coup tout ce que je vous ai commandei ; et gardés que il ne vous avicigne ja mais. » Et il dirent que non feroient il [47]. Et lors me dist que il nous avoit appelez pour li confesser a moi, de ce que a tort avoit deffendu maistre Robert encontre moi. « Mais, » fist il, « je le vi si esbahi que il avoit bien mestier que je li aidasse. Et toutes voiz ne vous tenez pas a chose que je en deïsse pour maistre Robert deffendre, car, aussi comme li seneschaus dist, vous vous devez bien vestir et nettement, pour ce que vos femmes vous en ameront mieux, et vostre gent vous en priseront plus. Car ce dit li saiges : « On se doit acesmer [48]

---

43. *Dont faites vous bien a blasmer*, vous êtes donc bien blâmable. L'inversion du sujet est de règle lorsque la proposition commence par un adverbe ou par un complément portant sur toute la proposition. *Faire* (au sens absolu) suivi de la préposition *à* et d'un infinitif, constitue une locution fréquente en ancien français, dans laquelle l'infinitif a le sens passif tout comme le gérondif latin. — 44. *Me lessa mes pére et ma mére.* Le verbe s'accorde avec le plus rapproché des sujets, comme souvent en ancien français. — 45. *Phelippe*, Philippe III *le Hardi.* — 46. *Malapert*, maladresse, faute. — 47. *Que non feroient il*, qu'ils ne le feraient pas. On dirait aujourd'hui : « que non ». Cf. *si fait*, et *non fait* (aujourd'hui inusité). — 48. *Acesmer*, éd. *assemer.*

en robes et en armes en tél maniére que li preudome de cest siécle ne dient que on en face trop, ne les joenes gens de cest siécle ne dient que on face pou [49]. »

. . . .

11... Uns cordeliers vint a li ou chastel de Jéres, la ou nous descendimes de mér, et pour enseignier le roi dist en son sermon que il avoit leü la Bible et les livres qui parlent des princes mescreans, et disoit que il ne trouvoit ne ès creans ne ès mescreans que onques roiaumes se perdist, ne chanjast de signourie a autre, mais que [50] par defaute de droit. « Or se preingne garde, » fist il, « li rois qui s'en va en France, que il fasse bon droit et hastif a son peuple, par quoi Nostre Sires li scuffre son roiaume a tenir en pais tout le cours de sa vie. » On dit que cis preudom qui ce enseignoit le roi gist a Marseille, la ou Nostre Sires fait pour li maint bel miracle ; et ne vout onques demourer avec le roi, pour priére que il li seüst faire, que une seule journée.

12. Li rois n'oublia pas cest enseignement, ainçois gouverna sa terre bien et loialment et selonc Dieu, si comme vous orrez ci après. Il avoit sa besoigne atiriée en tél maniére que mes sires de Neelle [51] et li bons cuens de Soissons [52], et nous autre qui estiens entour li, qui aviens oïes nos messes, aliens oïr les plaiz de la porte, que on appelle maintenant requestes. Et quant il revenoit dou moustier, il nous envoioit querre, et s'assëoit au pié de son lit, et nous fesoit touz assëoir entour li, et nous demandoit se il i en avoit nulz a delivrer [53] que on ne peüst delivrer sanz li ; et nous li [54] nommiens, et il les faisoit envoier querre, et il lour demandoit : « Pour quoi ne prenez vous ce que nos gens vous offrent ? » Et il disoient : « Sire, que [55] il nous offrent pou. » Et il lour disoit en tél maniére : « Vous dev(e)riez bien ce penre que l'on vous voudroit faire. » Et se traveilloit ainsi li sainz hom, a son pooir, com-

49. *Pou*, trop peu. Cf. § 3, alinéa 5.

50. *Mais que*. si ce n'est.

51. *Neelle*, Simon, sire de Nesle, l'un des régents pendant la seconde croisade de saint Louis [Éd.]. — 52. *Soissons*. Jean II de Nesle. dit *le Bon* et *le Bègue*. comte de Soissons de 1237 à 1270. Il était cousin de Joinville [Éd.]. — 53. *Delivrer quelqu'un*, c'est « expedier son affaire. » — 54. *Li* [les] lui. Voy. Villeh. V. note 14. — 55. *Que*, parce que.

ment il les mett(e)roit en droite voie et en raisonnable.

Maintes foiz avint que en estei il se alloit sëoir au bois de Vinciennes [56] après sa messe. et se acostoit a un chesne et nous faisoit sëoir entour li, et tuit cil qui avoient afaire venoient parler a li, sanz destourbier de huissier ne d'autre. Et lors il lour demandoit de sa bouche : « A il ci nului qui ait partie ? » Et cil se levoient qui partie avoient et lors il disoit : « Taisiés vous tuit, et on vous deliverra l'un après l'autre. Et alors il appeloit mon signour Perron [57] de Fonteinnes [58] et mon signor Geoffroi de Villète [59], et disoit a l'un d'eus : « Delivrez moi ceste partie. » Et quant il vëoit aucune chose a amender en la parole de ceus qui parloient pour li ou en la parolle de ceus qui parloient pour autrui, il meïmes l'amendoit de sa bouche. Je le vi aucune foiz en estei, que pour delivrer sa gent il venoit ou jardin de Paris [60], une cote de chamelot vestue, [et] un seurcot de tireteinne sanz manches, un mantel de cendal noir entour son col, mout bien piguiez et sanz coife, et un chapel de paon blanc sus sa teste. Et faisoit estendre tapis pour nous sëoir entour li, et touz li peuples qui avoit afaire par devant li estoit entour li en estant, et lors il les faisoit delivrer, en la maniére que je vous ai dit devant dou bois de Vinceinnes [61].

13. Je le revi une autre foiz a Paris, la ou tuit li prelat de France li mandérent que il vouloient parler a li, et li rois ala ou palaiz pour aus oïr [62]. Et la estoit li evesques Guis d'Ausserre, qui fu fiz mon signour Guillaume de Mello, et dist au roi pour touz les prelaz en tél maniére : « Sire, cist signour qui ci sont, arcevesque [et] evesque, m'ont dit que je vous dëisse que la Crestïenté, qui dëust estre gardée par vous, se perit entre vos mains. » Li rois se seigna,

<hr>

56. Le bois de Vincennes, ou bois le Roi, avait été entouré de murs par Philippe II. — 57. *Perron*, voy. Villeh. I, note 9. — 58. Pierre de Fonteines, célèbre jurisconsulte, a écrit un manuel de droit qui a pour titre : *le Conseil*. — 59. Geoffroy de Villette fut bailli de Tours en 1261 et 1262. — 60. *Le jardin de Paris* était le jardin qui entourait le Palais, résidence des rois jusqu'à Charles V, dans l'île de la Cité. L'emplacement en est occupé aujourd'hui en partie par la place Dauphine. — 61. Éd. *Vincennes*.

62. Le même fait est raconté, presque dans les mêmes termes, à la fin de l'ouvrage, ou Joinville reprend l'éloge des vertus de saint Louis, et en particulier de son gouvernement. Voy. § 135.

quant il oï la parole et dist : « Or, me dites comment ce est. — Sire, » fist il, « c'est pour ce que on prise si pou les excommeniemens hui et le jour, que avant se laissent les gens morir excommeniés que il se facent absodre, et ne veulent faire satisfaccion a l'Esglise ; si vous requiérent, sire, pour Dieu et pour ce que faire le devez, que vous commandez a vos prevoz et a vos bailliz que touz ceus qui se soufferront escommeniez an et jour[63], que on les contreigne par la prise de lour biens a ce que il se facent absoudre. »

A ce respondi li rois que il lour commanderoit volontiers de[64] touz ceus dont on le feroit certain que il eüssent tort. Et li evesques dist que il ne le feroient a nul fuer, que il li deveïssoient[65] la court de lour cause. Et li rois li dist que il ne le feroit autrement, car ce seroit contre Dieu et contre raison, se il contreignoit la gent a aus absoudre quant li clerc lour feroient tort. « Et de ce, » fist li rois, « vous en doing je un exemple, dou conte de Bretaigne, qui a plaidié sept ans aus prelaz de Bretaingne touz excommeniez et tant a esploitié que li apostoles les a condempnez touz. Dont, se je eüsse contraint le conte de Bretaingne la premiére année de li faire absoudre, je me fusse meffaiz envers Dieu et vers li. » Et lors se soufrirent li prelat, ne onques puis nen oï parler que demande fust faite des choses desus dites.

14. La pais qu'il fist au roi d'Angleterre fist il contre la volentei de son consoil, li queus li disoit : « Sire, il nous semble que vous perdés la terre que vous donnez au roi d'Angleterre, pour ce que il n'i a droit ; car ses péres la perdi par jugement. » Et a ce respondi li rois que il savoit bien que li rois d'Angleterre n'i avoit droit, mais il i avoit raison, par quoi il li] devoit bien donner. « Car nous avons dous serours a femmes et sont nostre enfant cousin ger-

---

63. *Commandez*. Voy. note 29. *An et jour*, un an et un jour.

64. *De*, en ce qui concerne. — 65. *Deveïssoient* (de *devoir* pour *deveer*), éd. *deveissient*. Notre correction n'est pas sûre comme forme, mais elle se rapproche le plus possible du texte des manuscrits. Le sens est : « Car ils lui déniaient le droit de juger leurs affaires. » Litt. : « Car ils lui défendaient la cour (de tenir la cour) au sujet de leur cause ».

66. *Li*, [la] li. Voy. Villeh. V, 14.

main, par quoi il affiert bien que paiz i soit. Il m'est mout
grans honnours en la paiz que je faiz au roi d'Angleterre,
pour ce que il est mes hom, ce que il n'estoit pas devant. »

III. — *Départ de Joinville pour la Croisade.*

25. A Pasques, en l'an de grace que li miliaires couroit
par mil dous cenz quarante et huit, mandai je mes homes
et mes fievez a Joinville; et la vegile de la dite Pasque, que
toute cèle gent que je avoie mandei estoient[1] venu, fu nez
Jehans mes fiz, sires de Ancerville, de ma premiére femme[2],
qui fu suer le conte de Grantprei. Toute celle semainne
fumes en festes et en quarolles, que mes fréres li sires de
Vauquelour, et li autre riche home qui la estoient, donnérent a mangier chascuns li uns après l'autre, le lundi, le
mardi, le mercredi et le jeudi.

Je lour diz le vendredi : « Signour, je m'en voi[s] outre
mér, et je ne sai se je revenrai. Or venez avant : se je vous
ai de rien mesfait, je le vous desferai[3] l'un par l'autre[4],
si comme je ai acoustumei, a touz ceus[5] qui vourront
riens demander ne a moi ne[6] a ma gent. » Je lour[7] desfiz[3]
par l'esgart[8] de tout le commun de ma terre ; et pour ce
que[9] je n'éusse point d'emport, je me levai dou conseil et
en ting quanque[10] il raportérent[11] sanz debat.

Pour ce que je n'en vouloie porter[12] nulz deniers a tort,
je alai lessier a Mez en Lorreinne grant foison de ma terre
en gaige ; et sachiez que, au jour que je parti de nostre
païs[13] pour aler en la Terre Sainte, je ne tenoie pas mil
livrées de terre[14], car ma dame ma mére vivoit encore ;

III. 1. *Estoient.* Pour le pluriel avec *gent.* Voy. Villeh. II, note 21. — 2. Ancerville est aujourd'hui un chef-lieu de canton de la Meuse, près de Saint-Dizier. La première femme de Joinville se nommait Alix et était sœur de Henri VI, comte de Grandpré (ch.-lieu de canton des Ardennes). Sa seconde femme se nommait Alix de Reynel.

3. *Desferai,* réparerai (de même, un peu plus loin, *desfiz*). — 4. *L'un par l'autre,* l'un après l'autre. — 5. *Vous... a touz ceus.* Anacoluthe. — 6. *Ne... ne.*

Voy. Villeh. II. note 24. — 7. *Lour,* [la] leur. — 8. *Par l'esgart,* selon l'avis. — 9. *Pour ce que,* pour que. L'ancien français ne lie pas directement, sans antécédent, les prépositions à la conjonction *que.* — 10. *Et en ting quanque,* et je m'en tins à, j'acceptai tout ce que. — 11. *Raportérent,* énoncèrent, fixèrent (dans leurs rapports).

12. Joignez *en* à *porter.* Les composés actuels de *en* adverbe (*inde*) et d'un verbe ont d'abord eu leurs deux parties séparées. — 13. Éd. *païz.* — 14. *Mil*

et si alai moi disiesme de chevaliers et moi tiers de baniéres [15]. Et ces choses vous ramantoif je pour ce que, se
Dieus ne m'eüst aidié, qui onques ne me failli, je l'eüsse
souffert a peinne par si lonc tems comme par l'espace de
six ans que je demourai en la Terre sainte.

En ce point que je appareilloie pour mouvoir, Jehans,
sires d'Apremont et cuens de Salebruche [16] de par sa
femme [17], envoia a moi et me manda que il avoit sa besoigne arcé [18] pour aler outre mér, li disiesme de chevaliers,
et me manda que se je vousisse [19], que nous loïssiens une
néf entre li et moi, et je [20] li [21] otroiai : sa gent et la moie
louérent une néf a Marseille.

26. Li rois manda tous ses barons a Paris et lour fist
faire sèrement que foi et loiautei porteroient a ses enfans,
se aucune chose avenoit de li en la voie. Il le me demanda,
maiz je ne voz faire point de sèrement, car je n'estoie pas
ses hom.....

27. Après ces choses, je reving en nostre païs, et ati-
rames, li cuens de Salebruche et je, que nous envoieriens
nostre harnois a charètes a Ausonne, pour mettre ilec en
la riviére de Saonne (pour aller jusques a Alle depuis la
Saone) [22] jusques au Rone.

Le jour que je me parti de Joinville, j'envoiai querre
l'abbei de Cheminon [23], que on tesmoingnoit au plus preudome de l'ordre blanche [24]. Un tesmoingnaige li oï porter a
Clérevaus, le jour d'une feste Nostre Dame que li sainz rois
i estoit, a un moine [25], qui le moustra et me demanda se je

---

livrées de terre, des terres de mille livres (environ 20 000 francs) de revenu.
— 15. *Et si,* et pourtant. *Moi tiers de
bannéres,* c'est-à-dire que sur dix
chevaliers, il y en avait trois de banne-
rets (portant bannière), ayant sous eux
un certain nombre de vassaux.

16. *Apremont,* Apremont-la-Forêt,
canton de Saint-Mihiel, arrondissement
de Commercy (Meuse). *Salebruche,* Sarrebrück, sur la Sarre, province rhénane. — 17. *Sa femme,* Laurette de
Sarrebrück. — 18. *Areé* (éd. *arée*), préparé. — 19. *Se je vousisse,* si je vou-
lais. Latinisme. Pour la répétition de
que, voy. Villeh. VI, note 19. — 20.
Et je. Voy. II, note 19. — 21. *Li.* (le)
lui. Voy. Villeh. V, note 14. — 22. Les
mots entre parenthèses, qui manquent
dans le plus ancien manuscrit (Bruxelles, xive siècle), nous semblent sus-
pects d'interpolation.

23. *Cheminon,* bourg du département
de la Marne, non loin de Vitry-le-
François. — 24. *Que on tesmoingnoit
au plus preudome,* que l'on considérait
comme le plus honnête homme, le plus
vertueux. *L'ordre blanche,* l'ordre de
Saint Bernard, à cause du costume. —
25. *Un tesmoingnaige li oï porter a
un moine,* j'entendis porter sur lui, par
un moine, un témoignage.

le cognoissoie. Et je li diz pour quoi il le me demandoit.
Et il me respondi : « Car je entent que c'est li plus preudom
qui soit en toute l'ordre blanche. Encore sachiez, » fist il,
« que j'ai oï conter a un preudome, qui gisoit ou dortour
la ou li abbes de Cheminon dormoit, et avoit li abbes des-
couvert sa poitrine pour la grant chalour que il avoit, et
vit cis preudom qui gisoit au dortour ou li abbes de Cheminon dormoit [26] la mére Dieu, qui ala au lit l'abbei et li
retira [27] sa robe sur son piz, pour ce que li venz ne li feïst
mal. »

Cis abbes de Cheminon si me donna m'escharpe [28] et
mon bourdon, et lors je me parti de Joinville sanz rentrer
ou chastel jusques a ma revenue, a pié, deschaus et en
langes, et ainsi allai a Blehecourt [29] et a Saint Urbain [30], et
autres cors sains qui la sont. Et endementiéres que je aloie
a Blehecourt et a Saint Urbain, je ne voz [31] onques retourner mes ueus vers Joinville, pour ce que li cuers ne me
attendrisist dou biau chastel que je lessoie et de mes
dous enfans.

Je [32] et mi compaingnon mangames a la Fonteinne l'Arcevesque devant Dongieuz [33], et illecques l'abbes Adans de
Saint Urbain, que Dieus absoille, donna grant foison de
biaus juiaus [34] a moi et a neuf chevaliers que j'avoie. Dès
la nous alames en Ausone [35] et en alames a tout nostre
hernoiz, que nous aviens fait mettre ès neis, dès Ausone
jusques a Lion contreval la S[a]one, et encoste les neis
menoit on les grans destriers.

A Lion entrames ou Rone pour aler a Alles le Blanc [36], et

---

26. *Cis preudom qui*, etc. Il y a dans l'œuvre de Joinville d'assez nombreux exemples de répétitions semblables : elles n'ont rien d'incompatible avec la naïveté et la bonhomie bien connues de l'auteur. — 27. *Retira*, étendit de nouveau, rétablit.

28. *M'escharpe*. Voy. Villeh. I, 8. — 29. Blehecourt, Blécourt commune du canton de Joinville (Haute-Marne). — 30. *Saint Urbain*. Abbaye près de Joinville. Il y a peut-être une lacune avant les mots *et autres cors sains*. — 31. *Voz* vient de *vols* (= *volsi* pour *volui*), parfait de *vouloir*.

32. *Je*. Voy. II, note 19. — 33. La Fontaine-l'Archevêque, devant Donjeux (village situé entre Joinville et Chaumont, sur la Marne, canton de Doulaincourt), devait être une simple maison des champs ou une ferme appartenant à l'archevêque de Reims. — 34. *Juiaus*, joyaux. L'usage de faire des cadeaux de ce genre en se séparant est attesté par un autre passage de Joinville, § 87. — 35. *En*, éd. an. *Ausone*, Auxonne, chef-lieu de canton de la Côte-d'Or, sur la Saône.

36. *Alles le Blanc*, Arles-le-Blanc. C'est le nom d'Arles pendant tout le

dedans le Rone trouvames un chastel que l'on appelle Roche de Glun[37], que li rois avoit fait abbatre, pour ce que Rogiers, li sires dou chastel, estoit criez[38] de desrober les pelerins et les marchans.

28. Au mois d'aoust entrames en nos neis a la Roche de Marseille[39] : a celle journée que nous entrames en nos neis, fist l'on ouvrir la porte de la néf, et mist l'on touz nos chevaus ens, que[40] nous deviens mener outre mér, et puis reclost l'on la porte et l'enboucha l'on bien, aussi comme l'on naige[41] un tonnel, pour ce que, quant la neis est en la grant mér, toute la porte est en l'iaue. Quant li cheval furent ens, nostre maistres notonniers escria a ses notonniers qui estoient ou bec de la néf et lour dist : « Est areé[e] vostre besoigne? » Et il respondirent : « Oïl, sire; vieingnent avant li clerc et li provère. » Maintenant que il furent venu, il lour escria : « Chantez, de par Dieu! » Et il s'escriérent tuit a une voiz : « *Veni, creator Spiritus.* » Et il escria a ses notonniers : « Faites voille, de par Dieu! » Et il si firent. Et en briéf tens li venz se feri ou voile et nous ot tolu la veüe de la terre, que nous ne veï(s)mes que ciel et iaue ; et chascun jour nous esloigna li venz des païs ou nous avions estei nei. Et ces choses vous moustre je que[42] cil est bien fous[43] hardis, qui se ose mettre en tél peril atout autrui chatel ou en pechié mortél, car l'on se dort le soir la ou on ne sét se l'on se trouvera ou font de la mér au matin.

En la mér nous avint une fiére merveille, que nous trouvames une montaigne toute r[o]onde qui estoit devant Barbarie[44]. Nous la trouvames entour l'eure de vespres et najames tout le soir; et cuidames bien avoir fait plus de

---

cours du moyen âge. A une époque où les canaux d'arrosage n'existaient pas, le terrain d'Arles, de nature calcaire et essentiellement sec, devait mériter assez bien ce nom. — 37. *La Roche de Glun*, canton de Tain, arrondissement de Valence (Drôme). — 38. *Estoit criez*, avait la réputation.

39. *La Roche de Marseille*. Éminence dominant l'entrée du vieux port, en partie détruite pour bâtir la nouvelle cathédrale. Il en reste cependant la partie la plus élevée, appelée *la Tourette*, en face du fort Saint-Jean, dont elle est actuellement séparée par le quai et un bassin de radoub. — 40. *Touz nos chevaus ens, que.* Voy. Villeh. II, note 56. — 41. *Naige* éd. *naye.* — 42. *Que*, pour prouver que (parce que). — 43. *Fous*, éd. *fol.*

44. *Barbarie.* Ordinairement l'Afrique septentrionale, en dehors de l'Égypte : ici, il semble bien que l'Égypte soit comprise.

cinquante lieues, et l'endemain nous nous trouvames devant icelle meïsmes montaigne ; et ainsi nous avint par dous foiz ou par trois. Quant li marin(n)ier virent ce, il furent tuit esbahi et nous distrent que nos neis estoient en grant peril, car nous estiens devant la terre aus Sarrazins de Barbarie. Lors nous dist uns preudom prestres, que on appeloit doiïén de Mailrut, car [45] il n'ot onques persecucion en paroisse, ne par defaut d'iaue ne de trop pluie ne d'autre persecucion, que aussi tost comme il avoit fait trois processions par trois samedis, que Dieu et sa mére ne le delivrassent. Samedis estoit : nous feï(s)mes la premiére procession entour les dous maz de la néf ; je meïsmes m'i fiz porter par les braz, pour ce que je estoie grief malades. Onques puis nous ne veï(s)mes la montaigne, et venimes en Cipre le tiers samedi [46].

IV. — *Bataille de Mansourah.*

46. Quant je et mi chevalier venimes hors de l'ost aus Sarrazins, nous trouvames bien six mille Turs par esme, qui avoient lessies lour herberges et se estoient trait aus chans. Quant il nous virent, il nous vindrent sus courre et occistrent mon signour Huon de Tilchastel [1], signour de Conflans, qui estoit avec moi a baniére [2]. Je et mi chevalier ferimes des esperons et alames rescourre mon signour Raoul de Vanou [3] qui estoit avec moi, que il avoient tiré a terre. Endementiéres que je en revenoie, li Turc m'apuiérent de lour glaives [4] ; mes chevaus s'agenoilla pour le fais que il senti, et je en alai outre par mi

---

45. *Car* remplace parfois *que*, surtout dans la prose, après les mots *cause*, *raison* : c'est un latinisme. Ici l'emploi est plus hardi, mais c'est encore un latinisme, où *quare* est employé au lieu de *quia*. — 46. Au ch. XXXVIII, Joinville raconte qu'il conseilla au légat d'user du même procédé pour obtenir du Ciel la prompte arrivée du comte de Poitiers, frère du roi, qui amenait au secours des Croisés l'arrière-ban de France, et que le comte arriva en effet, à Damiette, le troisième samedi.

IV. 1. *Tilchastel* (éd. *Trichastel*), Thil-Châtel, canton de Is-sur-Tille (Côte-d'Or). — 2. *Qui estoit avec moi a baniére*, qui combattait sous ma bannière, sous mes ordres. Il en était de même de Raoul de Vanault, d'Erard de Sivry, d'Hugues d'Ecot, de Ferry de Louppy et de Renaut de Menoncourt, nommés plus bas. — 3. *Vanou*, Vanault-le-Châtel, canton de Heiltz-le-Maurupt (Marne). — 4. *M'apuiérent de lour glaives*, me pressèrent (en appuyant) de leurs lances.

les oreilles dou cheval et me redresçai au plus tost que je peu, mon escu a mon col et m'espée en ma main. Et mes sires Erarz de Siveri [5], que Dieu absoille, qui estoit entour moi, vint a moi et nous dist que nous nous treïssiens emprès une maison deffaite, et illec atenderiens le roi qui venoit. Ainsi comme nous en aliens a pié et a cheval, une grans route de Turs vint hurter a nous, et me portérent a terre [6] et alérent par dessus moi et firent voler mon escu de mon col; et quant il furent outre passei, mes sires Erars de Siveri revint sur moi et m'en mena [7], et en alames jusques aus murs de la maison deffaite: et illec revindrent a nous mes sires Hugues d'Escoz [8], mes sires Ferris de Loupi, mes sires Renaus de Menoncourt [9]. Illec li Turc nous assailloient de toutes pars : une partie d'aus entrérent en la maison deffaite et nous piquoient de lour glaives par desus. Lors me dirent mi chevalier que je les preïsse par les frains, et je si fis pour ce que li cheval ne s'en fouïssent. Et il se deffendoient des Turs si vigourousement que [10] il furent loei de touz les preudomes de l'ost et de ceus qui virent le fait et de ceus qui l'oïrent dire. La fu navrez mes sires Hugues d'Escoz de trois glaives [11] au visage, et mes sires Raous [12], et mes sires Ferris de Loupi d'un glaive parmi les espaules; et fu la plaie si large que li sans li venoit dou cors aussi comme li bondons d'un tonnel. Mes sires Erars de Siveri fu ferus d'une espée par mi le visaige, si que li nez li chëoit sus la [13] lévre.

Et lors il me souvint de mon signour saint Jacques [14], que je requis : « Biaus sire sains Jacques, aidiés moi et secourez a ce besoin. » Maintenant que j'oi faite ma priére, mes sires Erars de Siveri [15] me dist : « Sire, se vous cuidiés

5. Éd. *Erars. Siveri* (éd. *Severcy*; de même le plus souvent), Sivry-sur-Ante (Severiacum), canton de Dommartin-sur-Yèvre (Marne); cf. *Sévérac* (Aveyron). — 6. *Portérent a terre*, jetèrent à terre. — 7. *M'en menu*, éd. *m'emmena*. — 8. *Escoz*, Ecot (?) canton d'Andelot (Hte-Marne). — 9. *Ferris*, Ferry; *Loupi* (éd. *Loupey*, de même plus loin) = Lupiacum, Louppy-le-Château, canton de Vaubecourt (Meuse). *Menoncourt*, canton de Fontaine, territoire de Belfort. — 10. *Que*, éd. *car*. — 11. *De trois glaives*, de trois coups de lance (Cf. ci-dessous *d'une espée*). — 12. *Raous* (cas sujet de *Raoul*), R. de Vanault. — 13. *La*, éd. *le*.

14. *Saint Jaque*. Saint Jacques était le patron des croisés, parce que la tradition racontait qu'il était apparu à Charlemagne et l'avait poussé à aller combattre les Sarrasins d'Espagne. — 15. *Siveri*, éd. *Syverry*.

que je ne mi hoir n'eüssiens reprouvier, je vous iroie
querre secours au conte d'Anjou, que je voi la en mi les
chans. » Et je li dis : « Mes sires Erars, il me semble que
vous ferïés vostre grant onour[16] se vous nous aliés querre
aide pour nos vies sauver, car la vostre est bien en aventure. » Et je disoie bien voir, car il fu mors[17] de celle bleceüre. Il demanda consoil[18] a touz nos chevaliers qui la
estoient, et tuit li louérent ce que je li avoie loei. Et quant
il oï ce, il me pria que je li lessasse aler son cheval, que
je li tenoie par le frain avec les autres, et je si fiz. Au
conte d'Anjou vint et li requist que il me venist secourre
moi et mes chevaliers. Uns riches hom qui estoit avec li
li desloa, et li cuens d'Anjou li dist que il feroit ce que
mes chevaliers li requeroit : son frain tourna pour nous
venir aidier, et plusour de ses serjans ferirent des esperons.
Quant li Sarrazin les virent, si nous lessiérent. Devant ces
sergans vint mes sires Pierres de Alberive[19], l'espée ou
poing ; et quant il vit que li Sarrazin nous orent lessiés, il
courut sur tout plein de Sarrazins qui tenoient mon signour Raoul de Vaunou et le rescouï[20] mout blecié.

47. La ou je estoie a pié et mi chevalier, aussi bleciez
comme il est devant dit, vint li rois a toute[21] sa bataille,
a grant noise et a grant bruit de trompes et nacaires, et se
aresta sur un chemin levei. Mais onques si bel armei ne vi,
car il paroit desur toute sa gent dès les espaules en amont,
un heaume dorei en son chiéf, une espée d'Allemaingne
en sa main. Quant il fu la arestez, s(u)i bon chevalier que
il avoit en sa bataille, que je vous ai avant nommez, se
lanciérent entre les Turs. Et sachiés que ce fu uns trés
biaus fais d'armes, car nulz n'i traisit ne d'arc ne d'arbalestre, ainçois estoit li fereïs de maus et d'espées des Turs
et de nostre gent, qui tuit estoient mellei. Uns miens
escuiers, qui s'en estoit fuïs a toute ma baniére et estoit

<hr>

16. *Vous ferïés vostre grant onour*,
vous vous honoreriez beaucoup. —
17. *Il fu mors*, il mourut. — 18. *Il
demanda consoil*. L'hésitation d'Erart
de Sivry ne vient que d'un préjugé
chevaleresque, qui a causé bien des
désastres au moyen âge, à commencer

par celui de Roncevaux. — 19. *Alberive*, Auberive, chef-lieu de canton de
la Haute-Marne. — 20. *Rescouï*, éd.
rescoy.

21. *A toute* (éd. *atout*). Voy. Villeh.
VII, note 42.

revenus a moi, me bailla un mien roncin flamenc sur quoi [22] je montai, et me trais vers le roi touz coste a coste.

Endementres que nous estïons ainsi, mes sires Jehans de Valeri [23] li preudom vint au roi, et li dist que il looit que il se traisist a main destre sur le flum, pour avoir l'aide dou duc de Bourgongne et des autres qui gardoient l'ost, que nous aviens lessié, et pour ce que s(u)i serjant eüssent a boire, car li chaus estoit ja grans levez. Li rois commanda a ses serjans que il li alassent querre ses bons chevaliers que il avoit entour li de son consoil, et les nomma touz par lour non. Li serjant les alérent querre en la bataille, ou li hutins estoit grans d'aus et des Turs. Il vindrent au roi, et lour demanda consoil ; et il distrent que mes sires Jehans de Valeri le conseilloit mout bien. Et lors commanda li rois au gonfanon saint Denis [24] et a ses baniéres qu'il se traisissent a main destre vers le flum [25]. A l'esmouvoir l'ost le roi [26], rot grant noise de trompes, de nacaires et de cors sarrazinnois. Il n'ot guières alei, quant il ot plusours messages dou conte de Poitiers son frére, dou conte de Flandres et de plusours autres riches homes qui illec avoient lour batailles, qui tuit li prioient que il ne se meüst, car il estoient si pressci des Turs que il ne le pooient suivre. Li rois rapela touz ses preudomes chevaliers de son consoil, et tuit li loérent que il atendist, et un pou après mes sires Jehans de Valeri revint, qui blasma le roi et son consoil de ce que il estoient en demeure. Après, touz ses consaus li loa que il se traisist sur le flum, aussi comme li sires de Valeri li avoit loei. Et maintenant li connestables mes sires Humbers [27] de Biaujeu vint a li et

---

22. *Sur quoi*. L'ancien français remplace volontiers par *quoi* le pronom relatif masculin ou féminin désignant une chose, ou par extension, comme ici, un animal.

23. *Valeri*, éd. *Waleri*. Cf. passim. — 24. *Au gonfanon Saint-Denis*, à l'oriflamme (c'est-à-dire à celui qui la portait). Elle était conservée à Saint-Denis. — 25. *Vers le flum*. « Le roi, ayant passé la branche secondaire du Nil en aval de son camp, avait marché dans la direction de la branche principale : il oblique à droite pour se retrouver en face de son camp » [G. Paris]. Le camp du roi était en face de celui des Sarrasins, sur une branche secondaire du Nil, à une demi-lieue du point où elle se détache de celle de Damiette. — 26. *A l'esmouvoir l'ost le roi*. *L'ost* est régime direct de *esmouvoir*. Ce n'est pas *esmouvoir* seul, mais la locution entière *esmouvoir l'ost le roi*, qui est prise substantivement. — 27. *Humbers*, éd. *Hymbers*. Humbert de Beaujeu fut nommé connétable

li dist que li cuens d'Artois ses fréres se deffendoit en une maison a la Massoure [28], et que il l'alast secourre. Et li rois dist : « Connestables, alés devant, et je vous suivrai. » Et je dis au connestable que je seroie ses chevaliers, et il m'en mercia mout. Nous nous meïsmes a la voie pour aler a la Massour(r)e. Lors vint uns serjans a mace au connestable touz effraez, et li dist que li rois estoit arestez et li Turc s'estoient mis entre li et nous. Nous nous tornames, et veïmes que il i avoit bien mil et plus entre li et nous, et nous n'estïens que six. Lors dis je au connestable : « Sire, nous n'avons pooir d'aler au roi par mi ceste gent, mais [29] alons amont [30] et metons cest fossei que vous veez devant vous entre nous et aus, et ainsi pourrons revenir au roi. Ainsi comme je le louai, li connestables le fist. Et sachiez que, se il se fussent pris garde de nous, il nous eüssent touz morz ; mais il entendoient au roi et aus autres grosses batailles, par quoi il cuidoient que nous fussiens des lour.

48. Tandis que nous reveniens aval [31] par desus le flum, entre le ru et le flum, nous veïmes que li rois estoit venus sur le flum, et que li Turc en amenoient les autres batailles le roi ferant et batant de maces et d'espées, et firent flatir toutes les autres batailles avec les batailles le roi sur le flum. La fu la desconfiture si grans que plusour de nos gens recuidiérent passer [32] a nou par devers le duc de Bourgoingne, ce que il ne porent faire, car li cheval estoient lassei et li jours estoit eschaufez, si que nous voiens, endementiéres que nous veniens aval, que li fluns estoit couvers de lances et d'escus [33] et de chevaus et de gens qui se noioient et perissoient. Nous venimes a un poncel qui estoit par mi le ru, et je dis au connestable [34] que nous demourissiens pour garder ce poncel, « car, se nous le les-

---

en 1240 et mourut en Égypte en 1250. Il fut remplacé par Gilles de Trasignies, dit *le Brun*. — 28. *La Massoure*, ou *Mansourah* (champ de la Victoire), peut-être l'ancienne *Tanis*, sur la branche orientale du Nil, à 50 kil. Sud-Ouest de Damiette. — 29. *Mais*, éd. *maiz*. — 30. *Alons amont*. C'est-à-dire « remontons vers Mansourah (le long de la branche de Damiette). » 31. *Aval*. Maintenant Joinville et ses compagnons redescendent le fleuve. Le *ru* est sans doute le fosse dont il est parlé quelques lignes plus haut. — 32. *Recuidérent passer*, crurent pouvoir repasser. — 33. *D'escus*, éd. *de escus*. — 34. Le passage du style indirect au style direct est fréquent en anc. franç.

sons, il ferront sus le roi par deça, et se nostre gent sont
assailli de dous pars, il pourront bien perdre [35]. » Et nous
le feï(s)mes ainsinc. Et dist l'on que nous estiens trestuit
perdu dès celle journée, se li cors le roi [36] ne fust, car li
sires de Courtenai [37] et mes sires Jehans de Seillenai [38] me
contérent que sis Turc estoient venu au frain le roi et l'en
menoient [39] pris, et il touz seuz s'en delivra aus grans
cos [40] que il lour donna de s'espée. En quant sa gent
virent que li rois metoit deffense en li, il pristrent cuer et
lessiérent le passage dou flum plusour d'aus et se trestrent
vers le roi pour li aidier.

A nous tout droit, qui [41] gardiens le poncel, vint li cuens
Pierres de Bretaingne [42], qui venoit tout droit de vers la
Massoure et estoit navrez d'une espée par mi le visaige, si
que li sans li chëoit en la bouche. Sus un bas cheval bien
fourni sëoit ; ses rênes avoit getées sur l'arçon de sa selle
et le tenoit a ses dous mains, pour ce que la gent qui estoient dariéres, qui mout le pressoient, ne le getassent dou
pas. Bien sembloit que il les prisast pou, car quant il cra-
choit le sanc de sa bouche, il disoit mout souvent : « Voi !
par le chíéf Dieu, avez veü de [43] de ces ribaus ? » En la fin
de sa bataille venoit li cuens de Soissons [44] et mes sires
Pierres de Noville [45], que l'on appeloit Caier, qui assez
avoient souffert de cos, celle journée. Quant il furent
passei, et li Turc virent que nous gardiens le pont, il les
lessiérent, et quant il virent que nous avions tournez les
visaiges vers aus. Je ving au conte de Soissons, cui cousine
germainne [46] j'avoie espousée et li dis : « Sire, je croi que

---

35. *Perdre*, être battus. — 36. *Li
cors le roi*, le roi. Voy. Villeh. II,
note 8 et VII, note 28. — 37. *Courtenai* (Curtennacum), Courtenay (Loiret
ou Haute-Saône). — 38. *Seillenai* (Si-
glennacum), Seignelay, chef-lieu de
canton de l'Yonne, à 13 kil. Nord d'Au-
xerre. — 39. *L'en menoient*, éd. *l'em-
menoient*. — 40. *Aus grans cos*, avec,
par les grands coups.
41. *A nous... qui*. Voy. Villeh. II, 56.
— 42. Pierre de Bretagne, surnommé
Mauclerc, est le même comte de Bretagne qui prit une si grande part aux
troubles pendant la minorité de saint
Louis. — 43. *Avez veü de*. On trouve
assez souvent la préposition *de* avec *voir*,
de même avec *ouïr*, où il s'explique
mieux, le régime étant alors un nom
de chose et le sens « entendre dire, c.
parler, c. réciter. » — 44. *Li cuens de
Soissons*, le comte Jean II de Nesle.
— 45. *Noville* (Nova villa), Neuville,
pour Neuve-ville. Les *Neuville* sont
innombrables, d'où la difficulté d'identifier celui-ci. — 46. *Cui cousine germainne j'avoie espousée*, dont j'avais
épousé la cousine germaine. Il s'agit
de la première femme de Joinville,
Alix de Grandpré.

vous feriés bien, se vous demouriés a ce poncel garder;
car, se nous lessons le poncel, cist Turc que vous veez ci
devant vous se ferront ja parmi, et ainsi iert li rois assail-
lis par deriére et par devant. » Et il demanda, se il demouroit, se je demourroie; et je li respondi : « Oïl, mout
volentiers. » Quant li connestables oï ce, il me dist que je
ne partisse de la tant que il revenist, et il nous iroit querre
secours.

49. La ou je demourai ainsi sus mon roncin, me demoura
li cuens de Soissons a destre et mes sires Pierres de Noville a senestre. A tant ès vous un Turc qui vint devers la
bataille le roi, qui dariére nous estoit, et feri par dariéres
mon signour Pierre de Noville d'une mace, et le coucha
sus le col de son cheval dou cop que il li donna, et puis se
feri outre le pont et se lança entre sa gent. Quant li Turc
virent que nous ne lairiens pas le poncel, il passérent le
ruissel et se mistrent entre le ruissel et le flum, ainsi
comme nous estiens venu aval, et nous nous trais[i]mes
encontre aus en tél maniére que nous estiens tuit appareillié a aus sus courre, se il vousissent passer vers le roi
et se il vousissent passer le poncel.

Devant nous avoit dous serjans le roi, dont li uns avoit
non Guillaume de Boon et li autres Jehan de Gamaches [47], a
cui li Turc, qui s'estoient mis entre le flum et le ru, amenérent tout plein de vilains a pié qui lour getoient motes de
terre(s) : onques ne les porent mettre sur nous [48]. Au darién,
il amenérent un vilain a pié qui lour geta trois foiz [le] feu
gregois. L'une des foiz requeilli Guillaumes de Boon le pot
de feu gregois a sa roelle, car, se il se fust pris a riens sur
li, il eüst estei touz ars. Nous estïons tuit couvert de pilès
qui eschapoient des sergens. Or avint ainsi que je trouvai
un gamboison d'estoupes a un Sarrazin : je tournai le
fendu devers moi, et fis escu dou gamboison, qui m'ot
grant mestier, car je ne fu pas bleciez de lour pilés que en
cinc lieus [50], et mes roncins [51] en quinze lieus. Or avint

47. *Gamaches* (Gamapias) est aujour-
d'hui un village près des Andelys,
canton d'Étrépagny, où l'on voit les
restes d'un important château fort. —
48. *Les mettre sur nous*, les rejeter sur
nous, les faire reculer jusqu'à nous. —

49. *Eschapoient des sergens*, étaient
lancés par des sergents. — 50. *Je ne
fu pas bleciez que en cinc lieus*, je ne
fus blessé qu'en cinq endroits (quand
j'aurais dû l'être beaucoup plus). —
51. *Mes roncins*, mon cheval (cas sujet).

encore ainsi que uns miens bourjois de Joinville m'aporta une baniére de mes armes a un fer de glaive; et toutes les foiz que nous voiens que il pressoient les serjans, nous leur couriens sus et il s'en fuioient.

Li bons cuens de Soissons, en ce point la ou nous estiens, se moquoit a moi et me disoit : « Seneschaus, lessons huer ceste chiennaille, que, par la quoife Dieu, ainsi comme il juroit, encore en parlerons nous entre vous et moi de ceste journée ès chambres des dames [52]. »

V. — *Les Bédouins.*

Pour ce que il affiért a la matiére [1], vous dirai je queus gens sont li Beduïn. Li Beduïn ne croient point en Mahommet, ainçois croient en la loi Haali, qui fu oncles [2] Mahommet ; et aussi i croient li Vieil de la Montaigne, cil qui nourrissent [3] les Assacis [4]. Et croient que quant li om meurt pour son signour ou en aucune bone entencion [5], que l'ame d'aus en va en meillour cors et en plus aaisié que devant ; et pour ce ne font force [6] li Assacis, se l'on les occist quant il font le commandement dou Vieil de la Montaigne. Dou Vieil de la Montaigne nous tairons [7] orendroit, si dirons des Beduïns.

Li Beduïn ne demeurent en villes ne en cités n'en chastiaus, mais gisent adès aus chans; et lour mesnies, lour femmes, lour enfans, fichent [8] le soir de nuit, ou de jour quant il fait mal tens, en unes maniéres [9] de herberges que il font de cercles de tonniaus loiés a perches, aussi comme

---

52. *Es chambres des dames.* Encore un trait que l'on rencontre fréquemment dans les chansons de geste. Les dames recevaient dans leurs chambres, les seigneurs dans les *salles.*

V. 1. Traduisez : « Parce que cela convient, etc. » — 2. *Oncles.* Erreur : Ali était le cousin de Mahomet et c'est par erreur que Joinville affirme que les Bédouins ne croyaient pas à la mission de Mahomet. — 3. *Nourrissent-* entretiennent. — 4. *Les Assacis,* les Assassins (d'où notre nom commun, en passant par l'italien), séides du Vieux de la Montagne, nom que prenaient les successeurs du conquérant Haçan-ben-Sabath, mort en 1124. Ce furent les plus terribles adversaires des chrétiens en Syrie. — 5. *En aucune bone entencion,* pour une bonne cause. — 6. *Font force,* résistent. — 7. Sous-entendez *nous* devant *nous tairons.*

8. *Fichent,* entassent. — 9. *En unes maniéres,* dans des espèces. L'ancien français employait le pluriel de *un* comme article indéfini, non seulement avec les noms pluriels désignant des choses qui sont ordinairement réunies, mais encore avec d'autres noms.

li chér a ces dames sont ; et sur ces cercles giétent piaus de moutons que l'on appelle piaus de Damas, conreées en alun : li Beduïn meïsmes en [10] ont grant pelices, qui lour cuevrent tout le cors, lour jambes et lour piés.

Quant il pleut le soir et fait mal tens de nuit, il s'encloent dedans lour pelices et ostent les frains a lour chevaus et les laissent paistre delez aus. Quant ce vient l'endemain, il restendent lour pelices au soleil et les frotent et les conroient ; ne ja n'i perra chose [11] que elles aient estei moillies le soir. Lour creance est teus [12], que nus ne puet morir que a son jour, et pour ce ne se veulent il armer ; et quant il maudient lour enfans, si lour dient : « Ainsi soies tu maudis, comme li Frans [13] qui s'arme pour poour de mort ! » En bataille, il ne portent riens que l'espée et le glaive.

Presque tuit sont vestu de seurpeliz, aussi comme li prestre ; de touailles sont entorteillies lour testes, qui lour vont par dessous le menton : dont laides gens et hideuses sont a regarder, car li chevel des testes et des barbes sont tuit [14] noir. Il vivent dou lait de lour bestes et achiétent les pasturaiges, ès berries [15] aus riches homes, de quoi lour bestes vivent. Le nombre d'aus ne savroit nulz nommer ; car il en a ou reaume de Jerusalem et en toutes les autres terres des Sarrazins et des mescreans, a qui il rendent grans treus chascun an.

J'ai veü en cest païs, puis que je reving d'outre mér, aucuns desloiaus crestiéns qui tenoient la loi des Beduïns, et disoient que nulz ne pooit morir qu'a son jour. Et lour creance est si desloiaus [16] qu'il [17] vaut autant a dire [18]

---

10. *En*, de ces peaux.

11. *Chose* est explétif. — 12. *Est teus*, est celle-ci. *Tant (itant)* et *ainsi* s'emploient de même pour annoncer la proposition suivante. — 13. *Li Frans*, le Franc. On donnait ce nom aux chrétiens *latins*. C'est ainsi que les Byzantins appelaient les chrétiens occidentaux dès le temps de Charlemagne.

14. *Tuit*. L'adjectif pour l'adverbe, selon l'usage ordinaire de l'ancien français. Un veritable brun était réputé laid chez les hommes du Nord,

alors que le mélange des races n'avait pas encore altéré les types. Dans l'aristocratie surtout, les bruns étaient l'exception : de même pour les femmes. — 15. *Berries*, « plaine herbue ». Ce mot semble être le même que *brie*, qui a donné son nom à une partie de l'Ile-de-France, entre Seine et Marne.

16. *Desloiaus*. Le féminin est semblable au masculin, comme en latin. — 17. *Il*, neutre. — 18. *Vaut autant a dire*, équivaut à dire. Le subjonctif *ait* est justifié par le sens hypothéti-

comme [que] Diex n'ait pooir de nous aidier; car il seroient fol cil qui serviroient Dieu, se nous ne cuidiens que
il eüst pooir de nous eslongier nos vies et de nous garder
de mal et de mescheance; et en li devons nous croire que[19]
il est poissans de [20] toutes choses faire.

VI. — *Le roi et Joinville sont faits prisonniers par les Sarrasins.*

62. Or vous lairai ici[1], si vous dirai comment li rois fu
pris, ainsi comme il meïsmes le me conta. Il me dist que il
avoit lessie la seue bataille et s'estoit mis, entre li et[2] mon
signour Geffroi de Sergines[3], en la bataille mon signour
Gautier de Chasteillon[4], qui fesoit l'arriére garde. Et me
conta li rois que il estoit montez sur un petit roncin, une
houce de soie vestue[5], et dist que dariére li ne demoura de
touz chevaliers ne de touz serjans que mes sires Geffrois
de Sergines, li queus amena le roi jusques au casél[6], la
ou li rois fu pris en tél maniére que li rois me conta, que
mes sires Geffrois de Sergines le deffendoit des Sarrazins,
aussi comme li bons vallez deffent le hanap son signour
des mouches; car toutes les foiz que li Sarrazin l'apro-
choient, il prenoit son espié, que il avoit mis entre li et l'arçon de la selle, et le metoit desous s'essèle[7], et lour recou-
roit sus et les chassoit en sus dou roi. Et ainsi mena le roi
jusques au casél[8], et le descendirent en une maison, et le
couchiérent ou giron d'une bourjoise de Paris aussi comme
tout mort; et cuidoient que il ne deüst ja véoir le soir.
Illec vint mes sires Phelippes de Monfort[9], et dist au roi

que de la proposition. Nous renonçons
à la correction que nous avions proposée dans notre *Chrestomathie* (2· édit.
E. Bouillon, 1890) : *qu'il vaut autant
comme dire que.* — 19. *En li, que il.*
Anacoluthe. — 20. *Est poissans de*,
a le pouvoir de, peut.

VI. 1. *Ici*, sur ce point. — 2. *Entre
li et*, lui et. Locution fréquente en ancien français et encore usitée dans les
patois du Midi. — 3. *Sergines*, édit.
Sargines, chef-lieu de canton de
l'Yonne. — 4. Gautier de Châtillon,
de l'illustre maison de Châtillon, dont
le berceau est Châtillon-sur-Marne,
aujourd'hui chef-lieu de canton de la
Marne. Son grand-pere avait suivi
Philippe-Auguste en Terre Sainte et
s'etait distingué à Bouvines; son fils
mourut connétable de France sous
Philippe le Bel. — 5. *Une houce de
soie vestue.* Proposition participiale
absolue avec le participe au sens passif, d'où l'accord. — 6. *Casél*, éd.
quazel. — 7. *S'essèle*, son aisselle.
Voy. Villeh. I. note 8. — 8. *Casel*,
éd. *kasel.* — 9. Philippe de Monfort
n'était pas de la famille qui tire son

que il vëoit l'amiral a qui [10] il avoit traitié de la treve [11] ;
que, se il vouloit, il iroit a li pour la treve refaire en la
maniére que li Sarrasin vouloient. Li rois li pria que il i
alast et que il le vouloit bien. Il ala au Sarrazin, et li Sar
razins avoit ostée sa touaille de sa teste, et osta son anel
de son doi pour asseürer que il tenroit la treve. Dedans ce,
avint une si grans mescheance a nostre gent que uns traïtres
serjans, qui avoit a non Marcel, commença a crier a nostre
gent : « Signour chevalier, rendés vous, que li rois le vous
mande, et ne faites pas occirre le roi. » Tuit cuidiérent que
li rois lour eüst mandei et rendirent lour espée aus Sarrazins. Li amiraus dist a mon signour Phelippe que il n'a-
feroit pas que il donast a nostre gent treves, car il vëoit
bien que il estoient pris. Or avint ainsi a mon signour Phelippe que toute nostre gent estoient pris et il ne le fu pas,
pour ce que il estoit messagiers. Or a une autre mauvaise
maniére ou païs en la paiénnime, que quant li rois envoie
ses messaiges au soudanc, ou li soudans au roi, et li rois
meurt ou li soudans avant que li messaige revieingnent,
li messaige sont prison et esclave, de quélque part que il
soient, crestïen ou sarrazin.

63. Quant celle mescheance avint a nos gens que il furent pris a terre, aussi avint a nous que fumes prins en
l'iaue, ainsi comme vous orrez ci après. Car li vens nous
vint devers Damïète, qui nous toli le courant de l'iaue, et
i chevalier que li rois avoit mis en ses courciers pour nos
malades deffendre s'en fouirent. Nostre marinier perdirent
le cours dou flum et se mistrent en une noe, dont il nous
couvint retourner ariére vers les Sarrazins.

Nous, qui aliens par l'iaue, venimes, un pou devant ce
que l'aube crevast, au passaige la ou les galies au soudanc
estoient, qui nous avoient tolu a venir les vïandes [12] devers
Damïète. La ot grant hutin, car il traioient a nous et a

---

nom de Montfort-sur-Meu (ch.-lieu
d'arr. d'Ille-et-Vilaine), et dont le chef,
Jean de Montfort, troisième fils du duc
de Bretagne Arthur II, qui mourut en
1312, alluma par ses prétentions à l'héritage de son frère, le duc Jean III, la
longue guerre dont il est fait mention

dans nos extraits de Froissart. — 10.
A qui, avec qui. — 11. *Treve*, éd.
treuve.

12. *Nous voient tolu a venir les
vïandes*, avait empêché les vivres de
nous arriver.

nostre gent, qui estoient sus la rive de l'iaue a cheval, si grant foison de pilès a tout le feu grejois[13] que il sembloit que les estoiles dou ciel cheïssent.

Quant nostre marinier nous orent ramenez dou bras dou flum la ou il nous orent embatus, nous trouvames les courciers le roi que li rois nous avoit establiz pour nos malades deffendre qui s'en venoient fuiant vers Damiète. Lors leva uns vens qui venoit devers Damiète si fors que il nous toli le cours de l'iaue. A l'une des rives dou flum et a l'autre. avoit si grant foison de vaisselès a nostre gent qui ne pooient aler aval, que li Sarrazin avoient pris et arestez, et tuoient les gens et les getoient en l'iaue, et traihoient les cofres et les harnois des neis que il avoient gaaingnies a nostre gent. Li Sarrazin qui estoient a cheval sus la rive traioient a nous de pilès, pour ce que nous ne vouliens aler a aus. Ma gent m'orent vestu un haubert a tournoier, pour que li pilet qui chëoient en nostre vessel ne me blecassent. En ce point, ma gent, qui estoient en la pointe dou vessel aval, m'escriérent : « Sire, sire, vostre marinier, pour ce que li Sarrazin les menacent, vous veulent mener a terre. » Je me fiz lever par les bras, si fèbles comme je estoie[14], et trais m'espée sur aus, et lour diz que je les occirroie se il me menoient a terre. Et il me respondirent que je preïsse le quél que je vourroie : ou il me menroient a terre, ou il me ancreroient en mi le flum jusques a tant que li vens fust ch[ë]ois. Et je lour dis que j'amoie mieus que il m'ancrassent en mi le flum, que ce que il me menassent a terre, la ou je vëoie nostre occision. Et il m'ancrérent.

Ne tarda guères que nous veïmes venir quatre galies dou soudanc, ia ou il avoit bien mil homes. Lors j'appelai mes chevaliers et ma gent et lour demandai que il vouloient que nous feïssiens, ou de nous rendre aus galies le soudanc, ou de nous rendre a ceus qui estoient a terre. Nous acordames tuit que nous amiens mieus que nous nous rendissiens aus galies le soudanc, pour ce que il nous tenroient touz ensemble, que ce que nous nous rendissiens a ceus qui es-

13. *Pilès a* tout *le feu grejois,* traits qui lançaient le feu grégeois (a tout, « avec »).

14. Traduisez : « vu ma faiblesse extrême. »

toient a terre, pour ce que il nous esparpilleroient et venderoient aus Beduïns. Lors dist uns miens celeriers qui estoit nés de Doulevens [15] : « Sire, je ne m'acort pas a cest consoil. » Je li demandai au quél il s'acordoit, et il me dist : « Je m'acort que nous nous lessons touz tuer, si nous en irons tuit en paradis. » Mais nous ne le creümes pas.

64. Quant vi que penre nous escouvenoit, je prins mon escrin et mes joiaus et les jetai ou flum, et mes reliques aussi. Lors me dist uns de mes mariniers : « Sire, se vous ne me lessiés dire que vous soiés cousins au roi, l'on vous occirra touz, et nous avec. » Et je diz que je vouloie bien que il deïst ce que il vourroit. Quant la premiére galie, qui venoit vers nous pour nous hurter nostre vessel en travers, oïrent ce, il jetérent lour ancres près de nostre vessel. Lors m'envoia Dieus un Sarrazin qui estoit de la terre l'empereour [16], vestu de unes braies de toille escrue ; et en vint noans par mi le flum jusques a nostre vessel et m'embraça par les flans et me dist : « Sire, vous estes perdus se vous ne metez consoil en vous, car il vous couvient saillir de vostre vessel sur le bec qui est tisons [17] de celle galie. Et se vous sailliés, il ne vous regarderont ja, car il entendent au gaaing de vostre vessel. » Il me getérent une corde de la galie, et je sailli sur l'estoc, ainsi comme Diex vout. Et sachiez que je chancelai téllement que, se il ne fust saillis après moi pour moi soustenir, je fusse cheüs en l'iaue.

Il me mistrent en la galie la ou il avoit bien quatorze vins homes de lour gens, et il me tint touz jours embracié. Et lors il me portérent a terre et me saillirent sur le cors pour moi couper la gorge, car cil qui m'eüst occis cuidast estre honorez. Et cis Sarrazins me tenoit touz jours embracié et crioit : « Cousin le roi ! » En tél maniére me portérent dous foiz par terre et une a genoillons, et lors je senti le coutel a la gorge. En ceste persecucion me sauva Dieus par l'aide dou Sarrazin, li queus me mena jusques

<hr>

15. *Doulevens*, Doulevant-le-Château, chef-lieu de canton de la Haute-Marne.

16. *De la terre l'empereour*, des possessions (en Orient) de l'empereur (Frédéric II). — 17. *Tison*, pièce de bois sur laquelle s'appuie la membrure du vaisseau, ici : quille prolongée en saillie. Deux lignes plus loin, Joinville se sert de *estoc*, qui a ordinairement le sens plus général de « souche, grosse pièce de bois ».

ou chastel[18] la ou li chevalier sarrazin estoient. Quant je ving entre aus, il m'ostérent mon hauberc, et pour la pitié qu'il orent de moi, il getérent sur moi un mien couvertour de escarlate fourrei de menu vair, que ma dame ma mére m'avoit donnei ; et li autres m'aporta une courroie blanche, et je me ceingni sur mon couvertour, ou quél je avoie fait un pertuis[18] et l'avoie vestu ; et li autres m'aporta un chaperon, que je mis en ma teste. Et lors, pour la poour que je avoie, je commençai a trembler bien fort, et pour la maladie aussi[20]. Et lors je demandai a boire, et l'on m'aporta de l'iaue en un pot ; et si tost comme je la mis a ma bouche pour envoier aval[21], elle me sailli hors par les narilles. Quant je vi ce, je envoiai querre ma gent et lour dis que je estoie mors, que j'avoie l'apostume en la gorge. Et il me demandérent comment je le savoie, et je lour moustrai ; et tantost que il virent que l'iaue me sailloit par la gorge et par les narilles, il pristrent a plorer. Quant li chevalier sarrazin qui la estoient virent ma gent plorer, il demandérent au Sarrazin qui sauvez nous avoit pour quoi il ploroient, et il respondi que il entendoit que j'avoie l'apostume en la gorge, par quoi je ne pouoie eschaper. Et lors uns des chevaliers sarrazins dist a celi qui nous avoit garantiz que il nous reconfortast, car il me donroit tél chose a boire de quoi je seroie guariz dedans dous jours, et si fist il.

VII. — *Sur le conseil de Joinville, le roi décide de rester en Terre sainte.*

82. En ce point que nous estiens en Acre, envoia li rois querre ses fréres et le conte de Flandres[1] et les autres riches homes, a un dimanche ; et lour dist ainsi : « Signour, ma dame la roïne ma mére m'a mandei et prié tant comme elle puet que je m'en voise en France, car mes roiaumes

---

18. *Chastel*, château, logement des officiers, élevé sur la prouc ou sur la poupe (dans les anciens vaisseaux). Au moyen âge, c'était une tour de bois, d'où l'on pouvait tirer un peu à l'abri. — 19. *Un pertuis*, un trou (pour passer la tête). — 20. *Et pour la ma-**ladie aussi*. Remarqnez la naïveté du bon chroniqueur, qui cherche à atté-nuer la franchise de son aveu. — 21. *Envoier aval*, avaler.

VII. 1. *Le comte de Flandres*, Bouchard d'Avesues, mari de la comtesse de Flandre, Marguerite II. V. Menestrel, IV.

est en grant peril, car je n'ai ne paiz ne treves au roi [2]
d'Angleterre. Cil de ceste terre a cui j'en ai parlei m'ont
dit que, se je m'en voi[s], ceste terre est perdue ; car il
s'en venront tuit en Acre [3] après moi, pour ce que nuls [4]
n'i osera demourer a [5] si pou de gent. Si vous pri », fist il,
« que vous i pensez [6], et pour ce que la besoingne est
grosse, je vous donne respit de moi [7] respondre ce que
bon vous semblera jusques a d'ui en huit jours. » Dedans
ces huit jours, vint li legas a moi, et me dist ainsi que il
n'entendoit mie comment li rois eüst pooir de demourer,
et me proia mout acertes que je m'en voussisse revenir
en sa néf. Et je li respondi que je n'en avoie pooir, car je
n'avoie riens, ainsi comme il le savoit, pour ce que j'avoie
tout perdu en l'iaue la ou j'avoie estei pris [8]. Et ceste response ne li fis je pas pour ce que je ne fusse mout volentiers alez avec li, mais que pour une parole que messires
de Bolainmont [9] mes cousins germains, que Diex absoille,
me dist quant je m'en alai outre mér : « Vous en alez
outre mér, » fist il, or vous prenés garde au revenir ; car
nuls chevaliers, ne povres ne riches, ne puet revenir que
il ne soit honniz, se il laisse en la main des Sarrazins le
peuple menu nostre Signour, en la quél compaingnie [9] il
est alez. » Li legas se courouça a moi et me dist que je
ne le deüsse pas avoir refusei [11].

83. Le dimanche après revenimes devant le roi, et lors
demanda li rois a ses fréres et aus autres barons et au
conte de Flandres quél consoil il li donroient, ou de s'a-
lée [12], ou de sa demourée. Il respondirent tuit que il

---

2. *Au roi*, avec le roi. La paix
avec Henri III ne fut concluc définitivement qu'en 1259 (paix d'Abbeville), par conséquent plusieurs années
après le retour du roi en France. — 3.
En Acre, à Saint-Jean-d'Acre (pour
s'y embarquer). Ces mots manquent
dans un manuscrit. — 4. *Nuls*, éd. *nulz*
(orthographe ordinaire). — 5. *A*, avec.
— 6. *Pensez*. Forme primitive du subjonctif semblable à l'indicatif Voy. II.
note 29. — 7. *Moi*, me. En ancien
français, on emploie régulièrement la
forme emphatique des pronoms personnels devant l'infinitif et le gérondif. — 8. *Pris*. Joinville avait été dé-
livré en même temps que le roi. —
9. *Boulainmont* (éd. *Bollainmont*;
cf. *Boulaincourt*, § 84), du germanique *Bodilon* et *montem*. — 10. *En la
quél compaingnie*, en la compagnie
duquel. Cf. en latin *ex eo numero* =
ex eorum numero, *ex causa* = *ejus rei
causa*. — 11. On dirait aujourd'hui
« Je n'eusse pas dû le refuser. » Cette
construction n'est pas rare.
12. *S'alée*, son départ. Voy. Villeh.,
II, note 9.

avoient chargié a mon signour Guion[13] Mauvoisin[14] le
consoil que il vouloient donner au roi. Li rois li commanda que il deïst ce que il li avoient chargié[1], et il dist
ainsi : « Sire, vostre frére et li riche home qui ci sont
ont regardei a vostre estat, et ont veü que n'avez pooir
de demourer en cest païs a l'onnour de vous ne de vostre
règne, que de touz les chevaliers qui vindrent en vostre
compaingnie, dont vous en amenastes en Cypre dous mille
et huit cens, il n'en a pas en ceste ville cent de remenant.
Si vous loent il, sire, que vous en alez[16] en France et
pourchaciés gens et deniers, par quoi[17] vous puissés hasti-
vement revenir en cest païs vous vengier des ennemis Dieu,
qui vous ont tenu en lour prison. » Li rois ne se vout pas
tenir a ce que mes sires Guis Mauvoisin[18] avoit dit, ains
demanda[19] au conte d'Anjou, au conte de Poitiers[20] et au
conte de Flandres, et a plusours autres riches homes qui
sëoient emprés aus, et tuit s'acordérent a mon signour
Guion Mauvoisin. Li legas demanda au conte Jehan de
Japhe[21], qui sëoit emprès aus, que il li sembloit de ces
choses. Li cuens de Japhe li proia qu'il se soufrist de
celle demande : « Pour ce, » fist il, « que mes chastiaus
est en marche, et, se je looie au roi la demourée, l'on
cuideroit que ce fust pour mon proufit. » Lors li demanda
li rois, si acertes comme il pot, que il deïst ce que il li en
sembloit. Et il li dist que se il pooit tant faire que il
peüst herberge tenir aus chans dedans un an[22], que il
feroit sa grant honnour[23] se li demouroit. Lors demanda[19]
li legas a ceus qui sëoient après le conte de Japhe, et tuit
s'acordérent a mon signour Guion Mauvoisin.

Je estoie bien li quatorzie[s]mes[24], assis encontre le legat.

<hr>

13. *Guion* (german. *Widon*), cas régime de *Guis*. Guy. — 14. *Mauvoisin*
(éd. *Malvoisin*; de même plus loin)
= *malum vicinum* avec *i* long. —
15. *Ce que il li avoient chargié*, ce
dont ils l'avaient chargé. On construit aujourd'hui *charger* avec le régime direct de la personne. Ici il signifie « donner en charge ». —
16. *Alez*. Voy. II, note 29. — 17.
Par quoi. Voy. IV, note 22. — 18.
Mauvoisin est au cas régime : [fils ?]
de Mauvoisin. — 19. *Demanda* (sous-
ent. son avis). — 20. Le comte d'Anjou
et le comte de Poitiers étaient les
frères de saint Louis. — 21. *Japhe*,
Jaffa ou Joppé, ville maritime de Syrie,
à 100 kil. Sud-Ouest de Saint-Jean-
d'Acre. — 22. *Dedans un an*, pendant
un an. De même à l'alinea suivant. —
23. *Que se... que*. Voy. Villeh., VI,
note 19. *Il feroit sa grant honnour*.
Voy. IV, note 16.
24. *Li quatorziesmes*, le quator-

Il me demanda que il m'en sembloit, et je li respondi que
je m'acordoie bien au conte de Japhe. Et li legas me dist
touz cour[r]ouciez comment ce pourroit estre que li rois
peüst tenir he[r]berges a si pou de gens comme il avoit.
Et je li respondi aussi comme cour[r]ouciez, pour ce que
il me sembloit que il le disoit pour moi atteïnner : « Sire,
et je le vous dirai, puis que il vous plai[s]t. L'on dit, sire,
je ne sai se c'est voirs, que li rois n'a encore despendu
nuls de ses deniers, ne mais que [25] des deniers aus clers ;
si mette li rois ses deniers en despense et envoit (li rois)
querre chevaliers en la Morée et outre mer, et quant l'on
orra nouvelles que li rois donne bien et largement, chevalier li venront de toutes pars, par quoi il pourra tenir he[r]-
berges dedans un an, se Dieu plai[s]t. Et par sa demourée,
seront delivrei li povre prisonnier qui ont estei pris ou
servise Dieu [26] et ou sien, qui jamais n'en istront, se li
rois s'en va. » Il n'avoit nul illec qui n'eüst de ses pro-
chains amis en la prison, par quoi nuls ne me reprist,
ainçois se pristrent tuit a plorer. Après moi, demanda li
legas a mon signour Guillaume de Biaumont, qui lors estoit marechaus de France [27], son semblant ; et il dist que
j'avoie mout bien dit : » Et vous dirai », dist il, « raison
pour quoi ». Mes sires Jehans de Biaumont, li bons chevaliers, qui estoit ses oncles et avoit grant talent de retourner en France, l'escria mout felonnessement et li dist :
« Orde longaingne, que voulez vous dire ? Raseez vous touz
çois ». Li rois li dist : « Mes sires Jehans, vous faites
mal, lessiés li dire. — Certes, sire, non ferai. » Il le couvint taire, ne nuls ne s'acorda onques puis a moi, ne mais
que li sires de Chatenai [28]. Lors nous dist li rois : « Signour, je vous ai bien oïs, et je vous responderai de ce
que il me plaira a faire d'ui [29] en huit jours. »

84. Quant nous fumes parti d'illec, et [30] li assaus me

---

zième (à partir du roi), par conséquent
le quatorzieme à parler. — 25. *Ne
mais que*, si ce n'est. — 26. *Dieu*, de
Dieu. Voy. Villeh., 1, note 3. — 27.
Mareschaus de France. Il ne faut
pas confondre cette charge avec celle
de connétable, bien qu'elle fût également unique à cette époque. Le ma-

réchal de France était subordonné
au connétable. — 28. *Chacenai* (éd.
Chatenai) = *Cascennacum*, Chassenay,
canton d'Essoyes (Aube). — 29. *D'ui*,
éd. *de hui*.

30. *Et* est souvent employé en ancien français pour introduire la proposition principale, quand une proposi-

commença de toutes pars : « Or est fous, sire de Joinville, li rois, se il ne vous croit contre tout le consoil dou roiaume de France! » Quant les tables furent mises, li rois me fist sëoir delez li au mangier, la ou il me fesoit touz jours sëoir se s(u)i frére n'i estoient. Onques ne parla a moi tant comme li mangiers dura, ce que il n'avoit pas acoustumei, que il ne parlast[31] touz jours a moi en manjant. Et je cuidoie vraiement que il fust courrouciez a moi pour ce que je dis que il n'avoit encore despendu nuls de ses deniers, et que il despendist[32] largement. Tandis que li rois oï ses graces, je alai a une fenestre ferrée[33] qui estoit en une reculée devers le chevet dou lit le roi, et tenoie mes bras parmi les fers de la fenestre, et pensoie que se li rois s'en venoit en France, que[34] je m'en iroie vers le prince d'Antioche[35], qui me tenoit pour parent et qui m'avoit envoié querre, jusques a tant que une autre alée me venist, ou pais[36], par quoi[37] li prisonnier fussent delivré, selonc le conseil que li sires de Boulainmont m'avoit donnei.

En ce point que je estoie illec, li rois se vint apuier a mes espaules et me tint ses dous mains sur la teste. Et je cuidai que ce fust mes sires Phelippes d'Anemos, que trop d'ennui m'avoit fait le jour pour le consoil qui je li avoie donnei, et dis ainsi : « Lessiés moi en paiz, mes sires Phelippes! » Par male aventure, au tourner que je fiz ma teste[38], la mains le roi me cheï par mi le visaige, et congnu[i] que c'estoit li rois a une esmeraude que il avoit en son doi. Et il me dist : » Tenez vous touz cois, car je

tion temporelle précède. Il sert à attirer l'attention et pourrait se traduire par « voici que ». Les paroles adressées à Joinville sont évidemment ironiques. — 31. *Parlast*, éd. *gardast*. La fin de la phrase (*que il ne parlast*, etc.), qui reproduit une idée déjà exprimée et rappelee par *ce*, constitue une de ces negligences familiéres à Joinville, qui ne craint pas d'abuser des mots. — 32. *Et que il despendist*. Le subjonctif indique ici un conseil, une exhortation. Il y a anacoluthe. — 33. *Ferrée*, grillée. Le mot *fenestre* désigne ici, comme souvent, l'ouverture de la fenêtre. — 34. *Que se... que.* Voy. Villeh., VI, note 19. — 35. *Le prince d'Antioche.* Boémond V, qui mourut quelques mois après, laissant un fils que le roi fit chevalier à seize ans, pour lui permettre d'aller secourir sa capitale, en danger par la négligence de sa mère. — 36. Éd. *me venist ou pais. Ou pais*, ou [qu'il arrivât une] paix. — 37. *Par quoi.* Voy. IV, note 22.

38. *Au tourner*, etc. Voy. IV, note 26.

vous vueil demander comment vous fustes si hardis que
vous, qui estes un juenes [39] bons, m'osastes loer ma demourée, encontre touz les grans homes et les saiges [40]
de France qui me looient m'alée. — Sire, » fis je,
« se j'avoie la mauvestié en mon cuer, si ne vous
loeroie je a nul fuer que vous le feïssiés. — Dites
vous, » fist il, « que je feroie que mauvais [41] se je
m'en aloie? — Si m'aïst Dieus, sire, » fis je, ouïl » [42]. Et
il me dist : « Se je demeur, demourrez vous ? » Et je li dis
que « ouïl, se je puis ne dou mien ne de l'autrui [43]. — Or
soiés touz aises », dist il, « car je vous sai mout bon grei
de ce que vous m'avez loei ; mais ne le dites a nullui toute
celle semainne ». Je fu mout aises de celle parole, et me
deffendoie plus hardiement contre ceus qui m'assailloient.
On appelle les païsans dou païs « Poulains » ; dont mes
sires Pierres d'Avallon [44], qui demouroit a Sur, oï dire
que on m'appeloit [45] « Poulain » [46], pour ce que j'avoie
conseillé au roi sa demourée avecques les Poulains. Si me
manda mes sires Pierres d'Avalon que je me deffendisse
vers ceus qui m'apeloient « Poulain », et lour deïsse que
j'amoie mieus estre poulains que roncins recreüs, ainsi
comme il estoient.

85. A l'autre dimanche, revenimes tuit devant le roi ;
et quant li rois vit que nous fumes tuit venu, si seigna sa
bouche et nous dist ainsi (après ce que il ot appelei l'aide
dou Saint Esprit, si comme je l'entent ; car ma dame ma
mère me dist que toute[s] fois que je vourroie dire aucune
chose, que [47] je appelasse l'aide dou Saint Esprit et que je
seignasse ma bouche) ; la parole le roi fu(t) teus : « Signour, » fist il, « je (vous) merci mout a touz ceus qui
m'ont loei m'alée en France, et si rent graces aussi a ceus

---

39. *Juenes* (éd. *joennes*). En 1250.
Joinville n'avait guère plus de vingt-six
ans. — 40. *Et les saiges* (sous-ent. *homes*). Construction fréquente. — 41. *Que
mauvais* (éd. *mauvaiz*), sous-ent. *feroit*.
Que = ce que, et *mauvais* est un sujet.
La locution analogue *faire que sage*
se rencontre encore au xviie siècle. —
42. *Ouïl* ; éd. *oyl*, De même deux lignes
plus loin et ailleurs. — 43. *Dou mien*,
avec mes ressources. *De l'autrui*, avec

les ressources des autres (en emprun-
tant). *Autrui* est un génitif (Voy. 1,
note 5 et Villeh., I, note 3). *Le* est
l'article neutre. — 44. *Avallon* (Abal-
lonem), Avallon (Yonne). — 45. *M'appeloit*, éd. *me a*. — 46. On ignore l'origine du nom de *Poulain*, que portaient
les chrétiens latins de Syrie dès le
xiie siècle.

47. *Que... que*. Voy. Villeh., VI, 19.
De même huit lignes plus loin.

qui m ont loei ma demourée ; mais je me sui avis(i)ez que, se je demeur, je n'i voi point de peril que mes roiaumes se perde, car ma dame la roïne a bien gent pour le deffendre ; et ai regardei aussi que li baron de cest païs dient que se je m'en voi[s], que li roiaumes de Jerusalem est perdus, que nuls n'i osera demourer après moi ; si ai regardé que a nul feur je ne lairoie le roiaume de Jerusalem perdre, le quél je sui venus pour garder et pour conquerre ; si est mes consaus teus que je vueil demourer comme il est droit[48]. Si dis je a vous, riche home qui ci estes, et a touz autres chevaliers qui vourront demourer avec moi, que vous veign[i]ez parler a moi hardiement, et je vous donrai tant que la coupe n'iert pas moie, mais vostre, se vous ne voulez demourer. » Mout en i ot qui oïrent ceste parole qui furent esbaï, et mout en i ot qui plorérent.

VIII. — *Retour du roi en France. Incidents de voyage.*

127. Quant nous fumes parti de la[1], nous veï(s)mes une grant ille en la mér, qui avoit a non Pantennelée[2], et estoit peuplée de Sarrazins qui estoient en la subjection dou roi de Sezile[3] et dou roi de Thunes[4]. La roïne pria le roi que il i envoiast trois galies pour penre dou fruit pour ses enfans ; et li rois li[5] otria, et commanda aus maistres des galies que quant la neis le roi passeroit par devant l'ille, que[6] il fussent tuit appareillié de venir a li. Les galies entrèrent en l'ille par un port qui i estoit ; et avint que quant la neis le roi passa par devant le port, nous n'oïmes onques nouvelles de nos galies. Lors commenciérent li marinier a murmurer li un[s] a l'autre. Li rois les fist appeler et leur demanda que il lour sembloit de cest heür ; et li marinier li distrent qu'il lour sembloit que li Sarrazin avoient pris sa gent et les galies : « Mais nous vous loons

48. Éd. *je sui demourez comme à orendroit.*

VIII. 1. *De la,* de l'ile de Lampedouse, ancienne *Lopadusa* que Joinville nomme *Lempiouse*), ile italienne, à l'Est de la Tunisie. — 2. *Pantennelée,* Pantellaria, ancienne *Cossyra,* entre Tunis et la Sicile. — 3 Le roi de Sicile était alors Conrad II, petit-fils de l'empereur Frédéric II. — 4. *Thunes,* Tunis. — 5. *Li,* [le] lui. Voy. Villeh., V, note 14. — 6. *Que quant... que.* Voy. Villeh., VI, note 19.

et conseillons, sire, que vous ne les atendés[7] pas ; car vous estes entre le roiaume de Sezile et le roiaume de Thunes, qui ne vous aiment guères ne li uns ne li autres, et se vous nous lessiez nagier, nous vous averons encore ennuit delivrei dou peril, car nous vous averons passei ce destroit. — Vraiement, » fist li rois, « je ne vous en croirai ja que je laisse ma gent entre les mains des Sarrazins, que je n'en face au moins mon pouoir d'aus delivrer ; et vous commant que vous tournez vos voiles et lour alons courre sus. » Et quant la roïne oï ce, elle commença a mener mout grant duel et dist : « Hé ! lasse, ce ai je tout fait[8]. »

Tandis que l'on tournoit les voiles de la néf le roi et des autres, nous veï(s)mes les galies issir de l'ille. Quant elles vindrent au roi, li rois demanda aus mariniers pour quoi il avoient ce fait, et il respondirent que il n'en pooient mais, que ce firent li fil de bourjois de Paris, dont il i avoit six qui mangoient les fruiz des jardins, par quoi il ne les[9] pooient avoir et il ne les vouloient lessier. Lors commanda li rois que on les meïst en la barge de chantiers[10]. Et lors il commenciérent a crier et a braire : « Sire, pour Dieu, raïmbez nous de quant que nous avons, mais que[11] vous ne nous meticz la ou on met les murtriers et les larrons, car touz jours mais nous seroit reprouvei. » La roïne et nous tuit feï(s)mes nos pooirs comment li rois se vousist souffrir[12], mais onques li rois ne vout escouter nullui, ainçois i furent mis et i demourérent tant que nous fumes a terre. A tél meschiéf i furent que, quant la mérs grossoioit, les ondes lour voloient par desus la teste, et les couvenoit assëoir, que li vens ne les en portast[13] en la mér. Et ce fu a bon droit, que[14] lour gloutonnie nous fist tél doumaige que nous en fumes delaié huit bones journées, par ce que li rois fist tourner les neis ce devant deriére[15].

---

7. *Atendés.* Voy. II, note 29. — 8. Trad. : « C'est moi qui ai tout fait. »

9. *Les* represente ceux qui mangeaient les fruits. — 10. *La barge de chantiers,* la chaloupe (litt. : « la barque qui flotte aux flancs du navire). » On l'appelait aussi *salvation,* « sauvetage ». — 11. *Mais que,* pour *vu que.* — 12. *Feïmes nos pooirs comment,* etc., nous fimes ce que nous pûmes pour que le roi consentit à se calmer. — 13. *En portast* (éd. *emportast*). — 14. *Que,* car. — 15. *Ce devant deriére.* On disait aussi *c'en* (= *ce en*) *devant d,* d'où notre locution corrompue « sens devant derrière ».

128. Une autre aventure nous avint en la mér avant que nous venissiens a terre, qui fu tous que une des beguines[16] la roïne, quant elle ot la roïne couchie, si ne se prist garde, si jeta sa touaille, de quoi elle avoit sa teste entorteillie, au chief de la paielle de fer la ou la soigne la roïne ardoit ; et quant elle fu allée couchier en la chambre desous la chambre li roïne, la ou les femmes gisoient, la chandelle ardi tant que li feus se prist en la touaille, et de la toaille se prist a toilles dont li drap la roïne estoient couvert. Quant la roïne se esveilla, elle vit la chambre toute embrasée de feu, et sailli sus toute nue, et prist la touaille et la jeta toute ardant en la mér, et prist les toilles et les estainst. Cil qui estoient en la barge de c[h]antiers criérent basset : « Le feu ! le feu ! » Je levai ma teste et vi que la touaille ardoit encore a cléré flambe sur la mér, qui estoit mout coie. Je vesti ma cote au plus tost que je poi, et alai séoir avec les mariniers. Tandis que je séoie la, mes escuiers, qui gisoit devant moi, vint a moi et me dist que li rois estoit esveilliez et que il avoit demandei la ou je estoie : « Et je li avoie dit que vous estiés ès chambres; et li rois me dit : « Tu mens. » Tandis que nous parlions illec, a tant ès vous maistre Geffroi le clerc la roïne, qui me dist : « Ne vous effreez pas, car il est ainsi avenu[17]. » Et je li dis[18] : « Maistres Geffrois, alez dire a la roïne que li rois est esveilliez et qu'elle voise vers li pour li apaisier. »

L'endemain li connestables de France et mes sires Pierres li chamberlans et mes sires Gervaises li pannetiers distrent au roi : « Que a ce anuit estei, que nous oïmes parler de feu ? » Et je ne dis mot. Et lors dist li rois : « Ce soit par male aventure[19] la ou li seneschaus est plus celans que je ne sui[20], et je vous conterai, » dist li rois, « que ce

---

16. *Beguines.* C'étaient des personnes dévotes, qui vivaient dans le monde, soumises à une certaine règle. Il y en avait aussi qui vivaient ensemble dans un enclos, mais dans des maisonnettes isolées ; on trouve encore des *béguinages* en Allemagne, et surtout en Belgique et en Hollande. L'origine du mot est obscure : *Sainte Bègue*, sœur de sainte Gertrude, vers 692 (?) ; Lambert Begg, prêtre liégeois, vers 1170 (?), etc. — 17. *Il est ainsi avenu*, voici ce qui est arrivé. — 18. *Dis*, éd. *diz* (Cf. § 130, etc.).

19. *Aventure*, éd. *avanture* (Cf. §§ 128 et 129, début). — 20. *Ce soit*, etc. Trad. : « Il est fâcheux que le sénéchal soit plus discret que je ne suis. »

est, que nous deümes[21] estre anuit[22] tuit ars. » Et lour conta comment ce fu, et me dist : « Seneschaus, je vous commant[23] que vous ne vous couchiez dès or en avant tant que vous aiés touz les feus de ceans estains, ne mais que le grant feu qui est en la soute de la néf. Et sachiez que je ne me coucherai jusques a tant que vous reveignez a moi. » Et ainsi le fiz je tant comme nous fumes en mér ; et quant je revenoie, si se couchoit li rois.

129. Une autre aventure nous avint en mér ; car mes sires Dragonès[24], uns riches hom de Provence, dormoit la matinée en sa néf, qui bien estoit une lieue devant la nostre, et appela un sien escuier et li dist : « Va estouper ce pertuis, car li solaus me fiert ou visaige. » Cil vit que il ne pooit estouper le pertuis, se il n'issoit de la néf. De la néf issi. Tandis que il aloit le pertuis estouper, li piés li failli, et cheï en l'iaue. Et celle n'avoit point de barge de c[h]antiers, car la neis estoit petite. Maintenant fu esloingiez de la néf[25]. Nous qui estiens en la néf le roi, le veï(s)mes, et cuidiens que ce fust une somme ou une bouticle, pour ce que cil qui estoit cheüs en l'iaue ne metoit nul consoil en li[26]. Une des galies le roi le cueilli[27] et l'aporta en nostre néf, la ou il nous conta comment ce li estoit avenu. Je li demandai comment ce estoit que il ne metoit consoil en li garantir ne par noër ne par autre maniére. Il me respondi que il n'estoit nul mestier ne besoing que il meïst consoil en li, car si tost comme il commença a chëoir, il se commanda a Nostre Dame de Vauvert[28], et elle le[29] soustint par les espaules dès que il cheï jusques a tant que la galie le roi le recueilli[27]. En l'onnour de ce miracle, je l'ai fait peindre a Joinville en ma chapelle, et ès verriéres de Blehecourt[30].

21. *Nous deümes*, nous faillimes. — 22. *Anuit*, éd. *annuit*. — 23. *Commant*, éd. *comment* (Cf. § 129, fin).

24. *Dragonès* (cas sujet), Dragonet. — 25. *Esloingniez de la néf*, éd. *esloingnie celle nef*. — 26. Trad. : « ne se préoccupait nullement de lui-même (de sa conservation). » — 27. Ed. *queilli ;* de même plus bas. — 28. *Vauvert* était un château près de la barrière d'Enfer, hors Paris, qui avait sous saint Louis la réputation d'être hanté. Le roi y établit un couvent de chartreux en 1258, ce qui chassa les revenants. L'expression *aller au diable Vauvert*, « entreprendre une expédition dangereuse », est devenue par corruption *aller au diable vert* et a pris le sens de « aller loin ». — 29. *Elle le*, éd. *elle se.* — 30. *Blehecourt*, Blécourt, canton de Joinville (Haute-Marne).

130. Après ce que nous eumes estei dix semainnes en la mér, arivames a un port[31] qui estoit a dous lieues d'un chastel que on appeloit Iéres, qui estoit au conte de Provence qui puis fu rois de Sezile[32]. La roïne et touz li consaus s'acordérent que li rois descendist illec, pour ce que la terre estoit son frére[33]. Li rois nous respondi que il ne descenderoit ja de sa néf j(e)usques a tant que il venroit a Aigue Morte, qui estoit en sa terre. En ce point nous tint li rois le me[r]credi [et] le jeudi, que nous ne le peumes onques vaintre[34]. En ces neis de Marseille a dous gouvernaus, qui sont atachié a dous tisons[35] si merveillousement que, si tost comme l'on averoit tournei un roncin, l'on peut tourner la néf a destre et a senestre. Sur l'un des tisons des gouvernaus se sëoit li rois vendredi, et m'appela et me dist : « Seneschaus, que vous semble de ceste oevre ? » Et je li dis[36] : « Sire, il seroit a bon droit que il vous en avenist aussi comme il fist a ma dame de Bourbon[37], qui ne vout descendre en cest port, ains se remist en mér pour aler a Aigue Morte, et demoura puis sept semaines sur mér. « Lors appela li rois son consoil et leur dist ce que je li avoie dit et lour demanda que il [li] looient a faire. Et li loérent tuit que il descendist, car il ne feroit pas que saiges se il metoit son cors, sa femme et ses enfans en aventure de mér, puis que il estoit hors. Au consoil que nous li donnames s'acorda li rois, dont[38] la roïne fut mout liée.

131. Au chastel d'Iéres[39] descendi li rois de la mér, et la roïne et s(u)i enfant. Tandis que li rois sejournoit a Iéres pour pourchacier chevaus a venir[40] en France, li abbes de Clungni[41], qui puis fu evesques de l'Oline[42], li presenta

---

31. *Après ce que.* Voy. III, note 9. *Un port.* Les Salins d'Hyères, près de la ville de ce nom. — 32. *Rois de Sezile.* Il s'agit de Charles d'Anjou, frère de saint Louis, qui fut comte de Provence à partir de 1245 et roi des Deux-Siciles de 1266 à 1282, puis. apres les Vêpres-Siciliennes, roi de Naples seulement. — 33. *Son frère,* à son frère. L'ancien français supprime volontiers *à* devant un nom de personne correspondant au datif latin. — 34. *Vaintre* (ed. *vaincre*), decider.

Nous avons déjà vu, dans l'extrait précédent, une preuve du peu de cas que faisait Louis IX des avis de son conseil. — 35. *Tisons,* Voy. VI, note 17. — 36. Éd. *dis* (Cf. passim). — 37. *Madame de Bourbon,* Mahaut (c'est-à-dire Mathilde), fille et héritière d'Archambaut VIII, épouse de Guy de Dampierre et mère d'Archambaut IX. — 38. *Dont,* [ce] dont.

39. Éd. *de Yéres.* — 40. *A venir,* pour venir. — 41. Éd. *Clyngny,* Cluny (Saône-et-Loire). — 42. *L'Oline* (ed.

dous palefrois qui vauroient bien au jour d'ui cinq cens
livres, un pour li, et l'autre pour la roïne. Quant il li [43] ot
presentei, si dist au roi : « Sire, je venrai demain parler
a vous de mes besoignes. » Quant ce vint l'endemain, li
abbes revint. Li rois l'oï mout diligemment et mout longuement. Quant li abbes s'en fu partis, je ving au roi et
li dis : « Je vous vueil demander, se il vous plai[s]t, se
vous avez oï plus debonnèrement l'abbei de Clugni [44],
pour ce que il nous donna hier ces dous palefrois. » Li
rois pensa longuement et me dist : « Vraiement, ouïl. —
Sire, » fis [45] je, » savez (vous) pour quoi je vous ai faite
ceste demande? — Pour quoi?» fist il. — « Pour ce, sire,»
fis je, « que je vous lo et conseil que vous deffendés a tout
vostre consoil jurei, quant vous venrez en France, que il
ne preingnent de ceus qui averont a besoignier par devant
vous; car soiés certains [46], se il prennent, il [47] en escoute-
ront plus volentiers et plus diligentment ceus qui lour
donront, ainsi comme vous avez fait l'abbei [48] de Clungni ».
Lors appela li rois tout son consoil et lour recorda errant
ce que je li avoie dit; et il li dirent que je li avoie loei bon
consoil.

IX. — *Mort de saint Louis.*

143. De la voie que il fist a Thunes ne vueil je riens
conter ne dire, pour ce que je n'i fu pas, la merci Dieu, ne
je ne vueil chose dire ne mettre en mon livre de quoi je
ne soie certains [1]. Si [2] parlerons de nostre saint roi senz
plus, et dirons ainsi que après ce que [3] il fu arrivez a Thunes devant le chastel de Carthage, une maladie le prist
dou flux dou ventre (et Phelippes [4] ses fiz aisnez, fu mala-

<hr>

l'*Olive*), Olénos, entre Dymos et Patras,
dans la Morée. Les évêques d'Olénos
étaient domicilies à Andravida, capitale de la principaute. 43. *Li*, [les]
lui. Voy. Villeh., V, note 24. — 44.
Éd. *Clygni*. — 45. *Fis*, éd. *fiz* (Cf.
passim). — 46. Ed. *certeins*. — 47.
Il. Sous-ent. *que*, ellipse fréquente
eu aucien français. — 48. *Vous avez
fait l'abbei*. Voy. Villeh., VIII, note 15.
IX. 1. Nous avons là une preuve remarquable de la sincérité de Joinville,
où se mêle un peu de naïveté, quand
il se félicite de n'avoir pas accompagné saint Louis à Tunis. Éd. *certeins*.
La merci Dieu, grâce à Dieu. Pour
le génitif sans *de*, voy. 1, note 5. —
2. *Si*, donc. — 3. *Après ce que*. Voy.
III, note 9. — 4. *Phelippes*, Philippe III,
le Hardi, né en 1245. Il succeda à
son père en 1270 et mourut en 1285.

des de fiévre carte avec le flux dou ventre que li rois avoit),
dont[5] il acoucha au lit, et senti bien que il devoit par tens
trespasser de cest siécle a l'autre. Lors appela mon signour Phelippe, son fil, et li commanda a garder, aussi
comme par testament, touz les enseignemens que il li
lessa, qui sont ci après escrit en françois[6], les queus[7] enseignemens li rois escrist de sa sainte main, si comme
l'on dist.

> (*Suivent les enseignements de saint Louis à son fils
> Philippe-le-Hardi.*)

146. Quant li bons rois ot enseignié son fil mon signour
Phelippe, l'enfermetés que il avoit commença a croistre
forment; et demanda les sacremens de Sainte Eglise[8], et
les ot en sainne pensée et en droit entendement, ainsi
comme il apparut; car quant l'on l'enhuiloit et on disoit
les sept psaumes[9], il disoit les vers d'une part. Et oï
conter mon signour le conte d'Alençon[10], son fil, que
quant li aprochoit de la mort, il appela les sains pour li
aidier et secourre, et meïsmement mon signour saint Jaque,
en disant s'oroison, qui commence : *Esto Domine*, c'est a
dire : «Diex, soiez saintefierres et garde de vostre peuple.»
Mon signour saint Denis de France appela lors en s'aide[11]
en disant s'oroison, qui vaut autant a dire : « Sire Dieus,
donne nous que nous puissons despire la prosperitei de
ce monde, si que nous ne doutiens nulle adversitei. » Et
oï dire lors a mon signour d'Alençon, que Dieus absoille,
que ses pères reclamait lors ma dame sainte Geneviéve.
Après se fist li sains rois couchier en un lit couvert de
cendre, et mist ses mains sus sa poitrine, et en regardant
vers le ciel rendi a Nostre Creatour son esperit, en celle

---

5. *Dont*, à cause de quoi. — 6.
Escrit en françois. Dans sa vie latine
de saint Louis, ch. xv, le dominicain
Geoffroy de Beaulieu, qui avait accompagné le roi dans ses deux croisades
en qualité de confesseur, atteste que
saint Louis avait écrit ces *Enseigne-
ments* en français de sa propre main.
Le texte de Joinville est à peu près
semblable à celui de la plupart des
manuscrits. — 7. *Queus*, éd *queix*.
8. *Sainte Eglise.* C'est l'expression
ordinaire pour « la Sainte Église ». —
9. Éd. *pséaumes*. — 10. *Monsignour*,
à monseigneur. *Le conte d'Alençon*,
Pierre de France. Voy. VIII, note 33.
— 11. *S'aide*, son aide. Voy. Villeh.,
I, note 8.

hore meïsmes que li Fiz Dieu morut pour le salut dou monde en la croiz.

Precieuse chose et digne est de plorer le trespassement de ce saint prince, qui si saintement et loialment garda son roiaume et qui tant de bèles aumosnes i fist et qui tant de biaus establisssmens i mist. Et ainsi comme li escrivains qui a fait son livre, qui l'enlumine d'or et d'azur, enlumina li diz rois son roiaume de belles abbaïes que il i fist et de la grant quantitei de maisons Dieu et de maisons des Preescheours, des Cordeliers et des autres religions qui sont ci devant nommées. L'endemain de feste saint Berthemi l'apostre, trespassa de cest siécle li bons rois Lo[o]is, en l'an de l'incarnacion Nostre Signour, l'an de grace mil deus cens et soissante dis, et furent s(u)i os gardei en un escrin et aportei et enfoui a Saint Denis en France, la ou il avait eslue sa sepulture, ou quél lieu il fu enterrez, la ou Dieus a puis fait maint biau miracle pour li, par ses desertes.

X. — *Songe de Joinville.* — *Conclusion.*

148. Encore vueil je ci après dire de nostre saint roi aucunes choses qui seront a l'onnour de li, que je veis de li en mon dormant[1] : c'est a savoir que il me sembloit en mon songe que je le vëoie devant ma chapelle a Joinville; et estoit, si comme il me sembloit, merveilleusement liez et aises de cuer, et je meïsmes estoie mout aises pour ce que je le vëoie en mon chastel, et li disoie : « Sire, quant vous partirés de ci, je vous herbergerai a une moie maison qui siét en une moie ville qui a non Chevillon[s][2]. » Et il me respondi et me dist : « Sire de Joinville, foi que doi vous[3], je ne bé mie si tost a partir de ci. »

Quant je m'esveillai, si m'apensai, et me sembla[4] que il plaisoit a Dieu et a li que je le herberjasse en ma chapelle,

---

12. *Maisons Dieu*, hôtels-Dieu. Voy. 1, note 5.

X. 1. *En mon dormant. Dormant* est un gérondif pris substantivement. Cf. *en mon seant, en mon vivant, en mon estant* (debout), etc. Aujourd'hui encore on dit : *de son vivant, sur son séant*, etc. — 2. *Chevillon* (Cabillionem), chef-lieu de canton à 17 kilomètres Nord-Est de Vassy. — 3. *Foi que doi vous*, par la foi que je vous dois.

4. Éd. *me esveillai... sembloit.*

et je si ai fait, car je li ai establi un autél a l'onnour de Dieu et de li, la ou l'on chantera a tous jours mais en l'onnour de li ; et i a rente perpetuélment establie pour ce faire. Et ces choses ai je rament[e]jües a mon signour le roi Looïs[5], qui est heritiers de son non ; et me semble que il feroit[6] le grei Dieu[7] et le grei nostre saint roi Looïs s'i[l] pourchassoit des reliques le vrai cors saint et les envoioit a la dite chapelle de Saint Lorans a Joinville, par quoi cil qui venroient[8] a son autél, que[9] il i eüssent plus grant devocion.

149. Je fais savoir a touz que j'ai ceauz mis grant partie des faiz nostre saint roi devant dit, que jé ai veü et oï, et grant partie de ses faiz que j'ai trouvez qui sont en un romans, les queus[10] j'ai fait escrire en cest livre. Et ces choses vous ramentoif je, pour ce que cil qui orront ce[st] livre croient fermement en ce que li livres dist que j'ai vraiement veü et oï, et les autres choses qui i[11] sont escri(p)tes ne vous tesmoing que soient vraies par ce que je ne les ai veües ne oïes.

Ce fu escrit en l'an de grace mil trois cent et nuef, ou mois d'octovre.

---

5. *Le roi Looïs*. Louis, arrière-petit-fils de saint Louis, n'était encore que roi de Navarre et comte de Champagne. Il succéda à son père Philippe-le-Bel cinq ans seulement après la dédicace que lui fit Joinville de son livre, en 1314. — 6. *Feroit*, éd. *fera*. — 7. *Leyrei Dieu*, etc. Voy. 1, note 5. — 8. Éd. *venront*. — 9. *Par quoi... que*. Anacoluthe : *que* fait pléonasme.

10. Éd. *faiz*. Éd. *romant, les quiex*. *Romans*, livre en français (romanice) : il s'agit des *Chroniques de Saint-Denis*. — 11. *Qui i*, éd. *qui n'i*.

FROISSART

I. — *Prologue.*

Afin que les grans merveilles et li biau fait[1] d'armes,
qui sont avenu par les grans guerres de France et d'Engleterre et des royaumes voisins, dont li roys et leur(s) consaulz sont cause, soient notablement[2] registré et ou tamps
present et a venir veü et cogneü, je me voel ensonniier de
l'ordonner et mettre en prose selonch le[3] vraie information que j'ay eü[4] des vaillans hommes, chevaliers et escuiers, qui les ont aidiés a acroistre, et ossi de aucuns rois
d'armes[5] et leurs mareschaus, qui par droit sont et doient
estre juste inquisiteur et raporteur de téls besongnes.

Voir est que mes sires Jehans li Biaus, jadis canonnes
de Saint Lambert de Liége, en fist et cronisa a son tamps
aucune cose a se[6] plaisance; et j'ai ce livre hystoriiét[7] et
augmenté a le[8] mienne, a le[8] relation et conseil des dessus dis, sans faire fait ne porter partie[9], ne coulourer plus
l'un que l'autre, fors tant que li biens fais des bons, de

I. 1. *Li biau fait*. Sujet pluriel. La
déclinaison à deux cas s'est conservée
plus longtemps dans les dialectes du
Nord et du Nord-Est. Elle a d'ailleurs
persisté quelque temps par tradition.
même en français propre, dans les
écrits, alors qu'elle avait disparu dans
la langue parlée. — 2. *Notablement*,
convenablement. — 3. *Le*, cas regime
de l'article féminin picard et wallon,
c'est-à-dire appartenant aux dialectes
du Nord et du Nord-Est (le cas sujet
est *li*, comme au masculin). Cf. note 6.
— 4. *Eü*. Voy. Menestrel, IV, note 2.
— 5. *Rois d'armes*, herauts, d'armes.
juges de camp.

6. *Se*. Possessif, sujet et régime féminin, picard et wallon. Cf. note 3. —
7. *Hystoriiét*. Le *t* devenu final après
la chute de la voyelle po-t-ton que a
disparu en français, après avoir passé
par *d*, dans la première moitié du
xiie siècle, mais il a persisté beaucoup
plus tard dans les dialectes du Nord
et du Nord-Est. L'orthographe inter-
mittente du manuscrit (voy. le mot
suivant tient à ce qu'il est postérieur
à la composition de l'ouvrage. Il est
d'ailleurs l'œuvre d'un scribe français,
ce qui explique l'alternance de *c* doux
et de *ch*. Voy. note 11. — 8. *Le*, la. Voy.
note 3, à laquelle nous renvoyons une
fois pour toutes. — 9. Trad. : « Sans
rien inventer ni prendre parti. »

quél pays qu'il soient, qui par proèce l'ont acquis, y est plainnement veüs et cogneüs, car de [10] l'oubliier ou esconser, ce seroit pechiés et cose mal apartenans, car esploit d'armes sont si chiérement comparét et achetét, che [11] scévent chil [11] qui y traveillent, que on n'en doit nullement mentir pour complaire a autrui, et tollir le glore et renommée des bienfaisans et donner a chiaus qui n'en sont mies digne.

Or ai je mis ou [12] premier chiéf de mon proïsme que je voel parler et trettier de grans mervelles. Voirement se poront et deveront bien tout chil qui ce livre liront et veront esmervillier des grans aventures qu'il y trouveront; car je croi que, depuis le creation dou monde et que on se commença premiérement a armer, on ne trouveroit en nulle hystore tant de merveilles ne de grans fais d'armes, selonch se quantité, comme il sont avenu par les guerres dessus dittes, tant par terre com par mer, et dont je vous ferai en sievant mention. Mais ançois que j'en commence a parler, je voel un petit tenir et demener le pourpos de proèce, car c'est une si noble vertu et de si grant recommendation que on ne le doit mies passer trop briéfment, car elle est mére materiéle et lumiére des gentilz hommes, et, si com la busce [13] ne poet ardoir sans feu, ne poet li gentilz homs venir a parfaite honneur ne a le glore dou monde, sans proèce.

Or doient donc tout jone gentil homme, qui se voellent avancier, avoir ardant desir d'acquerre le fait et le renommée de proèce, par quoi il soient mis et compté ou nombre des preus, et regarder et considerer comment leur predicesseur, dont il tiennent leurs hyretages et portent, espoir, les armes, sont honnouré et recommendé par leurs biens fais [14]. Je sui seürs que, se ilz regardent et lisent en ce livre, que il trouveront otant de grans fais et de belles apertises

---

10. *De*, quant à ce qui est de. — 11. *Che, chil.* Formes dialectales (Nord et Nord-Ouest) pour *ce, cil.* Le *ch* remplace régulièrement dans cette région *c* doux français, provenant de *ci, ce* (*ti, te*) plus voyelle ; par contre *ca* latin reste *ca*, ou devient *ce, ci* (prom. *ke, ki*), toujours avec la gutturale (Cf. *busce*, etc.).

12. *Ou* (= *en le*), au. Cf. passim. — 13. *Busce.* Voy. la note 11.

14. *Biens fais*, belles actions. Plus haut, 2e al., *li biens fais* (au sujet singulier) *des bons* a un sens un peu plus général (« ce que les bons ont fait de bien »).

d'armes, de durs rencontres, de forz assaus, de fiéres batailles et de tous autres maniemens d'armes, qui se des-
cendent des membres de proèce [15], que en nulle hystore
dont on puist parler, tant soit anchiienne ne nouvelle. Et
ce sera a yaus matére et exemples de yaus encoragier en
bien faisant [16], car la memore des bons et li recors des
preus atisent et enflament par raison les coers des jones
bacelérs, qui tirent et tendent a toute perfection d'onneur,
de quoi proèce est li principaus chiés et li certains ressors.

Si ne voel je mies que nulz bacelérs soit excusés de non
li armer [17] et sievir les armes par defaute de mise et de
chavance, se il a corps et membres ables et propisses a ce
faire, mès voel qu'il les aherde de bon corage et prende de
grant volenté. Il trouvera tantost des haus signeurs et nobles qui l'ensonnieront, se il le vaut [18], et le aideront et re-
vanceront, se il le dessert, et le pourveront selonch son
bien fait. Ossi en armes aviennent tant de grans merveilles et de belles aventures que on n'oseroit ne poroit
penser ne imaginer les fortunes qui s'i boutent, si [19] com
vous verés et trouverés en ce livre, se vous le lisiés, comment pluiseur chevalier et escuier se sont fait et avanciét
plus par leur proèce que par leur linage. Li noms de preu
est si haus et si nobles, et la vertu si clére et si belle que
elle resplendist en ces sales et en ces places ou il a [20] assam-
blée et fuison de grans signeurs, et se remoustre dessus
tous les autres, et l'ensengn'on au doi et dist on : « Vela
cesti qui mist ceste cevaucie ou ceste armée sus [21], et qui ordonna ceste bataille si faiticement et le gouverna si sagement, et qui jousta de fier [22] de glave si rudement, et qui
tresperça les conrois de ses ennemis par deus ou par trois
fois, et qui se combati si vassaument ou qui entreprist ceste

15. L'auteur continue la métaphore
commencée plus haut : *elle* (la prouesse)
*est mére materiéle des gentilz hom-
mes.* » — 16. *En bien faisant*, à faire
le bien. Le géroudif était assez souvent employé en ancien français
comme régime de certaines prépositions. Cf. *par paix faisant*, en faisant
la paix, etc. Aujourd'hui cet emploi
est réduit à celui de *en*, indiquant la
simultanéité ou le moyen.

17. *De non li armer*, de ne pas s'armer. Le pronom personnel s'employait
souvent là où nous mettrions le réfléchi. Notez de plus l'emploi du cas
emphatique, ce qui est la construction
ordinaire devant l'infinitif et le gérondif. — 18. *Vaut.* Dialectal pour *veut.*
— 19. *Si*, éd. *se.* — 20. *Il a*, il y a.
— 21. *Mist sus*, leva. — 22. *Fier*, fer.
L'*e* latin entravé est rendu régulièrement par *iè* en wallon.

besongne si hardiement, et qui fu trouvés entre les mors
et les blociés navrés moult durement, et ne daigna onques
füir en place ou il se trouvast. »

De télz grains et de télz semences sont servi et alosé li
vaillant homme et li preu par leur vaillance. Encores avant
on voit le preu baceler sëoir en haute honneur a table de
roy, de prince, de duch et de conte, la ou plus nobles de
sanch et plus rices d'avoir n'est mies assis. Car, si com li
quatre ewangeliste et li douze apostole sont plus procain[23]
de Nostre Signour que ne soient li autre, sont li preu plus
priès d'onneur et plus honnouré que li aultre ; et c'est bien
raisons, car il acquérent et conquérent le nom de proèce
en grant painne, en sueur, en labeur, en soing, en villier,
en travillier[24] jour et nuit sans sejour. Et quant leurs
biens fais[25] est veüs et cogneüs, il est ramenteüs et renom-
més, si com dessus est dit, et escrips et registrés en livres
et en croniques ; car par les escriptures troeve on le memore des bons et des vaillans hommes de jadis, si com les
neuf preus qui passèrent route par leur proèce, les douze
chevaliers compagnons qui gardèrent le pas contre Salehadin[26] et se poissance, les douze pérs de France qui demorérent en Raincevaus et qui si vaillamment s'i vendirent et
combatirent, et ainsi de tous les autres que je ne puis mies
tous nommer, ne determiner leurs biens fais ne ramentevoir, car trop poroie ma principal matére empeschier.
Ensi se différe et dissimule li mondes en pluiseurs maniéres : li vaillant homme traveillent leurs membres en armes pour avancier leurs corps et acroistre leur honneur ; li
peuples parolle, recorde et devise de leurs estas et de leur
fortunes ; li aucun clerch escrisent et registrent leurs avenues et baceleries...

L'auteur énumère les pays où Prouèce *a régné et ceux qui ont
mérité le nom de* preus *et termine ainsi :*

23. Éd. *proçain* (de même partout).
— 24. Voy. note 16. — 25. *Leurs biens
fais,* leur belle conduite. Cf. note 14.
— 26. *Pas,* passage. Cet exploit a été
célébré souvent, en particulier dans
un poeme intitulé : *Le pas Saladin.
Salehadin.* Saladin, le terrible, mais
loyal adversaire des chrétiens en Palestine. Né à Tahrit, en Mésopotamie,
en 1137, il prit Jérusalem en 1187,
après avoir fait prisonnier le roi Guy
de Lusignan, et maintint sa conquête
contre Richard-Cœur-de-Lion. Il mourut en 1193, laissant son empire à ses
dix-sept fils et à son frère Malck-
Adel.

Or ne sai je mies se *Proèce* voet encores cheminer oultre
[en] Engleterre ou reculer le chemin que elle a fait [27], car,
si com chi dessus est dit, elle a cerchiét et environné ces
royaumes et ces pays dessus nommés. et regné et conversé
entre les habitans une fois plus et l'autre mains a se ordenance ; mais j'en ay un petit touchiét pour les merveilleuse-
tés dou monde. Si m'en tairai a tant et me retrairai a le
matére dont j'ai fait men commenchement, et declarrai [28]
assés tost par quél maniére et condicion la guerre s'esmut
premiérement entre les Englés et les François. Et pour che
que ou temps a venir on puist savoir qui a mis ceste hystore sus [29] et qui en a esté actéres, je me voel nommer :
on m'appelle, qui [30] tant me voet honnerer, sire Jehan
Froissart, nét de la conté [31] de Haynau et de la bonne, belle
et friche ville de Valenchiénes [32].

II. — *Caractère des Anglais* [1].

Englés sueffrent bien un temps, maiz en la fin il paient [2]
si crueusement que on s'i puet bien exempliier, ne on ne
puet jeu[e]r a eulz. Et se liewe et couce uns sires [3] en trop
grant peril, qui [4] les gouverne, car ja ne l'ameront ne hon-
noreront, se il n'est victoricus et se il n'ainme les armes
et la guerre a [5] ses voisins, et par especial [6] a [5] plus fors et
a [5] plus riches que il ne soient [7]. Et ont celle condicion et
tiennent celle opinion et ont tous jours tenu et tenront [8]

27. Il vient de dire qu'après Charlemagne et ses successeurs. *Provesse*
passa en Angleterre avec Édouard III
et son fils le prince de Galles. — 28.
Declarrai, synérèse pour *declarerai*.
— 29. *Mis sus*, établi, composé. — 30.
On...qui celui qui. Anacoluthe. On
peut aussi admettre que *qui* signifie
ici *si l'on* : construction fréquente en
ancien français. — 31. Voy. Ménestrel.
III. note 21. — 32. *Valenchiénes*, Valenciennes, sur l'Escaut, chef-lieu d'arrondissement du département du Nord,
à 52 kil. Sud-Est de Lille.
II. 1. Ce morceau ne se trouve que
dans le manuscrit du Vatican (3e rédaction). Il est intercalé au § 1 du
livre Ier, après les premières lignes, où
il est dit que le roi d'Angleterre,
Édouard II, ne valut pas son père.
Édouard Ier. — 2. *Il paient*, ils se ven-
gent. — 3. *Uns sires*, un prince. —
4. *Qui* est à rapprocher de *sires*. — 5.
A, contre. — 6. *Par especial*, spécia-
lement. — 7. *Soient*. Le subjonctif est
amené par l'indétermination de la proposition précédente. — 8. Quand un
nom est régime de plusieurs verbes,
on le place souvent après le premier,
sans le rappeler ensuite par un pronom. De même on peut placer après le
verbe qui les régit le second de deux
régimes d'un même verbe, et après le
verbe commun (qui alors ne s'accorde
qu'avec le premier sujet) le second des
deux sujets d'un même verbe.

tant que Engleterre sera terre habitable. Et dient generaulment, et ce ont il veü par experiense par trop fois[9], que,
apriès un bon roi, il en ont un qui n'est de nulle vaillance.
Et le tiennent a endormi et a pesant, quant il ne voelt ensievir les oeuvres de sen pére et de sen predicesseur, bon
roy qui a resgné en devant de li[10]. Et est lor terre plus
plainne de ricoisses et de tous biens quant il ont la gerre
que en temps de paix. Et en cela sont il né et obstiné[11],
ne nuls ne lor poroit faire entendant[12] le contraire.

Englès sont de mervilleuses conditions, chaut et boullant, tos[13] esmeü en ire, tart apaisié ne amodé en douçour;
et se delittent et confortent en batailles et en ocisions.
Convoiteus et envieus sont trop grandement sus le bien
d'autrui, et ne se pu'ent conjoindre parfaitement ne natu-
rélment en l'amour ne aliance de nation estragne, et sont
couvert[14] et orguilleus. Et par especial[15] desous le solel
n'a nul plus perilleus peuple, tant que de hommes mestis,
comme il sont en Angleterre. Et trop fort se diffèrent en
Engleterre les natures et conditions des nobles aus hommes mestis[16] et vilains, car li gentilhomme sont de noble
et loiale condicion, et li communs peuples est de fèle, perilleuse, orguilleuse et desloiale condition. Et la ou li peuples vodroit moustrer sa felonnie et poissance, li noble
n'averoient point de durée a euls[17]. Or sont il et ont esté
un lonch temps moult bien d'acort ensamble, car li nobles
ne demande au peuple que toute raison. Aussi on ne li[18]
soufferroit point que il presist, sans paiier, un oef ne une
poulle. Li homme de mestier et li laboureur parmi Engleterre vivent de ce que il sévent faire, et li gentilhomme, de
lors rentes et revenues[19]; et se li rois les ensonnie, il sont
paiiét : non que li rois puist taillier son peuple, non, ne[20]

---

9. *Par trop fois*, très souvent. Cette locution bizarre semble équivaloir à *trop parfois*, où *trop* a un sens augmentatif. — 10. *En devant de li*, avant lui. — 11. *Né et obstiné*, jeu de mots. — 12. *Faire entendant*. L'emploi du gérondif neutre, seul ou avec *a*, au lieu de l'infinitif, n'est pas rare avec *faire*. Cf. I. note 16.

13. *Tos*, pour *tost*, promptement. —

14. *Couvert*, dissimulés. — 15. Voy. note 6. — 16. *Aus hommes mestis*, de celles des hommes de moyenne condition. — 17. Trad. : « Ne sauraient leur résister. » — 18. *Li*, à lui (au noble). — 19. *Revenues*, était féminin, comme la plupart des participes passés pris substantivement. Cf. *venue, perte, vente, rente, donnée*, etc. Il n'est masculin que depuis le xvie siècle. — 20. *Ne*, ni.

li peuples ne le vodroit ne[20] poroit souffrir. Il y a certainnes
ordenances et pactions assisses sur le staple des lainnes,
et de ce est li rois aidiés au desus de[21] ses rentes et revenues;
et quant il fait gerre, celle paction on li double. Engleterre
est la terre dou monde le mieulz gardée[22]. Aultrement il
ne poroient ne saveroient vivre, et couvient bien que uns
rois qui est lor sires se ordonne apriès[23] culs et s'encline
a moult de lors volentés; et se il fait le contraire et mauls[24]
en viéngue[25], mal l'en[26] prendra, ensi que il fist a ce roi
Edouwart[27], dont je parloie maintenant, li quéls fu fils au
bon roi Edouwart, qui tant fu de proèce plains que il desconfi par pluisseurs fois en bataille les Escoçois et conquist
sus culs la chité de Bervich[28] et la frontiére d'Escoce jusques en la chité d'Abredane[29], et prist et tint Haindebourch[30]
et le fort chastiel de Struvelin.

III. *Souffrances de l'armée anglaise cherchant en vain à
réjoindre les Ecossais pour leur livrer bataille.*

30. Quant ce vint apriès nonne sus le viespre, gens[1], cheval et charoi, et meīsmement gens[1] a piét, estoient si travilliét que il ne pooient mès avant aller. Et li signeur se
perçurent et veïrent clérement qu'il se travilloient en tél
maniére pour nient. Et fust encores ensi que li Escot les
vosissent attendre, si se metteroient il[2] bien sour tél montagne ou sour tél pas qu'il ne se poroient ayaus combatre
sans trop grant meschiéf. Si fu commandé, de par le roy[3]
et les mareschaus, que on se logast la endroit, cescun ensi
qu'il estoit, jusques a l'endemain, pour avoir conseil com-

---

21. *Au desus de*, en sus de.
— 22. *Engleterre*, etc. Cette phrase
(si toutefois elle n'est pas déplacée)
constitue une parenthèse. — 23. *Apriès*,
d'après. — 24. *Mauls* (cf. plus haut
generaulment, *moult*, etc.). L'*l* est
muette et indique de la part du scribe
une préoccupation étymologique. —
25. *Viéngne*. Remarquez le changement de temps. — 26. *L'* = *li*, lui. —
27. Édouard II, fils d'Édouard 1er. —
28. *Bervich*, Berwick, dans le nord de
l'Angleterre. — 29. *Abredane*, Aber-
deen, en Écosse. — 30. *Haindebourch*,
Édimbourg.

III. 1. *Gens*, sujet pluriel. Ce mot,
même lorsqu'il suit la déclinaison fé
minine (*gent* au singulier pour les
deux cas), est ordinairement masculin par syllepse (Cf. *travilliét*). —
2. *Il*, les Écossais. — 3. *De par le roy*,
au nom du roi. L'origine de cette locution est *de part le roi* = de la part du
roi, avec une double ellipse. Voy.
Villeh., I, note 3.

ment on se maintenroit. Ensi fu toute li hos[4] logie[5] ceste nuit en un bois sour une petite riviére. Et li rois fu logiés en une povre court d'abbeye qui la estoit. Ses gens d'armes, un et aultre, cheval, charoi et li hosts sieuwant[6], furent logiét moult en sus, travilliét oultre mesure.

Quant cescuns eut pris piéce de terre pour logier, li signeur se traisent ensamble pour avoir conseil comment il se poroient combatre as Escos selonch le pays la ou il estoient. Et leur sembla, selonch ce qu'il vëoient, que li Escot en raloient leur voie en leur pays, tout ardant, et que nullement il ne se poroient combatre a yaus entre ces montagnes fors que a grant meschiéf, et si ne les poroient raconsiewir, mais passer leur couvenoit celle riviére de Thin[7]. Et fu la dit en grant conseil que, se on se voloit lever devant mienuit et l'endemain un petit haster, on lor torroit le passage de le riviére, et convenroit que il se combatissent a leur meschiéf, ou il demorroient tous cois[8] en Engleterre pris a le trappe.

A celle entente que dit vous ay, fu adonc ordonnét et acordét que cescuns[9] se traisist a se loge pour souper et boire ce qu'il pooit avoir, et desist chescuns a ses compagnons que, si tost que on oroit le trompète sonner, cescuns mesist ses selles et appareillast ses chevaus, et quant on l'oroit le seconde fois, que cescuns s'armast, et a le tierce fois que cescuns montast sans atargier et se traisist a sa baniére, et que cescuns presist sans plus, un pain et le toursast dariére lui a guise de brakenier[10], et ossi que cescuns laissast la endroit tous harnas, tous charois[11] et toutes pourveances, car on se combateroit l'endemain a quél meschiéf que ce fust : si aroit on ou tout perdut ou tout gaé-

4. *Hos* (pour *hosts, hoz*), cas sujet de *host, ost*. Ce mot est assez souvent du masculin (encore dans La Fontaine), en souvenir de l'étymologie (*hostis*). — 5. *Logie*, pour *logiée*. Tous les participes en *ié* font *ie* au féminin dans les dialectes du Nord et du Nord-Est, et aussi en lorrain. — 6. Trad. : « Les goujats qui suivaient l'armée. » — 7. *Thin*, la Tyne. La North-Tyne et la South-Tyne se réunissent à Hexham et se jettent dans la mer du Nord après avoir séparé les comtés de Northumberland et de Durham. — 8. Le cas régime avec *demorer* n'a rien d'insolite.

9. *Cescuns*, prononcez *kescuns*. — 10. *Brakenier*, qui mène les chiens braques, braconnier. Les valets de chiens portaient ainsi, lorsqu'ils étaient en chasse pour plusieurs jours, le pain destiné à ces animaux. — 11. *Charois* charrettes portant des approvisionnements.

gniél. Ensi que ordonné fu, ensi fu fait. Et fu cescuns armés et montés a le droite mienuit : petit y eut de chiaus qui dormirent, comment que on evïst durement travilliét le jour.

Ançoisque les batailles fuissent a leur droit[12] ordonnées et assamblées, commença li jours a apparoir. Lors commenciérent les baniéres a chevaucier en haste desparsement par bruiéres, par montagnes, par vallées et par rokaille[s] malaisies, sans point de plain pays. Et par dessus des montaignes et ou plain des vallées estoient croliéres et grans marès et si divers passages que merveilles estoit que cescuns n'i demoroit, car cescuns chevaucoit[13] toutdis[14] avant, sans attendre signeur ne compagnon. Et sachiés que qui fust encrolés en ces croliéres, il trouvast a malaise qui li aidast; et si y demorérent grant fuison de baniéres, atout les chevaus, en pluiseurs lieus, et grant fuison de sommiers et de chevaus, qui onques puis n'en issirent. Et moult souvent cria on[15] celi jour: « As armes !» et disoit on que li premier se combatoient as ennemis, si que[s] cescuns, qui cuidoit que ce fust voirs, se hastoit quan qu'il pooit parmi marès, parmi piéres et cailliaus, et parmi valées et montaignes, le hyaume apparilliét et l'escut au col, le glave ou l'espée ou poing, sans attendre pére ne frére ne compagnon ; et quant on avoit ensi courut demi liewe ou plus, et on venoit au lieu dont chilz hus ou cilz cris naissoit, on se trouvoit deceü. Car ce avoient esté chierf ou bisses ou ours ou aultres bestes sauvages, de quoi il y avoit grant fuison en ces bos et en ces bruiéres et en ce sauvage pays, qui s'esmouvoient et fuioient devant ces baniéres et ces gens a cheval, qui ensi chevaucoient et que onques n'avoient veü. A donc huioit cescuns apriès ces bestes, et on cuidoit que ce fust aultre cose.

Ensi chevauca li jones rois englès celi jour, et tous ses hos, parmi ces montagnes et ses desers, sans chemin tenir, sans voie et sans sentier, et sans villes trouver, fors que par avis selonch le soleil. Et quant ce vint a basses vespres, que on fu venu sus celle riviére de Thin, que li Escot

12. *A leur droit*, régulièrement. — 13. Éd. *chevauçoit* ; de même partout. — 14. *Toutdis*. On attendrait *tous dis* (totos dies); car *dis* est le pluriel de *di* (diem). Il faut admettre que l's est adverbiale. — 15. Éd. *on cria*.

avoient passét et leur convenoit [16] repasser [17], ce cuidoient
et disoient li Englès, il s'arrestérent un petit, si travilliét et
si fourmenét que cescuns poet penser, et puis passérent
oultre le ditte riviére a gués, moult a malaise pour les
grandes piéres qui dedens gisent. Et quant il furent passét,
cescuns s'ala logier selonch celle riviére ensi qu'il pot
prendre terre. Mais ançois qu'il euïssent pris piéce de terre
pour logier, solaus commença a esconser; et si y avoit petit
de chiaus qui euïssent happes ne cuignies, ne fiérement
ne estrumens pour logier ne pour coper bois; et s'en [18] y
avoit pluiseurs qui avoient perdus leurs compagnons et ne
savoient qu'il estoient devenu, dont, s'il estoient mesaisié,
ce n'est point de merveille. Et meïsmement les gens de
piét estoient derriére demorét, et si ne savoient en quél
lieu ne a cui demander leur chemin, dont il estoient tout
fourmesaisiét. Et disoient cil qui le miex cuidoient cognoistre le pays qu'il avoient cheminé celi jour vingt et
huit liewes englesses, ensi courant com vous avés oy, sans
arrester fors que pour pissier ou son cheval recengler.
Ensi travilliés, hommes et chevaus, les couvint la le nuit
gesir sour celle riviére tous armés, cescuns son cheval en
sa main par le frain, car il [19] ne le savoit a quoi loiier,
par defaute de jour et pour deffaute de leur charoi qu'il ne
peuïssent avoir menét [20] parmi tél pays que devisét vous
ay. Ensi ne mangiérent toute le nuit li cheval, ne le jour
devant, de avainne nulle ne de fourage; et eulz meïsmes
ne goustérent, tout le jour ne la nuit, que cescun son pain
qu'il avoit derriére lui toursét, ensi que dit vous ay, qui
estoit de le sueur dou cheval tous souilliés et ordes, ne il
ne burent d'autre buvrage que de le riviére qui la couroit,
fors mis [21] aucuns signeurs qui avoient boutelles, ce leur
porta grant confort. Et n'eurent tote le nuit ne feu ne lumiére, et ne le savoient de quoi faire, hors mis [1] aucuns
signeurs qui avoient tortis aportés sus leurs sommiers.

---

16. *Et leur convenoit.* et qu'il leur fallait. — 17. *Repasser* (éd. *rapasser*). passer à leur tour. — 18. *Et s'en* pour *et si en*. Ici, comme deux lignes plus haut, *si* ne sert qu'à fortifier la copule. Voy. Ménestrel, III, n. 23. — 19 *Il* représente *cescuns* (chacun). — 20. Trad. : « qu'ils n'auraient pu emmener ». Tournure assez fréquente. — 21. *Fors mis.* excepté, d'où notre *hormis* (Cf. deux lignes plus loin). La proposition participiale absolue est encore intacte.

Ensi que vous oés et a tél meschiéf passérent il le nuit, sans oster selles a leurs chevaus ne yaus desarmer[22]. Et quant li desirés jour fu venus, en quoi[23] il esperoient a avoir aucun confort et aucune adréce[24] pour yaus et pour leur chevaus aisier, pour mengier et pour logier, ou pour combatre as Escos que il desiroient si, pour le desir qu'il avoient de issir de celle mesaise et povretét la ou il estoient, adonc commença a plouvoir, et pleut[25] toute la journée si ouniement et si fort que, anchois nonne passée, la riviére sour la quéle il estoient logiét devint si grande que nuls ne pooit envoiier pour vëoir ne savoir la ou il estoient cheü, ne ou il poroient recouvrer de fourage ne de littiére pour leurs chevaus, ne pain, ne vin, ne autre cose pour yaus soustenir. Si les couvint juner tout le jour ensi que la nuit, et les chevaus mengier terre pour le wason[26], ou bruiére et fuelles d'arbres, et coper plançons de bois a leurs espées et leur baselaires tous ploians pour leur chevaus loiier, et verghes pour faire huttelétes pour yaus mucier. Entours nonne, aucun povre dou pays furent trouvét, si leur fu demandé la ou il estoient cheü et embatu. Chil respondirent qu'il estoient a quatorze liewes englesses priès dou Noef Chastiel sur Thin[27], a onze liewes priès de Carduel[28] en Galles, et si n'avoit nulle ville plus priès de la, ou on peüst riens trouver pour yaus aisier. Tout ce fu nonciét au roy et as signeurs, et envoia cescuns ses messages celle part, et ses petis chevaus et ses sommiers, pour aporter pourvëances. Et fist on savoir, de par le roy, a la ville dou Noef Chastiel que qui vorroit gaègnier[29], si amenast pain, vin, avainne et aultres denrées : on li paieroit tout sech et le feroit on conduire a sauf conduit jusques a l'ost. Et leur fist on savoir que on ne se partiroit de la en tour jusques a tant que on saroit que[30] li Escot estoient devenu.

---

22. *Ne yaus desarmer.* Cf. deux lignes plus loin, etc., et voy. I, note 17. — 23. *En quoi.* Voy. Joinville, IV, note 22. — 24. *Adréce*, moyen habile, moyen. — 25. *Pleut*, primitivement *plout* (= *plovit* pour *pluit*), passé défini. — 26. *Pour le wason*, au lieu de gazon. — 27. *Noef Chastiel sur Thin*, Newcastle-sur-Tyne, bâtie par Robert, fils de Guillaume-le-Conquérant, à l'endroit ou se terminait le mur d'Adrien. — 28. *Carduel*, Cardeuil. Froissart a probablement été induit en erreur par Jean-le-Bel : il s'agit sans doute de Carlisle, en Galloway. — 29. *Gaègnier*, faire du commerce (avoir du profit). — 30. *Que*, ce que. Cf. treize lignes plus loin.

32. A l'endemain, entour heure de nonne, revinrent li message que li signeur et li aultre compagnon avoient envoiiés as pourvëances, et en raportérent che qu'il peurent pour yaus et leurs mesnies : grandement ne fu ce mies[31]. Et avoecques yaus vinrent gens pour gaègnier, qui amenoient sour[32] petis chevalès et petis mulès pain mal cuit en paniers, povre vin en grans barilz et aultres denrées a vendre, dont moult de gens et grant partie de l'host furent durement apaisié(s); et ensi de jour en jour, tant qu'il sejournérent la huit jours sour celle rive, entre ces montagnes, en attendant cescun jour le sourvenue des Escos, qui ossi ne savoient que[30] li Englès estoient devenu, non plus que li Englès savoient d'yaus[33]. Ensi furent il trois jours et trois nuis sans pain, sans vin, sans candeilles, sans avainne et sans fourage, ne aultres pourvëances, et apriès par l'espace de quatre jours, qu'il leur couvenoit acater un pain mal quit six estrelins[34], qui ne deüst valoir qu'un paresis[35], et un galon de vin vingt et quatre estrelins, qui n'en deüst valoir que six. Encores y avoit on si grant rage de famine que li uns le tolloit hors des mains de l'autre, dont pluiseur hustin et grant debat vinrent des compagnons, des uns as aultres.

Encores avoech tous ces meschiés, il ne cessa point de plouvoir toute celle sepmaine, par quoi leurs selles, peniaus, contreçaingles, furent tout pourri, et tout li cheval ou li plus grant partie quassés sus les dos. Et ne savoient de quoi chiaus ferrer qui estoient defferrét, ne de quoi couvrir pour plueve ne pour le froit, fors que de leurs auketons et de leurs armeures. Et n'avoient de quoi faire feu, fors que de verde laigne, qui ne poet ardoir, fors a grant dur, ne durer encontre le plueve.

III. — *Bataille de Cassel.*

42. Assés tost apriés çou que cilz rois Phelippes[1] fu

---

31. Trad. : « Ce ne fut pas grand'-chose. » — 32. *Sour*, éd. sous. — 33. *D'yaus*, à leur sujet. Dans cette construction, on mettrait aujourd'hui la négation simple devant le second verbe de la proposition comparative. — 34. *Six estrelins*, six deniers sterling. Voy. Ménestrel, I, note 24. — 35. *Un paresis*, un denier parisis.

III. 1. Philippe VI de Valois, fils de

couronnés a Rains, il semonst ses princes, ses barons et toutes ses gens d'armes, et ala a tout son pooir logier en la vallée de Cassiel[2] pour guerriier les Flamens, qui estoient rebelle a leur signeur, et meïsmement ciaus de Bruges, chiaus d'Ippre et chiaus dou Franch ; et ne voloient obeïr au conte de Flandres, leur dit signeur, mais l'avoient decaciét, et ne pooit adonc nulle part demorer en son pays, fors tant seulement a Gand, et encores assés escarsement. Si desconfi adonc li rois Phelippes bien seize mille hommes flamens, qui avoient fait un chapitainne qui se nommoit Colins Dennekins[3], hardi homme et outrageus[4] durement. Et avoient li dessus dit Flamench fait leur garnison de la ville de Cassiel, au commandement et as gages des villes de Flandres, pour garder ces frontiéres la endroit.

Et vous dirai comment cil Flamench furent desconfit, et fu par leur oultrage[5]. Il se partirent un jour, sus l'eure dou souper, de Cassiel, en entente que pour[6] desconfire le roy et toute sen host. Et s'en vinrent tout paisieulement, sans point de noise, ordonné en trois batailles, des quéles li[7] une en ala droit as tentes le roy, et eurent priès le roy souspris, qui sëoit au souper, et toutes ses gens. Li[7] aultre bataille s'en ala droit as tentes le roy de Behagne[8], et l'eurent priès trouvét en tél point. Et la tierce bataille s'en ala droitement as tentes le conte de Haynau[9], et l'eurent ossi priès souspris, et le hastérent si que a grant painne peurent pas ses gens estre armé[10], ne les gens mon

---

Charles de Valois et petit-fils de Philippe III, né en 1293, roi de 1328 à 1350. Louis de Nevers, comte de Flandre, obtint son appui contre ses sujets révoltés, qui furent vaincus à Cassel, le 23 août 1328. — 2. Cassel, chef-lieu de canton du département du Nord, à 10 kil. Nord-Ouest d'Hazebrouck. — 3. *Colins Dennekins*, Colin Zennequin. Pour le cas sujet, voy. Villeh. I, note 7. — 4. *Outragrus*, téméraire.

5. *Oultrage*, témérité. — *En entente que pour*, dans l'intention de. Locution elliptique (on pourrait sous-entendre *telle*). — 7. *Li*. Article féminin picard et wallon, au cas sujet. Cf. *li aultre*

à la ligne suivante, et voy. I, note 3. — 8. *Behagne*, Bohême. Il s'agit de Jean de Luxembourg, dit l'Aveugle (1310-46), né en 1295, fils de l'empereur Henri VII, qui avait été élu par les seigneurs de Bohême révoltés contre leur souverain, le duc de Carinthie. Il mourut à Crécy, où il avait amené des secours à Philippe VI. — 9. *Haynau*, Hainaut, aujourd'hui province de Belgique, au Sud-Est des Flandres, capitale Mons. — 10. *Si que*, etc. Trad. : « Tellement que ce ne fut qu'à grand peine que ses gens purent s'armer. » Les deux constructions sont mélangées, d'où l'emploi de *pas*, qu signeur de Byaumont[11], son frère. Et vinrent ces trois batailles si paisieulement jusques as tentes que a grant meschiéf furent li signeur armé ne leurs gens assamblét. Et ewissent tout li signeur et leurs gens esté mort, se Diex ne les ewist, ensi que par droit miracle, secourut et aidiét[12]. Mais, par la grasce de Dieu, cescuns des signeurs desconfi se bataille si entiérement, et tous a une heure[13] et en un point, que onques de tous ces seize mille Flamens n'en escapa mil[14], et fu leur chapitainne mors. Et si ne seut onques nulz de ces signeurs nouvelle li uns de l'autre jusques adonc qu'il eurent tout fait. Et onques des quinze mille Flamens qui mors y demorérent n'en recula uns seuls, que[15] tout ne fuissent mort et tuét en trois monchiaus l'un sus l'autre, sans issir de le place la ou cescune bataille commença : qui[16] fu l'an de grasce mil trois cens vingt et huit, le jour de saint Bietremieu[17].

<hr>

ordinairement renforce une négation et qui ici semble renforcer le verbe *peurent*. Il faut peut-être aussi supprimer simplement *pas*. Cf. trois lignes plus loin. — 11. *Byaumont*, Beaumont. Il est difficile d'identifier ce nom. — 12. Froissart fut toujours un zélé partisan des nobles. A la fin de sa vie, malgré sa longue expérience, il professait le même dédain pour les gens des communes. Dans la troisième rédaction (*ms.* unique de Rome), il va jusqu'à l'injure : « Toutes fois, » dit-il à ce passage, « Dieus ne volt pas consentir que li signeur fuissent la desconfi[t] de tél *merdaille*. » — 13. *A une heure*, à une même heure. Cf. *en un point*. — 14. Ce chiffre est très exagéré. Du côté des Flamands, le nombre des victimes, d'après un relevé officiel et nominal dressé dans les diverses paroisses complices de la révolte, ne fut que de 3192, auxquels il faut ajouter les morts de Cassel, non compris dans le relevé exécuté pour la chambre des comptes. Voy. Mannier, *les Flamands à la bataille de Cassel*, p. 15 [S. Luce]. — 15. *Que*, sans que, de telle sorte que. — 16. *Qui*, ce qui. — 17. *Le ms. d'Amiens* (2e *édition*) *donne plus de détails* : « De ous (*ms.* tout) ces seize mil Flamens n'en escapa mil. Et eurent li Haynnuyer, li comtes de Haynnau et messires Jehans ses fréres, premiers desconfit (*ms.* desconfis) leur bataille, car ossi ce furent li premier assailli. Et les encloirent li Haynnuier par deriére téllement que, quant li Flamencq quidérent retourner, il ne peurent. La y eult grant bataille, grant brancheïs et grant (*ms.* grans) fereïs, et trop bien s'i vendirent, car il avoient haccz et espaffus et gros battons fierez a pickot, dont il donnoient grans horions. Et la rechurent li doy frére(z) de Haynnau moult de painne et y furent trop bien batu(s). Et y eult li comtes de Haynnau mors deus coursiers desoubz lui, et a touttes ces deus fois fu il relevés de mon seigneur Jehan de Haynnau, son frére. Et fisent tant li Haynnuyer(s) avoecq lor seigneur qu'il desconfirent celle bataille des Flamens tout nettement, et encloirent lez autrez qui le roy de France avoient assailli, en escriant : « Haynnau ! Haynnau ! » La eut grant ocision et grant mortalité de Flamens, car on n'en prendoit nul a merchy. Et la fu ocis Colins Dennekins, cappittainne d'iaux, et ossi fu ungs bons escuiers de Haynnau qui s'apielloit Borgnes de Robersart, mès ce fu

IV. — *Entrevue d'Amiens entre Édouard III, roi d'Angleterre et Philippe VI, roi de France.*

45. Tantos [1] nouvelles vinrent au roy Phelippe de France et as signeurs de France, qui ja estoient a Amiens, que li rois d'Engleterre estoit arrivés et venus a Boulongne [2]. De ces nouvelles eut li rois Phelippes grant joie, et envoia tantos [1] son connestable et grant fuison de chevaliers devers le roy d'Engleterre [3], le quél il trouvérent a Monstruel sus mér [4], et la eut grans recognissances et approcemens d'amour. Depuis [5] chevauca li jones rois d'Engleterre en la compagnie del connestable de France, et fist tant o toute se route que il vint en la cité d'Amiens, ou li rois Phelippes estoit tous appareilliés et pourveüs de lui rechevoir. le roy de Behagne, le roy de Navare et le roy de Mayogres [6] dalés lui, et si grant fuison de dus, de contes et de barons que merveilles seroit a recorder. Car la estoient tout li douze pér de France venu pour le roy d'Engleterre festoiier, et ossi pour estre personélment et faire tesmoing [7] a son hommage. Se li rois Phelippes reçut honnourablement et grandement le jone roy d'Engleterre, son cousin, ce ne fait mies a demander [8]; et ossi fisent tout li roy, li

par son outraige, car il tous seux encachoit six Flamens qui portoient longhez pickez et leur escrioit en chassant : « Retournés, laron, car je vous ocirai tous. » Enssi les poursuiwy une longhe espasse, et quant il le virent aseullét et arriére de touttes aiies pour lui, il retournérent tout a une fois sour lui. Et le feri li uns de se picke desous son bachinet, et li embara le fer eu le cervelle, et le reversa a terre. Ensi fu mors li escuyers, dont ce fu dammaigez, et mout fu plains de chiaux de son pays. Ceste bataille fu moult felenesse et moult dure. Et bien se vendirent Flamencq tant qu'il peurent durer, mès finablement il fureut si assailli de tous costez et si courageusement combattu qu'il fureut desrout et desconfi[t] et ocis, et mis par mons ensi que bestes. Et en y eut bien mors quinze mil[le].

IV. 1. *Tantos* pour *tantost.* — 2. *Boulongne*, Boulogne, chef-lieu d'arrondissement du Pas-de-Calais, port important sur la Manche. — 3. *Le roy d'Engleterre.* Édouard III, né en 1312, fut proclamé roi du vivant même de son père en 1327, mais resta jusqu'à dix-huit ans sous la tutelle de sa mère. — 4. *Monstruel sus mér.* Montreuil-sur-Mer est en réalité à 15 kil. de l'embouchure de la Canche. C'est un chef-lieu d'arrondissement du Pas-de-Calais, à 39 kil. Sud de Boulogne. — 5. *Depuis*, à partir de ce lieu. — 6. *Mayogres*, Mayorque. — 7. *Faire tesmoing*, servir de témoin. La locution a un sens général, d'où le singulier. — 8. *Ce ne fait mies a demander*, cela ne se demande pas (cela ne doit pas se demander). Voy. Joinville, II, note 43.

duc et li conte qui la estoient. Et furent tout cil signeur adonc en la cité d'Amiens jusques a quinze jours.

La en dedens [9] eut ça mainte parolle et ordenance faite et devisée. Et me semble que li rois Edouwars d'Engleterre fist adonc hommage de bouce et de parolle tant seulement, sans les mains mettre entre les mains dou roy de France, ou prince ou prelat deputé de par lui. Et n'en volt adonc li dis rois d'Engleterre, par le conseil qu'il eut dou [10] dit hommage, proceder plus avant si [11] seroit retournés en Engleterre et aroit veüs, leüs et examinés les privilèges de jadis, qui devoient esclarcir le dit hommage et moustrer comment et de quoi li rois d'Engleterre devoit estre homs au roy de France. Li rois de France, qui vëoit le roy d'Engleterre, son cousin, jone, entendi bien toutes ces parolles, et ne le volt adonc de riens presser, car bien savoit que bien y recouver[r]oit quant il vorroit [12], et li dist :

9. *La en dedens*, dans cet intervalle. — 10. *Dou*, au sujet du. — 11. *Si*, jusqu'à ce que. Dans cette locution, *si* (= sic) a une valeur adversative ou plutôt restrictive, comme le prouve la substitution, qui a lieu parfois, de *ainz*, *ainçois* à *si*. « Le verbe, » dit M. G. Paris (*Romania*. VIII, 297), « est toujours à un temps périphrastique, c'est-à-dire à un temps contenant à la fois l'idee de present (ou de futur) et celle de passé : celui qui parle nie qu'il fasse une action avant d'en avoir accompli une autre ; puis il se représente, par un tour extrêmement vif et tout à fait populaire, faisant cette première action et ayant, par consequent, accompli la seconde. » — 12. La 3ᵉ redaction (ms. unique de Rome) ajoute les curieux détails qui suivent : « La nature des Englès est telle que tous jours il se crienment a estre decheü et repliquent tant apriès une cose que mervelles, et ce que il averout en couvenant un jour, il le deliieront l'autre. Et a tout ce les encline a faire ce que il n'entendent point bien tous les termes dou langage de France, ne on ne lor scét coument bouter en la teste, se ce n'est toutdis a lor pourfit. Et encorez en aviut adonc ensi, dont li signeur et li pér de France, qui la estoient venu et asamble pour celle matère, en furent trop fort esmervilliét, et en parlérent especiaument a mesire Jehan de Hainnau, et li remoustrérent tous les poins et les articles dou dit honmage conment il se devoit faire. Mes sires Jehans de Hainnau, qui estoit ensi que moïens entre ces parties, remoustra ce au consel le roi d'Engleterre et les paroles des François et quél cose il disoient, conment il devissent estre la venu aultrement pourveü que il n'estoient. Il respondirent a ce et s'escusérent que il apertient et couvient que as parlemens qui sont a la Saint Michiel a Wesmoutier, ou tous li consauls generauls d'Engleterre est, soient [par le roy] remoustrées téls coses, car bonnement il ne le poroit faire sans le sceü de tout le païs ; et se li rois fait l'avoit, il en seroit blamés, et aussi seroient tout chil qui conselliét li averoient, et n'en vodroient riens tenir en Engleterre et diroient que il averoient esté decheü ; siques, sus cel estat, mes sires Jehans de Hainnau en fist response a ceuls qui cargiet l'en avoient. Et quant il veirent que soufrir leur couvenoit, il le porterent et passérent courtoisement, et li rois de France trop

« Mon cousin, nous ne vous volons pas decevoir, et nous plaist bien ce que vous en avés fait a present, jusques a tant que vous serés en vostre pays et enfourmés, par les seelés[13] de vostres predicesseurs, quél cose vous en devés faire. » Li rois d'Engleterre respondi : « Chiers sires, grans merchis. »

Depuis se jeua, esbati et demora li rois d'Engleterre avoecques le roy de France en le cité d'Amiens. Et quant tant y eut esté que bien deubt[14] par raison souffire, il prist congiét et se departi dou roy moult amiablement, et de tous les aultres princes qui la estoient, et se mist au retour pour revenir en Engleterre. Et rapassa le mér et fist tant par ses journées[15] qu'il vint a Windesore[16], la ou il trouva la royne Phelippe sa femme, qui le rechut liement et qui li demanda nouvelles dou roy Phelippe, son oncle, et de son grant linage de France. Li rois, ses maris, l'en[17] recorda assés, et dou grant estat qu'il avoit trouvét, et des honneurs qui estoient en France, as quéles dou faire ne de l'entreprendre a faire nulz aultres pays ne s'apertient[18].

V. — Le roi Jean est pris à la bataille de Poitiers ; il est traité avec courtoisie, ainsi que les autres prisonniers.

392. Ensi aviennent souvent les fortunes en armes et en amours, plus ewireuses et plus mervilleuses que on ne

plus doucement encores que son consel, car il avoit en imagination que d'enprendre la crois et aler au Saint Sepulcre et delivrer des mescreans, ou quél voiage il en menroit avoecques lui, ce disoit, son cousin le jone roi d'Engleterre : si le voloit tenir en amour et faire pour li tout che que il poroit. » Cette complaisance ne devait servir qu'à encourager ceux qui poussaient le roi d'Angleterre à faire valoir ses prétendus droits sur la couronne de France. Elle n'empêcha pas quelques années plus tard, la guerre de Cent ans, et la croisade projetee, et même préparée, n'eut pas lieu. — 13. *Les seelés,* les lettres scellées, les chartes.

14. *Deubt,* dut : orthographe faussement étymologique. — 15. Voy. Ménestrel, note I, 21. — 16. *Windesore,* Windsor, résidence ordinaire de la reine actuelle d'Angleterre. C'est un superbe château sur la rive droite de la Tamise, fondé par Guillaume-le-Conquérant et agrandi par Édouard III et ses successeurs, — 17. *L'en* (= *li en*), lui en. — 18. Trad.: « Qu'aucun autre pays n'est capable de (ne s'entent à) rendre ou de chercher à rendre. » *Dou faire,* litt. « en ce qui concerne le faire. » L'ancien français emploie l'infinitif pris substantivement avec une grande hardiesse.

les poroit ne oseroit penser ne souhaidier, tant en batailles et en rencontres que par trop folement cacier[1]. Au voir dire, ceste bataille, qui fu assés priès de Poitiers, ens ès camps de Biauvoir et de Maupertruis[2] fu moult grande et moult perilleuse[3]; et y peurent bien avenir plusieurs grandes avenues et biaus fais d'armes qui ne vinrent mies tout a cognissance. Ceste bataille fu trés bien combatue, bien poursievie et mieus achievée par les Englès, et y souffrirent li combatant, d'un lés et d'autre, moult de painne.

La fist li rois Jehans[4] de main[5] merveilles d'armes, et tenoit la hace, dont trop bien se combatoit. A le presse rompre et ouvrir[6], furent pris assés priés de li li contes de Tankarville[7] et mes sires Jakemes[8] de Bourbon, contes pour le temps de Pontieu, et mes sires Jehans d'Artois, contes d'Eu; et d'autre part, un petit plus en sus, desous le pennon le captal[9], mes sires Charles d'Artois et moult d'autres chevaliers.

La cace de la desconfiture dura jusques ès portes de Poitiers; et la eut grant ocision et grant abateïs de gens d'armes et de chevaus, car cil de Poitiers refremérent leurs portes, et ne laissoient nullui [entrer] ens pour le

V. 1. *Cacier* (prononcez : *cachier*), chasser, poursuivre les fuyards. Notez le changement de construction. *Par* indique ici la cause. Voy. IV, note 18. — 2. *Biauvoir*. Beauvoir; *Maupertruis*, Maupertuis. C'est une plaine à 15 kilomètres au Nord de Poitiers. — 3. Le manuscrit d'Amiens (2ᵉ rédaction), ajoute : « Mès j'en parole et les declare au plus priès que je puis, seloucq ce que j'ay depuis enquis et demandé as bons chevaliers et escuiers qui y furent, d'un lés et de l'autre, et as hiraux ossi qui sont tailliet de télx coses savoir et enquerre. Si comme dessus est dit, che fu une bataille trés bien combatue, etc. » 4. Jean II, *le Bon* (1350-64), né en 1319, fils de Philippe VI, fut pris à Poitiers par le prince Noir et emmené en Angleterre. Rendu à la liberté par le traité de Brétigny (1360), il revint loyalement se constituer prisonnier après l'évasion du duc d'Anjou, son fils, l'un de ses ôtages (1363), et mourut à Londres l'année suivante. — 5. *De main*, de sa propre main. — 6. Trad. : « Pendant qu'ils rompaient et fendaient la foule. » Voy. IV, note 18. — 7. Jean, vicomte de Melun, comte de Tancarville (sur la rive droite de la Seine, vers l'embouchure), grand chambellan et grand-maître de France sous le roi Jean, contint par sa présence pendant la captivité du roi le parti d'Étienne Marcel et du roi de Navarre, Charles-le-Mauvais, et eut une grande part au traité de Brétigny. Il conserva sa faveur sous Charles V et mourut en 1382, gouverneur de Champagne, de Bourgogne et de Languedoc. — 8. *Jakemes* (rég. *Jakemon*). Jacques. — 9. *Le captal*, du captal. Voy. Villeh., 1 note 3.

peril[10] ; pour tant y eut, sus le caucie et devant la porte, si grant horribleté de gens abatre, navrer et occire[11], que merveilles seroit a penser. Et se rendoient li François de si lonch que il pooient coisir[12] un Englès ; et il y eut la pluiseurs Englès, arciers et aultres, qui avoient quatre, cinq ou six prisonniers, ne on n'oy onques de tél meschëance parler comme il avint la sus vaus.

Li sires de Pons, uns grans barons de Poito, fu la occis, et moult d'autres chevaliers et escuiers ; pris li viscontes de Rocewart, li sires de Puiane et li sires de Partenai ; et de Saintonge, li sires de Montendre ; et pris mes sires Jehans de Saintré, et tant batus que onques depuis n'eut santé : si le tenoit on pour le milleur et plus vaillant chevalier de France ; et laïiés pour mors entre les mors messires Guicars[13] d'Angle, qui trop vaillamment se combati ceste journée.

La se combatoit vaillamment et assés priés dou roy messires Joffrois de Cargni[14], et estoit toute la presse et la huée sur lui, pour tant qu'il portoit la souveraine baniére dou roy ; et il meïsmes avoit la sienne sus les camps[15], qui estoit de geules a trois escuçons d'argent. Tant y sourvinrent Englès et Gascon(s) de toutes pars que par force il ovrirent et rompirent la priesse de la bataille le roy de France. Et furent li François si entouelliét entre leurs ennemis que il y avoit bien, en tél lieu estoit et télz fois fu[16] cinq hommes d'armes sus un gentilhomme. La fu pris mes sires Bauduins d'Anckins de[17] messire Bietremieu de Bruel[18] ; et fu occis mes sires Joffrois de Chargni, la ba-

<hr>

10. *Pour le peril*, à cause du danger (que cela pourrait leur faire courir de la part des vainqueurs). — 11. Remarquez la hardiesse de la tournure et voy. IV, note 18. *De* est explicatif. — 12. Éd. *cousir*. — 13. *Rocewart*, Rochefort (?) *Puiane*, Poyanne, canton de Montfort (Landes). *Montendre*, ch.-lieu de canton de la Charente-Inférieure. *Saintré*, Saintry (?) (Loiret). Éd. *Guicars*.

14. *Cargni*. Il y a des Charny dans la Côte-d'Or, dans la Meuse, dans Seine-et-Marne, etc. — 15. *Sus les camps*, sur le champ de bataille. Froissart emploie généralement le pluriel dans ce sens. — 16. Trad. : « En certains endroits et à certains moments. » Construction assez fréquente en ancien français, surtout dans la locution *téls i ot* (« il y eut tels »), servant d'apposition à un sujet pluriel. Voy. Villeh., VII, note 30. — 17. *De*, par (de même plus loin). *Messire* (forme postérieure qui a pris un sens particulier) ; il faut peut-être corriger *mon signeur*. — 18. *Bruel* (éd. *Brues*). Brueil, canton de Limay (Seine-et-Oise).

niére de France entre ses mains, et pris li contes de Dammartin de [17] mon signeur Renault de Gobehen. La eut adonc trop grant presse et grant bouteïs sus le roy Jehan, pour le convoitise de li [19] prendre, et li crioient cil qui le cognissoient et qui le plus priès de lui estoient : « Rendez vous! rendez vous! autrement vous estes mors. »

La avoit un chevalier de le nation de Saint Omer, que on clamoit mon signeur Denis de Morbèke [20]; et avoit depuis cinq ans ou environ servi les Englès, pour tant que il avoit de sa jonèce fourfait le royaume de France par guerre d'amis et d'un hommecide [21] que il avoit fait a Saint Omer, et estoit retenus dou roy d'Engleterre as saulz et as gages. Si cheï adonc si bien a point au dit chevalier que il estoit dalés le roy de France et li plus procains que y fust, quant on tiroit ensi a lui prendre; si se avança en le presse a le force des bras et dou corps, car il estoit grans et fors, et dist au roy en bon français, ou [22] li rois s'arresta plus c'as aultres ; « Sire, sire, rendés vous! »

Li rois, qui se vëoit en dur parti et trop efforcié(s) de ses ennemis, et ossi que sa deffense ne li valoit mès riens, demanda en regardant le chevalier : « A cui me renderai jou? a cui? Ou est mon cousin le prince [23] de Galles? Se je le vëoie, je [li] parleroie. — Sire, « respondi mes sires Denis de Morbéke, « il n'est pas ci; mais rendés vous a moy, je vous menrai devers lui. — Qui estes? » dist li rois. — « Sire, je sui Denis de Morbéke, uns chevaliers d'Artois: mès je siers le roy d'Engleterre, pour tant que je ne puis [24] ou royaume de France, et que je y ay fourfait tout le mien. »

Adonc respondi li rois de France, si com je fui depuis enfourmés, ou deubt [25] respondre: « Et je me rench a vous; » et li bailla son destre gant. Li chevaliers le prist, qui en eut grant joie. La eut grant priesse et grant tirich en-

---

19. *Li*, le. Voy. 1, note 17.

20. *Morbéke*, chef-lieu de canton de l'arrondissement d'Hazebrouck (Nord). — 21. *De sa*, dans sa. *Fourfait le royaume*, fait du tort au royaume. *Par... et d'un h.* Remarquez l'anacoluthe (*de* = à cause de). — 22. *Ou*, à quoi, à cause de quoi.

23. Remarquez le cas oblique. Il faut sans doute l'attribuer au scribe et corriger *mes cousins li princes*. — 24. *Puis*, sous-ent. *servir*.

25. *Deubt*. Voy. IV, 14. *Ou deubt respondre*. Ces mots indiquent que l'auteur ne garantit que le sens, et non les termes mêmes.

tours le roy, car cescuns s'efforçoit de dire : « Je l'ay pris !
Je l'ay pris ! » Et ne pooit li rois aler avant, ne mes sires
Phelippes ses mainsnés [26] fils. Or lairons un petit a parler
de ce touellement qui estoit sus le roy de France, et parlerons dou prince de Galles [27] et dou fin de la bataille.

393. Li princes de Galles, qui durement estoit hardis et
corageus et, le bacinet en le tieste, estoit comme uns lyons
felz et crueus, et qui ce jour avoit pris grant plaisance a
combatre et a encaucier ses ennemis, sus le fin de le bataille
estoit durement escaufés, si que mes sires Jehans Chandos [28], qui toutdis [29] fu dalés lui ne onques ce jour ne le
laia, li dist : « Sire, c'est bon que vous vos arrestés ci et
metés vostre baniére hault sus ce buisson, se [30] s'i ralloie-
ront vos gens qui sont durement espars ; car, Dieu merci,
la journée est vostre, ne je ne voi mès nulles baniéres ne
nuls pennons des François, ne conroi entre yaus qui se
puist ralloiier ; et si vous rafreschirés un petit, car je
vous voi moult escauffé. »

A l'ordenance de mon signeur Jehan Chandos s'a-
corda li princes et fist sa baniére mettre sus un hault
buisson pour toutes gens ralloiier, et corner ses menes-
trelz, et osta son bachinet. Tantost furent si chevalier
apparilliét, cil dou corps et cil de sa cambre [31], et tendi
on illuec un petit vermeil pavillon ou li princes entra, et
li aporta on a boire et as signeurs qui estoient dalés lui.
Et toutdis mouteplioient il, car il revenoient de le cace ;

---

26. *Mainsnés* (litt. « moins nés »),
plus jeune (Cf. *ainsné*, d'où *aîné*).
Mains est dialectal pour *moins*, forme
normale due à l'influence de la labiale *m*. Cf. *avoine*, *foin*, etc., et voy.
Villeh., VI, note 8. — 27. Édouard II,
qui régna de 1307 à 1347 et fut assassiné dans le cachot où ses sujets re-
belles l'avaient enfermé, fut le premier héritier présomptif qui porta le
nom de prince de Galles. Celui dont
il est question ici, et que l'on appelait plus souvent le prince Noir, ne
régna pas : ce fut son fils Richard III
qui succéda, à l'âge de onze ans, à
Édouard III (1377).
28. Jean Chandos, nommé par
Édouard III lieutenant-général des
provinces qu'il possedait en France,
négocia le traite de Bretigny (1360), fit
deux fois prisonnier Du Guesclin, à
Auray en 1364, et à Navarette en 1367,
mais sollicita lui-même sa mise en liberté moyennant rançon. Il fut tué au
combat de Lussac, près Poitiers, et
mourut emportant l'estime des Français aussi bien que des Anglais. — 29.
Toutdis. Cf. passim et voy. II, note
14. — 30. *Se*, forme affaiblie de *s*
(= *sic*), usitée dans le Nord et le
Nord-Est.
31. *Cil de sa cambre*, les gentilshommes de la chambre, les chambellans.

si s'arrestoient la ou environ et s'ensonnioient entours leurs prisonniers.

Si tost que li doy mareschal revinrent, li contes de Warvich et li contes de Sufforch [32], li princes leur demanda se il savoient nulles nouvelles dou roy de France. Il respondirent : « Sire, nennil, bien certainnes : nous creons ensi [33] que il est mors ou pris, car point n'est partis des batailles. » Adonc li princes en grant haste dist au conte de Warvich et a mon signeur Renault de Gobehen : « Je vous pri, partés de ci et chevauciés si avant que a vostre retour vous m'en sachiés a dire la verité. »

Cil doi signeur tantost de rechiéf montérent a cheval et se partirent dou prince et montérent sus un tertre pour vëoir entour yaus; si perçurent une grant flotte de gens d'armes tout a piét et qui venoient moult lentement. La estoit li rois de France en grant peril, car Englès et Gascon en estoient mestre et l'avoient ja tollu a mon signeur Denis de Morbèke et moult eslongiét de li, et disoient li plus fort : « Je l'ay pris! Je l'ay pris! » Toutes fois li rois de France, qui sentoit l'envie que il avoient entre yaus sus lui, pour eskiewer le peril avoit dit : « Signeur, signeur, menés moi courtoisement devers le prince mon cousin, et mon fil avoecques mi, et ne vous rihotés plus ensamble de ma prise, car je sui sires et grans assés pour cescun de vous faire riche. »

Ces parolles, et aultres que li rois leur disoit, les soula [34] un petit, mès non pour quant toutdis recommençoit leur rihote, et n'aloient piét avant de terre [35] que il ne se rihotaissent. Li doi baron dessus nommét, quant il veirent celle foule et ces gens d'armes ensi ensamble, s'avisérent que il se trairoient celle part, si ferirent coursiers des esporons et vinrent jusques a lae et demandérent : « Qu'es[t] çou? Qu'es[t] çou? » Il leur fu dit : « C'est li rois de France qui est pris, et le voellent avoir et calengent plus de dix [36] chevaliers et escuiers. »

32. Warwick est situé sur une colline baignée par l'Avon à 150 kilom. Nord-Ouest de Londres. Le comté de Suffolk est situé sur la mer du Nord, au nord du comté d'Essex. — 33. *Certainnes* se rapporte à nouvelles. *Ensi*, donc. — 34. *Soula*, éd. *soela*. — Joignez *de terre* à *piét* et traduisez : « et ils n'avançaient pas d'un pied ». - 36. *De dix*, éd. *d'yaus dis*.

Adonc li doi baron, sans plus parler, rompirent a force
de chevaus le presse, et fisent toutes maniéres de gens
traire arriére, et leur commandérent, de par le prince et
sus le teste, que tout se traïssent arriére et que nulz ne
l'approcast[37], se il n'i estoit ordonnés et requis. Lors se
partirent toutes gens, qui n'osérent ce commandement
brisier, et se traisent bien en sus dou roy et des deux
barons, qui tantost descendirent a terre et enclinérent le
roy tout bas, li quélz rois fu moult liés de leur venue, car
il le delivrérent de grant dangier. Or vous parlerons encores un petit de l'ordenance dou prince qui estoit dedens son pavillon, et quél cose il fist en attendant les
chevaliers dessus nommés[38].

395... Ensi fu ceste bataille desconfite que vous avés oy
qui[39] fu ès camps de Maupe[r]truis, a deus liewes de la cité
de Poitiers, le vingt unième jour dou mois de septembre,
l'an de grasce Nostre Signeur mil trois cens cinquante six ;
si commença environ heure de prime, et fu toute passée
a nonne. Mès encores n'estoient point tout li Englès qui
caciét avoient retourné de leur cace et remis ensamble :
pour ce avoit li princes fait mettre sa baniére sus un
buisson pour ses gens recueillier et ralloiier, ensi qu'il
fisent ; mès il fu tous bas vespres ançois que tout fuissent
revenu de leur cace.

Et fu la morte, si com on recordoit adonc, pour le temps,
toute li[40] fleur de la chevalerie de France : de quoi li nobles royaumes fu durement afoiblis, et en grant misère et
tribulation escheï, ensi que vous orés recorder chi aprés.
Avoecques le roy et son jone fil mon signeur Phelippe, eut
pris dix [et] sept contes, sans les barons, les chevaliers et
les escuiers ; et y eut mors entre cinq mil[le] et sept cens
et six mil[le] hommes qu'uns qu'autres[41]. Quant il furent

---

37. Ed. *l'approçast.* — 38. C'est la
seconde fois, dans cet extrait, que nous
voyons Froissart, non sans quelque
gaucherie, passer au moyen d'une transition naïve, d'une scène à l'autre et
reprendre le fil du récit interrompu.

39. Cette formule indique que l'ouvrage était surtout destiné à être lu.

Voy. Villeh., VI, 33 et Commynes, II,
57.

40. *Li.* Article fém. picard et wallon
au cas sujet. — 41. *Qu'uns, qu'autres,*
tant des uns que des autres. *Que.. que* est souvent employé au sens distributif ; mais la suppression de toute
espèce d'article est à remarquer.

tout ou en partie repairiét de le cace et revenu devers le
prince, qui les attendoit, sus les camps[42], si com vous
avés oy recorder, si trouvérent que il avoient deux tans de
prisonniers qu'il ne fuissent de gens. Si eurent conseil
l'un par l'autre, pour le grant carge qu'il en avoient, que
il en ra[e]nçonneroient sus les camps le plus, ensi qu'il[43]
fisent.

396. Et trouvérent li chevalier et li escuier prisonnier les
Englès et les Gascons moult courtois, et en y eut ce propre
jour mis a finance grant fuison, on recreüs[44] simplement
sus leurs fois a retourner dedans le Noél ensievant a Bour-
diaus sus Geronde et[46] la raporter leurs paiemens. Quant
il furent ensique[47] tout rassamblé, si se traist cascuns[48]
en son logeïs tout joindant[49] ou la bataille avoit esté, si
se desarmérent li aucun, et non pas tous, et fisent desarmer leurs prisonniers et les honnourérent tant qu'il peurent cescuns les siens; car cilz qui prendoit prison en bataille de leur costé, li prisonniers estoit siens, et le pooit
quitter ou ra[e]nçonner a sa volonté.

Si poet cescuns savoir et penser que tout cil qui la furent en ceste fortuneuse bataille avoecques le prince de
Galles furent riche d'onneur et d'avoir, tant parmi[50] les
raençons des prisons comme[51] pour le gaaing d'or et d'argent qui la fu trouvés, tant en vasselle d'or et d'argent et
en riches jeuiaus, qu']en malles farsies de chaintures riches
et pesans[52] et de bons mantiaus. D'armëures, de harnas
de gambes et de bachinès ne faisoient il nul compte, car
li François estoient la venu trés richement et si estoffée-

---

42. *Sus les camps,* sur le champ de
bataille, *ou* en pleine campagne (Cf.
VIII, 16); mais trois lignes plus bas,
ces mots doivent se traduire par « sur-
le-champ ». Froissart emploie ordinairement, dans ce cas, *champs (camps)*
au pluriel. — 43. *Ensi qu'il fisent,* et
ils le firent ainsi.

44. *Recreüs,* admis (crus sur parole).
— 45. *Dedens le Noël,* avant la Noël.
Le n'est pas ici l'article féminin picard
et wallon : *Noël* était masculin. — 46.
Et, éd. *ou.* — 47. *Ensique,* presque.
— 48. Éd. *cascuns.* — 49. *Joindant,*
Forme analogique tirée de l'infiniti
joindre.

50. *Parmi,* au moyen de, grâce à
— 51. *Tant... comme* était plus usité
que *tant... que.* Le second *tant,* qu
continue l'énumération, est irrégulier
Il faut suppléer *que* ou *comme.* — 52
Pesans, lourdes (à cause des broderie
d'or ou d'argent). Les cas sujet et ré
gime féminin pluriel des participes pré
sents avaient la même forme que l
régime masculin, comme dans les ad
jectifs latins de la 3e déclinaison. Cf
grant, fém. sing., au début du § 397, etc

ment que mieulz ne pooient, comme cil qui cuidoient bien avoir la journée pour yaus...

397. Quant ce vint au soir, li princes de Galles donna a souper en sa loge le roy [53] de France, mon signeur Phelippe son fil, mon signeur Jakeme de Bourbon et le plus grant partie des contes et des barons de France qui prisonnier estoient. Et assist li princes le roy Jehan, mon signeur Jakemon de Bourbon, mon signeur Jehan d'Artois, le conte de Tankarville, le conte d'Estampes, le conte de Dammartin, le comte de Genville et le signeur de Partenay a une table moult haute et bien couverte, et tous les aultres signeurs, barons et chevaliers as aultres tables.

Et toutdis servoit li princes au devant de la table dou roy, et par toutes les aultres tables ossi, si humlement que il pooit, ne onques ne se volt sëoir a le table dou roy pour priiére que li rois en fesist, ains disoit toutdis que il n'estoit mies encore si souffissans que il apertenist a lui de sëoir a la table de si grant prince et de si vaillant homme que li corps de li estoit [54] et que moustré avoit a le journée. Et toutdis s'engenilloit par devant le roy et disoit bien : « Chiers sires, ne voelliés mies faire simple [55] ciére pour tant se [56] Diex n'i a hui volu consentir vostre voloir, car certainement mes sires mes péres vous fera toute l'onneur et amisté qu'il pora, et se acordera a vous si raisonnablement que vous demorrés bon amit [57] ensamble a tous jours. Et m'est avis que vous avés grant raison de vous eslcecier, comment que la besongne ne soit tournée a vostre grét, car vous avés conquis au jour d'ui le haut nom de proèce et avés passét tous les mieuz faisans de vostre costét. Je ne le di mies, ce saciés, chiers sires, pour vous lober [58], car tout cil de nostre partie qui

---

53. *Le roy*, etc., au roi. Voy. Ménestrel, I, note 7. — 54. Trad. : « qu'il était. » Pour la périphase, voy. Villeh., II, note 8 et VII, note 25.

55. *Simple*. On attendrait *marrie* ou *morne*. — 56. *Pour tant se*. Il y a mélange de deux tournures. — 57. Ed. *mon signeur mon pére*. *Amit*. Mauvaise orthographe due à une fausse analogie. Le picard, remplaçant *z* (= *ts*) par *s*, ne peut plus distinguer par la pronoucia-

tion les noms qui ont une dentale à la fin du radical et qui prennent *z* au cas sujet et *t* au cas régime, jusqu'au commencement du xiie siècle en français propre, jusqu'au xve siècle en picard, de ceux qui ont une autre consonne et qui prennent un *s* au cas sujet, tandis qu'ils suppriment la consonne au cas régime, d'où l'erreur étymologique signalée ici. — 58. *Lober* pour *loer*, *louer*. Influence de l'allemand *loben* et de l'anglais *lob*.

ont veü les uns et les aultres se sont, par plainne sieute [59],
a ce acordét et vous en donnent le pris et le chapelet, se
vous le volés porter. »

A ce point commença cescuns a murmurer [60], et disoient
entre yaus François et Englès que noblement et a point
li princes avoit parlét : si le prisoient durement et disoient
communalment que en lui avoit et aroit encores gentil signeur, se il pooit longement durer ne [61] vivre et en tél
fortune perseverer.

398. Quant il eurent soupé et assés festiiét, selonch le
point la ou il estoient [62], cescuns s'en ala en son logeīs
avoech ses prisonniers pour reposer. Celle nuit y eut grant
fuison de prisons, chevaliers et escuiers qui se ra[e]nçon-
nérent envers ciaus qui pris les avoient, car il les laissoient plus courtoisement ra[e]nçonner et passer que onques gens feissent, ne il ne les constraindoient [63] aultrement que il leur demandoient [64] sus leurs fois combien il
poroient paiier sans yaus trop grever, et les crëoient legiérement de ce qu'il en disoient. Et disoient commune-
ment ensi, qu'il ne voloient mies chevalier ne escuier
ra[e]nçonner si estroitement qu'il ne se peuīst bien chevir
et gouvrener dou sien [65] et servir ses signeurs selonch son
estat, et chevauchier par les pays pour avancier son corps [66]
et sen honneur.

La coustume des Alemans ne la courtoisie n'est mies
tèle, car il n'ont pité ne merci de nul gentil homme, se il
eschiét entre leurs mains prisonniers, mès le ra[e]nçonne-
ront de toute sa finance et oultre, et metteront en ceps,
en buies et en fers et plus destroites prisons que il poront
pour estordre plus grant raençon.

VI. — *La Jacquerie.*

413. Assés tost après la delivrance dou roy de Navare [1],

---

59. *Par plainne sieute* (lit. : « par
pleine suite »), d'un commun accord.

60. *Murmurer.* parler à voix basse
(sens propre). — 61. *Ne.* Voy. Villeh.,
II, note 24.

62. Trad. : « Vu leur situation. » —
63. *Constraindoient.* Forme analogique tirée de l'infinitif *constraindre*
(*contraindre*). Cf. *joindant*, note 49.
— 64. Tournure concise très claire et
qui est à regretter. — 65. *Dou sien*, de
son bien. — 66. *Son cors.* Voy. Villeh.,
II, note 8 et VII, note 28.

VI. 1. Il y a là un peu de vague.

avint une merveilleuse et grande tribulations en pluiseurs
parties dou royalme de France, si comme en Biauvoisis,
en Brie et sus le riviére de Marne, en Laonnois, en Valois,
en la terre de Couci[2] et entours Soissons. Car aucunes
gens des villes champestres, sans chiéf, s'assamblérent en
Biauvoisis, et ne furent mies cent hommes li premier; et
dis[oi]ent que tout li noble dou royalme de France, chevalier et escuier, trahissoient le royaume et que ce seroit
grans biens, qui[3] tous les destruiroit. Cescuns d'yaus dist :
« Il dist voir, il dist voir : honnis soit par qui[4] il demorra
que tout li gentil home ne soient destruit[5] ».

Lors se cueilliérent et s'en alérent, sans aultre conseil et
sans nulle armeüre que de bastons fierés et de coutiaus,
en le maison d'un chevalier qui priés de la demoroit, si
brisiérent le maison et tuérent le chevalier, la dame et les
enfants, petis et grans, et ardirent la maison. Seconde-
ment il en alérent a un aultre fort chastiel et fisent pis
assés[6], car il prisent le chevalier et le loiiérent a une estache bien et fort, et violérent se femme et se fille li pluiseur voiant le chevalier, puis tuérent la dame, qui estoit
enchainte, et se fille et tous les enfans, et puis le dit chevalier a grant martire, et ardirent et abatirent le chastiel.

Ensi fisent il en pluiseurs chastiaus et bonnes maisons,
et montepliiérent tant qu'il furent bien six mil[le]. Et par
tout la ou il venoient, leur(s) nombres croissoit, car cescuns de leur samblance les sievoit : siques cescuns chevaliers, dames, escuiers, leurs femmes et leurs enfans, les
fuioient. Et en portoient les dames et les damoiselles leurs
enfans dis ou vingt liewes loing, la ou il se pooient garantir, et laissoient leurs maisons toutes vaghes et leur avoir
dedens. Et ces meschëans gens assamblés, sans chiés et

Le roi de Navarre était sorti de prison
dans la nuit du 8 au 9 novembre 1357,
et la Jacquerie n'éclata que six mois
plus tard, le lundi après l'entecôte,
21 mai 1358, selon les Grandes Chroniques de France et la chronique de
Jean le Bel. C'est à ce dernier que
Froissart emprunte presque tout ce
qu'il dit de cette insurrection. Voy.
Siméon Luce, *Histoire de la Jacquerie*,
Paris, 1859. — 2. Coucy-le-Château,
à 28 kilomètres S.-O. de Laon. —
3. *Qui*, si l'on. Tournure fréquente eu
ancien français, laquelle semble une
extension de celle qui a été signalée
plus haut. — 4. Éd. [*celi*] *par qui.*
— 5. Trad. : « [celui] qui sera cause
que tous les gentilshommes ne soient
détruits. »

6. *Pis assés*, bien pire.

sans armeüres, reuboient et ardoient tout, et occioient tous gentilz hommes que il trouvoient, et efforçoient toutes dames et pucelles, sans pité et sans merci, ensi comme chien(s) esragié(s).

Certes, onques n'avint entre crestiiens ne Sarrasins téle forsenerie que ces mesch[ë]ans gens faisoient, car qui plus faisoit de maus ou plus de villains fais, télz fais que creature humaine ne deveroit oser penser, aviser ne regarder, cilz estoit li plus prisiés entre yaus et li plus grans mestres. Je n'oseroie escrire ne raconter les horribles fais et inconvignables que il faisoient as dames; mais, entre les aultres ordenances et villains fais, il tuérent un chevalier et boutérent en un hastier et tournérent au feu et le rostirent, voiant se[7] dame et ses enfans. Apriès ce que dis ou douze eurent la dame efforcie et violée, il les en vorrent faire mangier par force, et puis les fisent morir de male mort. Et avoient fait un roy entre yaus, que on appeloit Jake Bonhomme, qui estoit, si com on disoit adonc, de Clermont en Biauvoisis, et le eslisirent le pïeur des pïeurs.

Ches mesch[ë]ans gens ardirent et abatirent, ou pays de Biauvoisis et environ Corbie[8] et Amiens et Montdidier, plus de soixante bonnes maisons et fors chastiaus. Et, se Diex n'i euïst mis remède par sa grasce, li meschiés fust si montepliiés que toutes communautés euïssent destruit gentilz hommes, sainte Eglise apriès, et toutes riches gens, par tous pays; car tout en otél maniére si faites gens faisoient ens ou pays de Brie[9] et de Partois. Et couvint toutes les dames et les damoiselles dou pays, et les chevaliers et les escuiers qui escaper leur pooient, a fuir a Miaus en Brie[9] l'un apriès l'autre, em pur[e]s leurs cotes[10] ensi que elles pooient. ossi bien la ducoise[11] de Normendie et la ducoise[11] d'Orliiéns[12] et fuison de hautes dames comme aultres, se elles se voloient garder de estre violées et efforcies, et puis apriés tuées et mourdries.

<hr>

7. *Se* (éd. *le*), sa.

8. *Corbie*, chef-lieu de canton de la Somme, à 15 kilomètres Est d'Amiens. — 9. *Brie*, region entre Seine et Marne, capitale Meaux : le Partois est voisin de la Brie. — 10. Trad. : « rien qu'avec leurs cottes (leurs chemises). » — 11. Éd. *duçoise*. — 12. *Orliiéns* (= Aurelianos), Orléans.

VII. — *Mort d'Étienne Marcel.*

420. Quant cil de Paris se veirent ensi heriiét et guerriiét [1] de ces Englès, si furent tout foursenét et requisent au prevost des march[ë]ans que il volsist faire armer une partie de leur communalté et mettre hors as camps, car il les voloient combatre. Li dis prevos leur acorda, et dist que il iroit avec yaus; et fist un jour armer une partie de chiaus de Paris et en fist partir jusques a vingt[et]deux cens. Quánt il furent as camps, il entendirent que cil Englès qui [les] guerrioient se tenoient devers Saint Clo [2]; si se avisérent que il se partiroient en deux parties et prenderoient deux chemins, afin que il ne leur peuïssent escaper. Si se ordonnérent ainsi, et se devoient tout retrouver et rencontrer en un certain lieu assés priès de Saint Clo; si se dessevrérent li un de l'autre, et en prist li prevos des march[ë]ans la mendre partie. Si tourniiérent ces deux batailles tout le jour environ Montmartre, et riens ne trouvérent de ce que il demandoient. Or avint que li prevos des march[ë]ans, qui estoit nèsis de estre sus les camps, et qui riens n'avoit fait oncores, entours remontiére rentra en Paris par le porte Saint Martin. Li aultre bataille se tint plus longement sus les camps, et riens ne savoit dou retour dou prevost des march[ë]ans, que il fust rentrés en le ville; car, se il le sceuïssent, il y fuissent rentrét ossi.

Quant ce vint sus le vespre, il se misent au retour, sans ordenance et arroy, comme cil qui ne cuidoient avoir point d'encontre ne d'empeècement, et s'en revenoient par tropiaus, ensi que tout lassé et tout hodé. Et portoit li uns son bacinet en sa main, li aultres en unes besaces, li tiers par tanison traïnoit sen espée, ou il le portoit en eskerpe: tout ensi se maintenoient il, et avoient pris le chemin pour rentrer en Paris par le porte Saint Honnouré. Si trouvérent de rencontre ces Englès ou fons d'un chemin, qui estoient bien quatre cens tout d'une sorte, qui tantost escriiérent ces François et se ferirent entre yaus de grant volenté [3], et

---

VII. 1. Le sujet pluriel est amené par le verbe réfléchi. Voy. Villeh., I, note 7.
2. *Saint Clo* (clavum), Saint-Cloud, chef-lieu de canton du département de Seine-et-Oise, à 3 lieues Ouest de Paris.
3. Trad. : « Avec violence. »

les reboutérent trop diversement, et y en eut, de premiéres
venues [4], abatus plus de deux cens. Chil François, qui furent soudainnement pris et qui nulle garde ne s'en donnoient, furent tout esbahi et ne tinrent point de conroi,
mès se misent en fuites, et se laissoient occirre et decoper,
ensi que bestes, et rafuioient que mieulz mieulz devers
Paris. Et en y eut mors en celle cace plus de sept cens, et
furent poursievi jusques dedens les barriéres de Paris. De
ceste avenue fu trop durement blasmés li prevos des march[ë]ans de le communauté de Paris, et disent [5] que il les
avoit trahis. Encores a l'endemain au matin, avint que li
procain et li amit [6] de chiaus qui mort estoient, issirent de
Paris, pour yaus aler requerre a chars et a charettes et les
corps ensepelir. Mais li Englès avoient mis une embusche
sus les camps, si en tuérent et mehagniérent de rechiéf
plus de six vingt[s].

En tél tourble et en tél meschiéf estoient écheü cil de
Paris, et ne se savoient de qui garder. Si vous di que il vivoient et estoient nuit et jour en grans souspeçons, car li
rois de Navarre se refroidoit d'yaus aidier, pour la cause de
la pais qu'il avoit jurét a son serourge le duc de Normandie, et pour l'outrage ossi que il avoient fait des saudoiiers
englès que il avoit envoiiés en Paris ; si consentoit bien que
cil de Paris en fuissent castiiét, afin que il amendaissent
plus grandement ce fourfét. D'autre part, li dus de Normendie ossi le souffroit assés, pour tant que li prevos des
march[ë]ans avoit encores le gouvernement d'yaus ; et leur
mandoit bien et escrisoit [7] generaument que nulle pais ne
leur tenroit jusques a tant que douze hommes de Paris,
les quéls que il vorroit eslire, il aroit a se volenté.

Si devés savoir que li dis prevos des march[ë]ans, et cil
qui se sentoient fourfait [8] [deviers le duch et en se haynne [9]]
n'estoient mies bien a leur aise ; si véoient il bien et con-

---

4. Trad. : « Du premier coup, à la
première rencontre. » — 5. *Disent*.
Forme picarde et wallonne : *dixerunt*
a donné régulièrement *disrent*, d'où
distrent, *dirent* et *disent*. — 6. *Amit*.
Voy. V, note 57.

7. *Escrisoit*. Forme non étymologique refaite sur le parfait *escrisent*,
picard et wallon pour *escrirent* (scrip-
serunt). Voy. note 5.

8. *Fourfait*, coupables. Le cas sujet
est régulier pour les adjectifs et participes en apposition aux verbes réfléchis.
Voy. Villeh. 1, note 7. — 9. Les mots
entre crochets sont suppléés d'après le
manuscrit d'Amiens (2ᵉ rédaction).

sideroient, tout imaginét et considerét, que ceste cose ne
pooit longement demorer en cel estat, car cil de Paris com-
mençoient ja a refroidier de l'amour que il avoient eü a lui
et a chiaus de sa secte, et les deparloient villainnement, si
com il estoient enfourmé.

421. Li prevos des march[ë]ans de Paris et cil de sa secte
avoient entre yaus souvent pluiseurs consaulz secrès, pour
savoir comment il se poroient parmaintenir, car il ne
pooient trouver, par nul moiién, merci ne remède ou duch
de Normendie, dont ce les esbahissoit plus c'autre cose. Si
regardérent finablement que il valoit mieulz que ilz de-
morassent en vie et en bonne prosperité dou leur et de leur
amis, que dont que[10] il fuissent destruit, car mieulz leur
valoit, ce leur sambloit, a occirre que estre occis[11]. Si se
arrestérent du tout sus cest estat et trettiérent secrètement devers ces Englès qui guerrioient chiaus de Paris. Et se
porta certains acors entre leurs parties, que li prevos des
march[ë]ans et cil de sa secte devoient estre si au dessus de
le porte Saint Honnouré et de le porte Saint Antonne que[12],
a heure de mienuit, Englès et Navarois tout d'une sorte,
qui y devoient venir si pourveü que pour courir et destruire Paris, les devoient trouver toutes ouvertes. Et ne
devoient li dit coureur deporter homme ne femme, de quél
conversation qu'il fuissent, mès tout mettre a l'espée, ou[13]
uns signes, que li ennemi devoient cognoistre, ne seroit
trouvés as huis ou as fenestres de chiaus de Paris.

Celle propre nuit que ce devoit avenir, espira et esvilla
Diex aucuns bourgois de Paris, qui estoient de l'acort, et
avoient toutdis esté, dou duch de Normendie, des quélz
Jehans Maillars[14] et Symons ses fréres[15] se faisoient chiéf.

10. Ce pléonasme de *que* est analogue à celui que nous avons plusieurs
fois signalé (Voy. Villeh., VI, note 19,
etc.), mais plus hardi. *Dont*, alors, en
cette occurrence. — 11. *A occirre que
estre occis*. Il y a là un manque de
symétrie choquant. Il faut sans doute
supprimer *a*, quoique bien des verbes
se construisent aujourd'hui avec l'infinitif seul, qui autrefois prenaient la
préposition. — 12. Joignez *que* à *si*
(« de sorte que »). — 13. *Ou*, [là] ou.

14. Jean Maillard et son frère Simon
s'opposèrent avec ardeur aux projets
révolutionnaires d'Étienne Marcel. Jean
prit une grande part au traité de
Brétigny. Le meurtre d'Étienne Marcel
eut lieu en 1358. — 15. Au lieu de
ces noms, huit manuscrits portent ceux
de messire Pépin des Essars et messire Jehan de Charny; et c'est ce dernier qui frappe d'un coup de hache le
prévôt, qui est achevé par « maistre
Pierre Fouace et autres.

Et furent cil, par inspiration divine, ensi le doit on supposer, enfourmé que Paris devoit estre courue et destruite. Tantost il s'armérent et fisent armer tous chiaus de leur costé, et revelérent ces nouvelles secrètement en pluiseurs lieus pour avoir plus de confortans. Et s'en vinrent Jehans Maillars et si frére, bien pourveü de armeüres et de bons compagnons tous avisés, pour savoir quél cose il devoient faire, un petit devant mienuit, a le porte Saint Antonne, et trouvérent le dit prevost des march[ë]ans les clés de le porte en ses mains.

Le premier parler que Jehans Maillars li dist, ce fu que il li demanda par son nom : « Estiévene, Estiévene, que faites vous ci a ceste heure? » Li prevos respondi : « Jehan, a vous qu'en monte dou savoir[16]? Je sui chi pour prendre garde a le porte et a chiaus de le ville, dont j'ay le gouvrenement. — Par Dieu, » respondi Jehans Maillars, « il ne va mies ensi, mès n'estes ci a ceste heure pour nul bien, et je le vous moustre, » dist il a chiaus qui estoient dalès lui, « comment il tient les clés des portes en ses mains pour trahir la ville. » Li prevos des march[ë]ans s'avança et dist : « Vous mentés! — Par Dieu, » respondi Jehans Maillars, « mès vous[17], trahites! vous mentés. » Et tantost feri a lui et dist a ses gens : « A le mort! a le mort! tout homme de son costé, car il sont trahitte. »

La y eut entre yaus grant hustin, et s'en fust volentiers li prevos des march[ë]ans fuïs, se il peüst; mais il fu si hastés que il ne peu', car Jehans Maillars le feri d'une hace en le tieste et l'a.ati a terre, quoique ce fust ses compéres, et ne se parti de lui jusques a tant qu'il fu occis et six de chiaus qui la estoient, et li demorans pris et envoiiés en prison; et puis commenciérent a estourmir et a resvillier les gens parmi les rues de Paris. Si s'en vinrent Jehans Maillars et cil de son acord jusques a le porte Saint Hon-

<hr>

est cependant mentionné : « La estoit Jehan Maillart qui, pour ce jour, avoit eu debat au prevost des marchans et a Josseran de Mascon, et s'estoit mis avecques ceulx de la partie du duc de Normandie. » Nous avons peut-être là l'explication de cette connaissance du complot soit par Maillard, soit par des Essarts et de Charny, connaissance que le bon chroniqueur attribue à une révélation de Dieu. *Chiéf.* Voy. note 8.

16. Trad. : « que vous importe de le savoir? » — 17. Avant *mes vous*, sous-entendez : *non*, c'est-à-dire : « Je ne mens pas, » ou « ce n'est pas moi qui mens. »

nouré, et y trouvérent gens de le secte le dessus dit prevost[18], si les encoupérent de trahison, ne escusance que il fesissent ne leur valli[19] riens. La en y eut pluiseur[s] pris et en divers lieus envoiiés en prison, et cil qui ne se laissoient prendre estoient tué sans merci. Celle propre nuit, on en prist plus de soixante en leurs maisons, qui furent tout encoupét de trahison et dou fait pour quoi[20] li prevos estoit mors, car cil qui pris estoient confessérent tout le mesfèt.

L'endemain au matin, cilz Jehans Maillars fist assambler le plus grant partie de le communauté de Paris ou marciét as halles, et quant il furent tout venu, il monta sus un escafaut et puis remoustra generaument par quél raison il avoit occis le prevost des march[ë]ans et en quél fourfait il l'avoit trouvé. Et recorda bellement et sagement, de point en point, toute l'avenue dou prevost et de ses alloiiés, et comment en celle propre nuit la noble cité de Paris devoit estre courue et destruite, se Diex par sa grasce n'i euïst mis remède, qui les resvilla et les avoit inspirés de cognoistre ceste trahison. Quant li peuples qui presens estoit eut oy ces nouvelles, si furent moult esmervilliét et esbahi dou peril ou il avoient esté, et en loérent li pluiseur Dieu a jointes mains de le grasce que fait leur avoit. La furent jugiet a mort, par le conseil des preudommes de Paris et par certainne siute, tout cil qui esté avoient de la secte dou dit prevost, si furent tout executé en divers tourmens de mort[21].

---

18. *Le dessus dit prevost*, du prévôt usdit. Voy. Villeh., I, note 3. Un manuscrit ajoute : « Adonc Jehan Maillart es arraisonna, leur demandant qu'ils queroyent la a celle heure et qui les y avoit envoyés. Ils respondirent qu'ils estoyent la commis a garder la porte, de par le prevost des marchans, qui avait la charge et la garde de Paris, et que tantost il devoit la venir. « Par mon serment, » dit Jehan Maillart, « il n'a talent d'y venir, car veez ci [qui] l'en a bien gardé. » Adonc il leur monstra sa hache encores toute rouge et teincte de sang. Quant les traistres virent et entendirent ce que dict est, ils furent tous esbahis, si ne sceurent que penser, fors que leur maistre estoit mort, et eurent grant doubte de leur vie, car la entour veoyent tant de peuple assemblé contre eux que leur deffense n'auroit lieu (« n'avait pas de raison d'être »). Lors leur dist Jehan Maillart : « Vous estes tous de la bande du prevost, si vous fay tous prisouniers, de par le roy nostre sire et la communauté de Paris. » Et ainsi furent tous incoulpés de trahison et prins, etc. » — 19. *Valli*, valut. Forme exceptionnelle qui n'est ni la forme forte *vaut*, ni la forme faible analogique *valut*. — 20. *Quoi*. Voy. Joinville, IV, note 22. — 21. Voici, à titre de comparaison, le texte, un peu abrégé,

VIII. — *Épisode de la guerre de Cent ans.*

460. Tant chevauca[1] li rois d'Engleterre a petites journées, et [a][2] toutes ses hos, qu'il approca durement Bapaumes[3]. Or vous dirai d'une aventure qu'[4] avint sus ce voiage a mon signeur Gallehaut de Ribeumont[5], un trés hardit et appert chevalier de Pikardie. Vous devés savoir que toutes les villes, les cités et li chastiel, sus le passage dou roy d'Engleterre, estoient trop bien gardé, car cescune bonne ville de Pikardie prendoit et recevoit chevaliers et escuiers a ses frès. Li contes de Saint Pol se tenoit a deux cens lances en la cité d'Arras, li connestables de France a Amiens, li sires de Montsaut a Corbie, mes sires Oudars de Renti et mes sires Engherans d'Uedins a Bapaumes, mes sires Bauduins d'Ennekins, mestres des arbalestriers, a

du ms. d'Amiens (2ᵉ rédaction) pour les quatre derniers alinéas. « Celle propre nuit que ce devoit avenir, espira et esvilla Dieux aucuns bourgois de Paris, qui estoient de l'accord dou duch, et s'armèrent tout quoiement en leurs maisons et fissent armer leurs amis, et furent bien deux cens d'une sorte. des quélz ungs bourgois de Paris, qui s'appeloit Jehans Maillars, estoit chiés. Si s'en vint li dis Jehans, bien acompaigniés et tous abastis, a le porte Saint Anthonne, et trouva la le dit prevost des marchans : che fu environ l'eure de mienuit. Se li demanda Jehans Maillars qu'il queroit la a ceste heure et l'amist (« l'accusa ») tantost de trayson, et li dist qu'il n'y estoit pour nul bien. Le prevost l'en desmenti et dist que si estoit. Tant montérent les parolles entre vaux deux que Jehans Maillars escria : « A le mort au traiteur ! » Et tantost qu'il eust dit ce mot, cil qui estoient dallès lui saillirent avant et ferirent a lui et a ses gens. Si fu la li dis prevost tués et huit hommes de se mesnie. Puis coururent li dis bourgois, a leur compaignie, par le ville, querant ciaux qui estoient de l'acord le dit prouvost, et en tuérent pluisseurs qui ne se laissoient prendre, et emprisonnérent bien soixante, qu'ils missent en prison en Castelet, à Paris.

» L'endemain au matin, la chité de Paris fu moult esmeüe : che fu bien raisons. Et s'asembla toutte li coumunaulte ou marchiét as halles. La recorda et remoustra Jehans Maillars, voiant tout le peuple, en quél estat il avoit, le nuit passée, trouvét le prouvost dessus dit et se route, et pourquoy il l'avoit ochis et emprisounnés lez autres, et quél cose chil qui estoient en Castellet avoient confessét, et coumment celle propre nuit li Englès et li Navarois devoient entrer en Paris sus le comfort dou dit prouvost et tout mettre a l'espée sans remède et sans merchy, hommes et femmes, excepté chiaux qui estoient de la secte le dit prouvost.

VIII. 1. Éd. *chevauça*, et à la ligne suivante *approça*; de même partout. — 2. *A.* avec. — 3. *Bapaumes.* Bapaume, chef-lieu de canton du Pas-de-Calais, à 22 kilomètres Sud-Est d'Arras. — 4. *Que.* L'adverbe relatif pour le pronom : emploi fréquent dans la première partie du moyen âge, plus rare ensuite. — 5. *Ribeumont*, Ribemont (Aisne), à 15 kilomètres Sud-Est de Saint-Quentin, patrie de Condorcet.

Saint Quentin, et ensi de ville en ville et de cité en cité, car il savoient tout notorement que li rois d'Engleterre venoit assegier la bonne cité de Rains.

Or avint que cil de Peronne en Vermandois, qui estoient auques sus le passage dou roy d'Engleterre, car il et ses gens poursievoient toutdis les riviéres et ceste ville dessus ditte siét sus le riviére de Somme, n'avoient encores point de chapitainne ne de gardiién, et se les aprocoient[6] li Englès durement, dont il n'estoient mies bien aise. Si se avisérent de mon signeur Galehaut de Ribeumont, qui n'estoit encores nulle part retenus, li quélz se tenoit, si comme il furent adonc enfourmé, a Tournay. Cil de Peronne envoiiérent devers lui lettres moult courtoises, en lui priant que il se volsist prendre priès[7] de venir aidier a garder la bonne ville de Peronne a[8] ce que il poroit avoir de compagnons, et on li paieroit vingt frans tous les jours pour se personne, et cescun chevalier desous lui dix frans, et cescune lance pour trois chevaus un franch le jour.

Mes sires Gallehaus, qui desiroit les armes par tout et qui se vei[t] priiés moult courtoisement de chiaus de Peronne, ses bons voisins, s'i acorda legiérement, et respondi et leur manda qu'il iroit et que il seroit la dou jour a l'endemain. Si se pourvei[t] au plus tost qu'il peut, et pria et cueilla des[9] bons compagnons en Tournesis, et se parti de Tournay, espoir, lui trentime; et toutdis li croissoient gens[10], et manda a mon signeur Rogier de Coulongne qu'il fust contre lui sus un certain lieu que il li assigna. Mes sires Rogiers y vint lui vingtime de bons compagnons. Tant fist mes sires Gallehaus que il eut bien cinquante lances de bonnes gens, et s'en vinrent logier un soir, en approcant Peronne, a deux petites liewes priès des ennemis et en un village[11] ou il ne trouvérent nullui, car tout s'estoient boutét les gens[10] dou plat pays ens ès forterèces. L'ende-

---

6. *Et se* (= *si*), et pourtant. Éd. *aprocoient*. — 7. *Se prendre priès*, s'apprêter. *Priès*, picard et wallon pour *prez* (= *prests*). Pour le cas sujet, voy. Villeh., I, note 7. — 8. *A*, avec.

9. *Des*. La règle qui remplace l'article contracté partitif *des* par la préposition simple *de* lorsqu'un adjectif qualificatif précède le nom est relativement moderne. — 10. *Gens* est un sujet pluriel féminin. — 11. Éd. *village* [*sus les champs*].

main au matin, il devoient venir a Peronne, car il n'en estoient mies lonch.

Quant ce vint apriès souper, sus l'eure de mienuit, et que on eut ordené leur ghet, ensi que on [eut] bourdé et genglé[12] d'armes, et il en avoient entre iaux assés matére de parler, mes sires Gallehaus dist : « Nous serons demain moult matin en le ville de Peronne, se nous volons; mès ançois que nous y entrissions, je conseilleroie que nous chevaucissions sus les frontiéres de nos ennemis, car je croi assés que il en y a aucuns qui, pour yaus avancier ou pour le convoitise de trouver aucune cose a fourer sus le pays, se desroutent et prendent l'avantage dou chevaucier matin, si porions bien télz trouver d'aventure ou encontrer qui paieroient nostre escot. » A ces parolles et a ceste ordenance que vous oés, s'acordérent tout li compagnon. Et le tinrent en secret li mestre entre yaus, et furent tout prest au point dou jour, et li cheval ensellé. Si se misent as camps assés ordonnéement, et issirent hors de leur chemin qui tiroit pour aler a Peronne, et commenchiérent a variier le pays et a costiier bos et bruiéres pour savoir se il veroient nullui, et vinrent en un village ou les gens avoient fortefiiét le moustier. La descendirent mes sires Gallehaus et se route pour yaus refreschir, car ens ou fort avoit pain et char et vin assés, et cil qui dedens estoient leur offrirent a prendre ent[13] a leur volenté. Entruesque il estoient la en le place devant le fort, mes sires Gallehaus appella deux de ses escuiers, des quélz Bridoulz de Calonne fu li uns, et leur dist : « Chevauciés (devant et) avant sus ces camps et descouvrés le pays devant et deriére, a savoir se vous trouverés nullui, et revenés chi a nous, car nous vous attenderons ci. » Li doi escuier se partirent monté[14] sus fleur de coursier[15], et prisent les camps[16], et s'adreciérent vers un bois qui estoit a demi lieue franchoise priès de la.

Celle matinée, chevaucoit mes sires Renaus de Bollant, uns chevaliers d'Alemagne, de le route le duch de Lancastre; et avoit chevauciét depuis l'aube crevant et tourniiét tout le pays, et n'avoit riens trouvé, si s'estoit la arrestés. Li

---

12. Éd. *on bourde et gengle.* —
13. *A prendre ent,* d'en prendre (ou « leur en offraient à prendre »).

14. Éd. *montés.* — 12. Trad. : « Sur des coursiers de choix. » — 16. Voy. V, note 12.

doy escuier dessus nommét vinrent celle part, et cuidiérent
que ce fuissent aucunes gens d'armes dou pays qui se fuissent la mis en embusche, et chevauciérent si priès que il
avisérent l'un [17] l'autre. Or avoient li doy escuier françois
parlé ensamble et dit : « Se ce sont ci Alemant ou Englès,
il nous fault faindre de dire [18] que nous soions François ;
et se il sont de ce pays, tant bien [19] nous nos nommerons. »
Quant il furent parvenu si priès d'yaus que pour [20] parler et entendre l'un l'autre, li doi escuier perçurent tantost
a leur contenance que il estoient estragnier et leur ennemi.
Mes sires Renaulz de Boullant parla et demanda : « A cui
sont li compagnon ? » en langage alemant. Bridoulz de
Calonne respondi, qui bien savoit parler cesti langage, et
dist : « Nous sommes a mon signeur Bietremieu de Bruel [21].
— Et ou est mes sires Bietremieus de Bruel ? » dist li chevaliers. — « Sire, » respondi li escuiers, « il n'est pas lonch
de ci : il est chi desous, en ce village. — Et pour quoi est
il la arrestés ? » dist li chevaliers. — « Sire, pour ce qu'il
nous a envoiiés devant pour savoir se il trouveroit riens a
fourer ne a courir sus ce pays. — Par ma foy, » dist mes
sires Renaulz, « nennil : j'ay courut tout aval ce pays, mès
je n'ay riens trouvé. Retournés vers lui et li dittes qu'il
traie avant, et nous chevaucerons ensamble devers Saint
Quentin, a savoir se nous trouverions point milleur marce
ne aucune bonne aventure. — Et qui estes vous, sire ? »
dist li escuiers qui parloit a lui. — « On m'appelle, » respondi li chevaliers, « Renault de Boullant : dittes le ensi a
mon signeur Bietremieu. »

A ces parolles retournérent li doy escuier et vinrent au
village ou il avoient laissiés [22] leurs mestres. Si tost que
mes sires Gallehaus les vei[t], il demanda : « Quéles de vos
nouvelles [23] ? Avés vous riens veü ne trouvé ? » Il respondirent : « Sire, oïl, assés par raison. Chi desus en ce bos est

---

17. *L'un* pour *li un*. Les deux écuyers
français. — 18. *Se feindre de dire*,
éviter de dire. — 19. *Tant bien*, aussi
bien. — 20. *Si priès d'yaus que pour*.
Sous-entendez : *il falluit* (ou un autre
verbe analogue). Cf. en latin *quam pro* :
c'est un latinisme. — 21. *Bietremieu*,
Barthélemy. *Bruel*, éd. *Brues* ; de
même partout.

22. *Laissiés*. Voy. Ménestrel, IV,
note 2. — 23. Trad. : « Quelles nouvelles m'apportez-vous ? Quelles sont
les nouvelles. »

mes sires Renaulz de Boullant, lui trentime, espoir, et a
hui toute ceste matinée chevauchiét, si vous desire moult
a avoir en se compagnie pour chevaucier encore plus avant
devers Saint Quentin. — Comment ? » dist mes sires Gallehaus, « que dittes vous? Mes sires Renaulz de Boullant est
uns chevaliers d'Alemagne et de le chevaucie le roy d'Engleterre. — Tout che savons nous bien, sire, » disent li escuier. — « Et comment dont estes vous partis de li? —
Sire, « respondi Bridous de Calonne, je le vous dirai. »
Adonc li recorda il toutes les parolles qui ci dessus sont
dittes. Et quant mes sires Gallehaus les eut oyes, si pensa
sus un petit et en demanda conseil a mon signeur Rogier
de Coulongne et a aucuns chevaliers qui la estoient, qu'il
en estoit bon a faire [24]. Li chevalier respondirent et disent :
« Sire, vous demandés aventure, et quant elles vous viennent en le main, si les prendés [25], car en toutes maniéres
doit on et poet [26] par droit d'armes grever son ennemi. »

461. A ce conseil s'acorda legiérement mes sires Gallehaus, qui estoit desirans de trouver ses ennemis. Et fist
restraindre ses plates et recengler son coursier, et mist son
bachinet a visière, par quoi il ne peuïst estre cogneus, et
ensi fisent tout li aultre. Et fist encores renvoleper son pennon, et puis issirent dou village et prisent les camps. Si
chevauciérent a l'adrèce devers le bois ou mes sires Renaulz
de Boullant les attendoit, et pooient estre environ soixante
[et] dix armeüres de fier, et mes sires Renaulz n'en avoit
que trente. Si tost que mes sires Renaulz les perçut sus les
camps, il se apparilla moult bien, et recueilla ses gens, et
se parti moult ordonnéement de sen embusche son pennon
tout desvolepé devant lui, et s'en vint le petit pas devers
les François, qu'il cuidoit Englès. En approcant, il leva se
visiére et salua mon signeur Gallehaut ou nom [27] de mon
signeur Bietremieu de Bruel [24]. Mes sires Gallehaus se tint
tous couvers et li respondi assés faintement et puis dist :
« Alons, alons, chevaucons avant. » Dont se traisent ses
gens d'un lés et fisent leur route, et li Alemant le leur.

24. Trad. : « Ce qu'il fallait faire à ce sujet. » — 25. *Prendés* est un im- pératif. — 26. Le sujet n'est pas répété, comme il arrive souvent. *On* n'est du reste pas pris ici tout à fait dans un sens indéfini.

27. *Ou nom*, sous le nom.

Quant mes sires Renaus de Boullant en vei[t] le maniére
et comment mes sires Gallehaus chevaucoit et regardoit
de costét sur lui a le fois et point ne parloit, si entra en
souspeçon, et n'eut mies chevauciét en cel estat le quart
d'une liewe quant il s'arresta dalés son pennon et entre ses
gens et dist tout en hault a mon signeur Galehaut : « Je fai
doubte, sire chevaliers, que vous ne soiiés point mes sires
Bietremieus de Bruel [21], car mon signeur Bietremieu cognoi
je assés, mais point ne vous ay encores ravisé, si voel que
vous vos nommés, ançois que je chevauce plus avant en
vostre compagnie. » A ces mos leva le tieste mes sires Gallehaus, et, en lui avançant devers le chevalier pour lui
prendre par les resnes de son coursier, escria : « Nostre
Dame Ribeumont ! » et tantost mes sires Rogiers de Coulongne dist : « Coulongne, a le rescousse ! »

Quant mes sires Renaulz de Boullant se vei[t] en ce parti,
il ne fu mies trop effraés, mès mist le main mout apertement a un espoit de guerre que il portoit a son costét fort
et roit, et le traist hors dou fuerre ; et ensi que mes sires
Gallehaus s'avança, qui le cuida prendre et arrester par le
frain, mes sires Renaulz li encousi ce roit espoit ens ou costé
par tél maniére que il li perça tout oultre les plates et li
fist sewer oultre a l'autre lés, et puis retraist son espoit et
feri cheval des esporons et laissa mon signeur Gallehaut
en ce parti durement navré. Quant les gens a mon signeur
Gallehaut veirent leur mestre et chapitainne en cel estat,
si furent ensi que tout foursené, et commenciérent a yaus
desrouter et a entrer ens ès gens de mon signeur Renault
de Boullant et les assallirent fiérement, si en y eut aucuns
rués par terre.

Si tost que li dis mes sires Renaulz eut donné le cop a
mon signeur Gallehaut, il feri coursier des esporons et prist
les camps. La eut aucuns apers escuiers des gens mon signeur Gallehaut qui se misent apriès lui en cace, entrues
que ses gens se combatoient et que li Franchois entendirent
a iaulx grever ce qu'il pooient [28]. Mes sires Renaulz, qui
estoit fors chevaliers, durs et hardis malement et bien
arestés et avisés en ses fais, n'estoit mies trop effraés ; mès,

---

28. *Ce qu'il pooient*, comme ils pouvaient. Latinisme : — Cf. *quod poterant*.

quant il vëoit que cil le sievoient de si priès que retourner le couvenoit ou recevoir blasme, il s'arrestoit en son pas sus l'un d'yaus et donnoit un cop si grant de son roit espoit que cilz qui ferus en estoit n'avoit nulle volenté de li plus poursievir. Et ensi, en chevaucant, il en reversa par terre dusques a trois durement bleciés, et se il euïst eü une hace bien acerée en se main, il n'euïst feru cop que il n'euïst occis un homme. Tant fist li dis chevaliers que il eslonga les François et qu'il se sauva et n'i eut point de damage de son corps, de quoi si ennemi le tinrent a grant proèce, et[29] tout cil qui depuis en oïrent parler; mès ses gens[30] furent tout mort ou pris : petit s'en sauvèrent.

Et la sus le place on entendi a mon signeur Gallehaut de Ribeumont, qui estoit durement navrés, et fu amenés au plus doucement que on peut en le ville de Peronne et la medecinés. De ceste plaie ne fu il onques puis sainnement garis, car il estoit chevaliers de si grant volenté et si corageus que pour ce ne se voloit il mies espargnier, et ne vesqui point trop longement. Or retourrons nous au roy d'Engleterre et compterons comment il vint assegier le bonne cité de Rains.

IX. — *Le roi de Chypre décide le pape à proclamer la croisade. Le roi de France se croise.*

503. Environ le Candeler, l'an de grasce mil trois cens soissante et deux, descendi li rois Pierres de Cipre[1] en Avignon, de la quéle venue la cours fu moult resjoie. Et alérent pluiseur cardinal contre lui et l'amenérent au palais devers le pape Urbain[2], qui liement et doucement le reçut, et ossi fist li rois de France[3], qui la estoit presens. Et quant il eurent la esté une espasse et pris vin et espisses, li doi roy se partirent dou pape, et se retraist cascuns a son hos-

---

29. *Et*, et aussi. — 30. *Gens.* Voy. note 10. — 31. Les mss. de la 1re rédaction 11, 12, 13. 14, terminent ainsi le paragraphe « la bonne noble et belle ville et cité de Reims en Champaigne, ou il ne gaigna riens, mais lui rousta. »

IX. 1. Pierre Ier, roi de Chypre, régna de 1361 à 1369. — 2. Urbain V (1352-70) séjourna à Rome à partir de 1367. Il avait décidé l'empereur Charles IV à venir en Italie soumettre les usurpateurs des biens ecclésiastiques. Mais l'entreprise ayant échoué, le pape revint à Avignon en 1379 et y mourut. — 3. Jean II, *le Bon.*

tél. Ce terme pendant, se fist uns gages de bataille [4] devant
le roy de France, a Villenove dehors Avignon [5], de deux
moult apers chevaliers de Gascongne, mon signeur Aymeniou [6] de Pumiers et mon signeur Fouque d'Arciac. Quant
il se furent combatu bien et chevalereusement assés ensamble, li dis rois de France fist trettier de le pais et les
acorda de leur rihote. Ensi se tinrent cil doi roy tout ce
temps et le quaresme en Avignon ou priès de la, si vise-
toient souvent le pape, qui les recueilloit doucement.

Or avint pluiseurs fois en ces visitations que li rois de
Cippre remoustra au pape, present le roy de France et les
cardinaulz, comment pour sainte Crestïennetét ce seroit
noble cose et digne, qui [7] ouvreroit le saint voiage d'oultre
mér, et qui [8] iroit sus les ennemis de Dieu. A ces parolles
entendoit li rois de France volentiers, et bien proposoit en
soi meïsmes qu'il iroit, se il pooit vivre trois ans tant seulement, pour deus raisons : li une estoit que li rois Phelippes [9] ses péres l'avoit jadis voé et prommis, la seconde,
pour traire hors dou royaume de France toutes maniéres
de gens d'armes, nommés Compagnes [10], qui pilloient et
destruisoient sans nul title de raison son royaume, et pour
sauver leurs ames. Ce pourpos garda et reserva li rois de
France en soi meïsmes, sans parler a nullui, jusques ou
jour dou saint venredi, que papes Urbains preeca [11] en sa
chapelle en Avignon, present les deus rois de France et de
Cipre et le saint Collège.

Apriès la predicacion faite, qui fu moult humble et moult
devote, li rois Jehans de France, par grant devotion, emprist la crois et le voa [12], et pria doucement au pape que il
li [13] volsist acorder et confremer. Li papes li [13] acorda volentiers et benignement. La presentement l'emprisent et en-
cargiérent mes sires Tallerans, cardinal de Pieregorch [14],

---

4. *Gages de bataille*, duel en champ clos entre chevaliers. — 5. Villeneuve-lez-Avignon, chef-lieu de canton du département du Gard, en face d'Avignon, sur la rive droite du Rhône. — 6. *Aymeniou* (ms. d'Amiens *Aimme-nion*), Amanieu (Cf. le troubadour Amanieu de Sescas). *Pumiers*, Pamiers.

7. *Qui* (éd. *qu'i[l]*), si l'on. Voy. VI, note 2. — 8. Éd. *qu'i[l]* — 9. Philippe VI. — 10. Les grandes Compagnies. — 11. Éd. *preeça*.
12. *Le voa*, en fit vœu, c'est-à-dire : « fit vœu de partir pour la Croisade. » — 13. *Li*. [la] lui. Voy. Villeh., V, 14. — 14. Talleyrand de Périgord (1301-1364), fils d'Hélie VII, comte de Péri-

mes sires Jehans d'Artois, contes d'Eu, li contes de Tankarville, mes sires Ernoulz d'Audrehen, li grans prieur[s] de France, mes sires Boucicaus [15] et pluiseur aultre chevalier, qui la estoient present et dedens le cité d'Avignon pour le jour. De ceste emprise fu durement liés li rois de Cipre et en regratia grandement Nostre Signeur [16] et le tint a grant vertu et mistère.

X. — *Séjour du roi de Chypre à Londres.*

507... Je ne vous poroie mies dire ne compter en un jour les nobles disners, les soupers, les festïemens et les conjoïssemens, les dons, les presens, les jouiaus c'on fist, donna et presenta, especialment li rois d'Engleterre et la royne Phelippe, sa femme, au gentil roy Piére de Cipre. Et, au voir dire, bien y estoient tenu dou faire, car il les estoit venus vëoir de loing et a grant frèt, et tout pour enhorter et enditter le roy que il volsist prendre la vermeille crois et aidier a ouvrir ce passage sus les ennemis de Dieu. Mais li rois d'Engleterre s'escusa bellement et sagement et dist ensi : « Certes, biaus cousins, j'ai bien bonne volenté d'aler en ce voiage, mais je sui en avant trop vieulz, si en lairai couvenir mes enfans. Et je croi que, quant li voiages sera ouvers, que vous ne le ferés pas seulz, ains arés des chevaliers et des escuiers de ce pays qui vous y serviront volentiers. — Sire, » dist li rois de Cipre, « vous parlés assés [2], et croy bien que voirement y venront il pour Dieu servir et y aus avancier, mès que vous leur [3] acordés [4], car li chevalier et li escuier de ceste terre traveillent volentiers. — Oïl, » dist li rois d'Engleterre, « je ne leur [3] debateroie ja

gord, prit comme cardinal une grande part à l'élection des papes. Il conclut avec l'Angleterre une trève de deux ans et demanda la mise en liberté du roi Jean. Ce fut un protecteur éclairé des lettres et un ami de Pétrarque. — 15. Il ne faut pas confondre ce Boucicaut avec le maréchal de France, né à Tours en 1364 et mort en 1421. — 16. Entre ce mot et les suivants, le ms. d'Amiens intercale ceci : « De ce qu'il avoit si grant conffort que dou roy de France et de ses barons pour aller en Surrie. »

X. 1. *Et tout*, et [cela] uniquement. — 2. *Assés*. Sous-ent. *bien* exprimé plus loin, qui peut bien avoir été oublié par le scribe. Cf. cependant II, note 8. — 3. *Leur*, [le] leur. Cf. deux lignes plus loin et voy. Villch., V, note 14. — 4. *Acordés*, forme primitive du subjonctif, semblable à l'indicatif aux deux premières personnes du pluriel. Voy. Joinville, II, note 29.

mès, se aultres besongnes ne me sourdent et[5] a mon royaume,
dont[6] je ne me donne de garde. »

Onques li rois de Cipre ne peut aultre cose impetrer au
roy d'Engleterre ne plus grant clarté de son voiage, fors
tant que toutdis fu il liement et honourablement festiiés
en disners et en grans soupers. Et avint ensi en ce termine
que li rois David d'Escoce avoit a besongnier en Engleterre
devers le roy, siques, quant il entendi sus son chemin que
li rois de Cipre estoit a Londres, il se hasta durement et
se prist moult priès de lui trouver[7]. Et vint li dis rois
d'Escoce si a point a Londres que encores n'estoit il point
partis. Si se recueilliérent et conjoïrent grandement cil
doi roy ensamble, et leur donna de reciéf li rois d'Engleterre deux fois a souper ou palais de Wesmoustier[8]. Et
prist la li rois de Cipre congiét au roy d'Engleterre et a le
royne, qui li donnérent a son departement grans dons et
biaus jeuiaus. Et donna li rois d'Engleterre au roy de Cipre
une néf qui s'appeloit *Katerine*, trop belle et trop grande
malement. Et l'avoit li rois d'Engleterre meïsmement fait
faire et edefiier ou nom de lui pour passer oultre en Jheru-
salem, et prisoit on ceste néf nommée *Katherine* douze
mil[le] frans, et gisoit adonc ou havene de Zanduich[9]. De
ce don remercia li rois de Cipre le roy d'Engleterre moult
grandement, et l'en[10] sceut grant grét. Depuis ne sejourna
il gaires ens ou pays, mès eut volenté de retourner en
France. Encores avoech toutes ces coses li rois d'Engleterre deffretia le roy de Cipre de tout ce qu'il et ses gens
despendirent, alant et venant, en son royaume. Mais je
ne sçai que ce fu car il laissa[10] le vaissiel dessus nommé a
Zanduic, ne point ne l'en mena avoecques lui, car depuis
deux ans apriès je le vi la arester a l'ancre.

XI. — *Du Guesclin est nommé connétable.*

668. Si fu enfourmés li rois de France de le destruction

<hr>

5. *Et*, et aussi. — 6. *Dont*, [ce] dont.
Trad. : « Ce que je ne prévois pas en
ce moment. » Cf. VIII, note 7.

7. Trad. : « s'apprêta rapidement à
aller le trouver. » Voy. VIII, note 7. —
8. *Wesmoustier*, Westminster (fausse
étymologie). — 9. *Zanduich*, Sand-
wich. — 10. *L'en* (pour *li en*), lui en.
— 11. Trad. : « Mais je ne sais pourquoi il laissa. *Car* = quare (latinisme).

et dou reconquès de Limoges, et comment li princes [1] et ses gens l'avoient laissiét toute vaghe, ensi comme une ville deserte ; si en fu trop durement courouciés et prist en grant compassion le damage et anoy des habitants d'icelle. Or fu avisé et regardé en France, par l'avis et conseil des nobles et des prelas et le commune vois de tout le royaume qui bien y aida, que il estoit de necessité que li François euïssent un ciéf et gouvreneur nommé connestable, car mes sires Moriaus de Piennes se voloit deporter et oster de l'offisce, combien qu'il fust vaillans homs de le main, entreprendans as armes et amés de tous chevaliers et escuiers, siques. tout consideré et imaginé, d'un commun acord on y eslisi et donna on vois souverainne mon signeur Bertran de Claiekin [2], mais que il vosist emprendre l'office, pour le plus [3] vaillant, mieus tailliét et sage [4] de ce faire, et le plus ewireus et fortuné de ses besongnes, qui en ce temps s'armast pour le couronne de France. Adonc escrisi [5] li rois devers lui et envoia certains messages que [6] il venist parler a lui a Paris. Cil qui y furent envoiiét le trouvérent en le visconté de Limoges, ou il prendoit chastiaus et fors et les faisoit rendre a ma dame de Bretagne, femme a mon signeur Charlon [7] de Blois ; et avoit nouvellement pris une ville qui s'appelloit Brandome [8], et estoient les gens rendu a lui, si chevauchoit viers une aultre.

XI. 1. *Li princes*, le Prince Noir. — 2. *Mon signeur*, à monseigneur. Voy. Ménestrel, I, note 7. *De Claiekin.* Du Guesclin, né près de Dinan en 1320. mort le 13 juillet 1380 devant Châteauneuf-de-Randon, dont le gouverneur, qui avait promis de se rendre à cette date s'il n'était secouru, vint déposer les clefs sur son cercueil. D'abord au service de Charles de Blois contre Jean de Montfort, qui disputait à ce dernier l'héritage du comte de Bretagne, il passa en 1361 au service du roi de France, remporta contre Charles de Navarre la victoire de Cocherel (1364) et débarrassa le royaume des grandes Compagnies en les menant guerroyer en Espagne. Il fut nommé connétable en 1370. — 3. *Pour le plus,* etc., comme étant le plus, etc. — 4. Remarquez l'ellipse de *plus* devant *sage* et l'ellipse de l'article dans les deux cas. selon l'usage de l'ancien français, qui évite dans ce cas, et dans d'autres, la répétition de l'article. De même, on trouve les prépositions supprimées devant le second régime. — 5. *Escrisi.* écrivit Forme faible calquée sur la forme étymologique de la 2e personne *escrisis* = scripsisti. — 6. *Que.* etc., explique l'idée contenue dans l'expression composée *envoia certains mess ges*, qui équivaut à un verbe d'opinion et se construit de même. Cf. en latin *litteras misit* suivi d'une proposition infinitive ou d'un résumé de la lettre en style indirect (Salluste). — 7. *Charlon*, cas régime de *Charle.* formé d'après l'analogie de la 3e déclinaison des noms en *o, onis* (*Othe, Othon*). — 8. *Brandome*, Brantôme, chef-lieu de canton de la Dor-

Quant li message dou roy de France furent venu jusques a lui, il les recueilla joieusement et sagement, ensi que bien le savoit faire. Cil li bailliérent les lettres dou roy et fisent[9] leur message bien et a point. Quant mes sires Bertrans se vei[t] si especialment mandés, si ne se volt mies escuser de venir devers le roy de France pour savoir quél cose il voloit. Si se parti au plus tost qu'il peut et envoia le plus grant partie de ses gens ens ès garnisons qu'il avoit conquises. Et en fist souverain et gardiién messire Olivier de Mauni, son neveu, puis chevauca tant par ses journées[10] qu'il vint en le cité de Paris, ou il trouva le roy et grant fuison de seigneurs de son conseil, qui le recueilliérent liement et li fisent tout[11] grant reverense. La li dist et remoustra li rois proprement comment on l'avoit esleü et avisé a estre[12] connestable de France. Adonc s'escusa mes sires Bertrans moult grandement et trés sagement, et dist qu'il n'en estoit mies dignes et que c'estoit uns povres chevaliers et petis bacelérs ou regard des grans signeurs et vaillans hommes de France, comment que fortune l'euïst un petit avanciét. La li dist li rois que il s'escusoit pour noient et qu'il couvenoit qu'il le fust, car il estoit ensi ordonné et determiné de tout le conseil de France, le quél il ne voloit mies brisier.

Lors s'escusa encores li dis mes sires Bertrans par une aultre voie et dist : « Chiers sires et nobles rois, je ne vous voeil ne puis ne ose desdire de vostre bon plaisir, mais il est bien verités que je suis uns povres homs et de basse venue ; et li offisces de la connestablie est si grans et si nobles qu'il couvient, qui[13] bien s'en voelt acquitter, exercer et esploitier et commander moult avant, et plus sus les grans que sus les petis. Et veci mes signeurs vos fréres, vos neveus et vos cousins, qui aront carge de gens d'armes en hos et en chevaucies : comment oseroi[e] je commander sus vaus ? Certes, sire, les envies sont si grandes que je les doi bien ressongnier ; si vous pri chiérement que vous me

<hr>

dogne, à 27 kilomètres Nord de Périgueux, à 8 kilomètres Nord-Est de Bourdeilles, qui est la patrie de l'écrivain plus connu sous le nom de Brantôme.

9. *Fisent.* Voy. VII, note 5. — 10. *Par ses journées,* par étapes. — 11. *Tout,* sujet pluriel picard et wallon, pour *tuit.* — 12. *A estre,* pour être. — 13. *Qui,* si l'on. Voy. VI, note 2.

deportés[14] de cel office et le bailliés a un aultre qui plus
volentiers l'emprende que je[15], et qui mieuls le sace faire. »
Lors respondi li rois et dist : « Mes sire Bertran, mes sire
Bertran, ne vous escusés point par celle voie, car je n'ai
frére ne neveu ne conte ne baron en mon royaume qui
n'obeïsse a vous ; et se nulz en estoit au contraire, il me
coureceroit télement qu'il s'en perceveroit. Si prendés
l'office liement, et je vous en prie. » Mes sires Bertrans cogneut bien que escusances, que il sceuïst ne peuïst faire ne
moustrer, ne valoient riens, si s'acorda finablement a l'ordenance dou roy, mès ce fu a dur[16] et moult envis. La fu
pourveüs a grant joie mes sires Bertrans de Claiekin de
l'office de le connestablie de France ; et pour li[17] plus exau-
cier, li rois l'assist dalès lui a se table et li moustra tous les
signes d'amour qu'il peut ; et li donna en ce jour avoech
l'offisce plus de quatre mil[le] frans de revenue en hiretage,
lui et son hoir[18]. A celle promotion mist grant painne et
grant conseil li dus d'Ango[19].

14. *Deportés*. Voy. X, note 4. —
15. *Je*. L'ancien français n'emploie
pas le cas régime du pronom personnel pour le cas sujet dans les propositions comparatives. Voy. II. note 19.
— 16. *A dur*, difficilement, avec peine.
— 17. *Li*, pour *lui*. Devant l'infinitif
et le gérondif, l'ancien français emploie la forme emphatique des pronoms personnels. — 18. Trad. : « à lui
et à son héritier, » et voy. Villeh., VII.
note 14. — 19. *Ango*, pour *Anjo* (An-
degavum), Anjou.

COMMYNES

I. — *Prologue et dédicace à l'archevêque de Vienne.*

Monseigneur l'archevesque de Vienne[1], pour satisfaire
a la requeste qu'il vous a pleu me faire de vous escripre
et mettre par memoire ce que j'ay sceu et congneu des
faictz du feu roy Loys unziesme[2], a qui Dieu face pardon[3],
nostre maistre et bienfaicteur, et prince digne de tres excellente memoire, je l'ay faict le plus près de la verité que
j'ay peu et sceu avoir la souvenance.

Du temps de sa jeunesse ne scauroye parler, sinon pour
ce que je luy en ay ouy parler et dire, mais depuis le
temps que je vins en son service[4], jusques a l'heure de son
trespas, ou j'estoye present, ay faict plus continuelle resi-
dence avec luy que nul aultre de l'estat a quoy[5] je le ser-
voye, qui pour le moins ay toujours esté des chambellans,
ou occupé en ses grans affaires. En luy et tous aultres
princes que j'ay congneu ou servy, ay congneu du bien et
du mal, car ilz sont hommes comme nous : a Dieu seul
appartient la perfection. Mais quant a ung prince la vertu
et bonnes conditions[6] precèdent les vices, il est digne de
grant memoire et louenge, veu que telz personnaiges sont

---

1. Angelo Cato, né à Sopino, diocèse
de Bénévent, était, suivant une vieille
chronique anonyme, « personnage de
bonne vie, grande littérature, modestie,
et très savant ès mathématiques ». Il
fut successivement attaché à la cour
des princes de la maison d'Anjou, du
duc de Bourgogne, où il connut Commynes, et de Louis XI, dont il devint
le médecin et l'aumônier et qui le fit
archevêque de Vienne en 1482. Il pas-
sait pour devin et avait, disait-on, pré-
dit les défaites de Charles le Téméraire à Granson et à Morat. — 2.
Louis XI, fils de Charles VII et de
Marie d'Anjou, naquit le 3 juillet 1423,
monta sur le trône en 1461 et mourut
le 30 août 1483. — 3. Cette formule.
comme aussi *que Dieu absoille* (*absolve*), indique que la personne qu'on
vient de nommer est morte.

4. *En son service.* C'était en 1472.
Il était auparavant attaché au duc de
Bourgogne, au service duquel il était
entré à peu près à dix-neuf ans. Voy.
Introduction, § V. — 5. *L'estat a quoy*,
l'emploi dans lequel. Voy. Joinville, IV.
note 22. — 6. Pour l'ellipse de l'article, voy. Froissart, XI, note 3.

plus enclins en toutes choses voluntaires que aultres hommes, tant pour la nourriture et petit chastoy que ilz ont eu en leur jeunesse, que pour ce que, venans en l'aage d'homme, la plupart des gens taschent a leur complaire, et[7] a leurs complexions et conditions.

Et pour ce que je ne vouldroye point mentir, se pourroit faire que en quelque endroict de cest escript se pourroit trouver quelque chose qui du tout ne seroit a sa louenge; mais j'ay esperance que ceulx qui le liront considereront les raisons dessus dictes. Et tant ose je bien dire de luy a son loz, qu'il ne me semble pas que jamais j'ay congneu nul prince ou il y eust moins de vices que en luy, a regarder le tout. Si ay je eu autant de congnoissance de grans princes, et autant de communication avec eulx, que nul homme qui ait esté en France de mon temps, tant de ceulx qui ont regné en ce royaulme que en Bretaigne et en ces parties de Flandres, Allemaigne, Angleterre, Espaigne, Portiugal[8] et Italie, tant seigneurs spirituelz que temporelz, que de plusieurs aultres dont je n'ay eu la veue, mais congnoissance par communication de leurs ambassades, par lettres et par leurs instructions, par quoy on peult assez avoir d'information de leurs natures et conditions. Toutes fois ne pretens en riens, en le louant en cest endroict, diminuer honneur ne bonne renommée des aultres, mais vous envoye ce dont promptement m'est souvenu, esperant que vous le demandez pour le mettre en quelque œuvre que vous avez intention de faire en langue latine, dont vous estes bien usité, par laquelle œuvre se pourra congnoistre la grandeur du prince dont vous parleray, et aussi de vostre entendement.

II. — *La ligue du Bien public et Louis XI. — Opérations devant Paris.*

Livre I, chap. viii. — *Comment le roy Loys entra dans Paris pendant que les seigneurs de France y dressoient leurs praticques.*

A mon advis, nous n'avions point esté plus de trois

7. *Et*, et aussi. Voy. Froissart, II, note 8. — 8. Éd. *Portingal.*

jours devant Paris quant le Roy y entra[1]. Tantost nous commencea la guerre tres forte, et par especial sur nos fourrageurs, car l'on estoit contrainct[2] d'aller loing en fourrage, et falloit beaucoup de gens a[3] les garder. Et fault[2] bien dire que en ceste Isle de France est bien assise ceste ville de Paris, de pouoir[4] fournir deux si puissans ostz, car jamais nous n'eusmes faulte de vivres; et dedans Paris a grant peine s'appercevoient ilz qu'il y eust ame. Riens n'encherit que le pain, seullement d'ung denier, car nous n'occupions point les riviéres de au dessus, qui sont trois, c'est assavoir Marne, Yonne et Seine, et plusieurs petites riviéres qui entrent en celles la[5]. A tout prendre, c'est la cité que jamais je veisse environnée de meilleur pays et plus plantureux, et est chose quasi increable que des biens[6] qui y arrivent. Je y ay esté depuis ce temps la avec le roy Loys, demy an sans en bouger, logié ès Tournelles, mangeant et couchant avec luy ordinairement; et depuis son trespas vingt moys, maulgré moy, tenu prisonnier en son palais, ou je veoye de mes fenestres arriver ce qui montoit contre mont la riviére de Seine du costé de Normandie. Dessus en vient sans comparaison plus que n'eusse jamais creu, ce que j'en ay veu[7].

Ainsi donc tous les jours sailloit[8] de Paris force gens, et y estoient les escarmouches grosses. Nostre guet estoit de cinquante lances, qui se tenoient vers la Grange aux Merciers[9], et avoient des chevaulcheurs le plus près de Paris qu'ilz pouoient[10], qui tres souvent estoient ramenez jusques a eulx. Et bien souvent falloit qu'ilz revinssent sur queue[11] jusques a nostre charroy[12], en se retirant le pas

II. 1. *Le roy y entra.* Le 28 août 1465, six semaines après la bataille indécise de Montlhéry. Charles le Téméraire, qui était entré dans la ligue du Bien public dirigée contre Louis XI. portait alors le titre de comte de Charolais. Il était âgé de trente-deux ans. — 2. *Contrainct,* pour *contraint.* Recherche erronée de l'orthographe étymologique. Cf. *fault* pour *faut,* etc. — *A,* pour. — 4. *De pouoir* (éd. *povoir*). puisqu'elle peut. — 5. *Celles la,* éd. *ceulx la.* — 6. On trouve fréquemment en ancien français des phrases comme celle-ci : « *C'est prode chose de femme.* » La phrase de Commynes mélange cette tournure avec la tournure moderne. — 7. Trad. : « En ne tenant compte que de ce que j'ai vu », ou « à ce que j'ai pu voir. »

8. Le verbe s'accorderait aujourd'hui par syllepse avec *gens.* — 9. C'était dans le quartier actuel de Bercy, alors hors de l'enceinte fortifiée. — 10. *Pouoient,* éd. *povoient* (et de même partout). — 11. *Sur queue,* en arrière. — 12. *Charroy,* bagages.

et aucune fois le trot; et puis on leur renvoyoit des gens qui tres souvent aussi renvoyoient les aultres jusques bien près les portes de Paris. Et ceci estoit a toutes heures, car en la ville y avoit plus de deux mil[le] cinq cens hommes d'armes, de bonne estoffe et bien logiez, grant force de nobles de Normandie et de franz archiers; et puis vëoient les dames tous les jours, qui leur donnoient envie de se monst-t[r]er. De nostre costé, y avoit ung tres grant nombre de gens, mais non point tant de gens de cheval, car il n'y avoit que les Bourguignons — qui estoient environ quelques deux mil[le] lances, que bons que mauvais, — qui n'estoient point si bien acoustrez que ceulx de dedans Paris, pour la longue paix qu'ilz avoient eue, comme j'ay dict autres fois. Encores de ce nombre en y avoit a Laigny [13] bien deux cens hommes d'armes, et y estoit le duc de Calabre. De gens a pied nous avions grant nombre et de bons. L'armée des Bretons estoit a Sainct Denis, qui faisoient la guerre la ou ilz pouoient, et les aultres seigneurs espars pour les vivres. Sur la fin, y vindrent le duc de Nemours [15], le comte d'Armignac [16] et le seigneur d'Albret [17]. Leurs gens demourerent loing, pour ce qu'ilz n'avoient point de payement, et que ilz eussent affamé nostre ost se ilz eussent prins sans payer; et sçay bien que le conte de Charolois leur donna de l'argent, jusques a cinq ou six mil[le] francz; et fut advisé que leurs gens ne viendroient point plus avant. Ilz estoient bien six mil[le] hommes de cheval, qui faisoient merveilleusement de maulx.

13. Lagny-sur-Marne, chef-lieu de canton de Seine-et-Marne, à 20 kilomètres Sud-Ouest de Meaux. — 14. *Le duc de Calabre*. Jean d'Anjou, fils de René, roi de Sicile, et d'Isabelle de Lorraine, né en 1424, mort en 1470. Il avait épousé Marie, fille du duc de Bourbon Charles Ier (*Art de vérifier les dates*, III, 486). — 15. Nemours avait été érigé en duché-pairie par Charles VI (1404), puis échangée avec Charles le Noble, roi de Navarre, et rendue à la couronne en 1425. Louis XI la céda à Jacques d'Armagnac, puis la confisqua en 1477, quand celui-ci eut été condamné à mort par le Parlement et exécuté. Il la rendit plus tard à Louis d'Armagnac, troisième fils de Jacques. — 16. *Le conte d'Armignac*, le comte d'Armagnac, Jean V. Il passa sa vie à lutter contre Louis XI, qui cependant, à son avènement, lui avait rendu ses biens confisqués par Charles VII à cause de ses intelligences avec les Anglais. Il périt assassiné lors de la prise de Lectoure par les troupes royales (1473). — 17. *Le seigneur d'Albret*. Charles II, fils de Charles Ier, seigneur d'Albret, et de Marie de Sully, mort en 1471 à l'âge de soixante-dix ans (*Art de vérifier les dates*, II, 203).

Chap. IX. — *Comment l'artillerie du comte de Charolois et celle du Roy tirérent l'une contre l'aultre près Charenton, et comment le comte de Charolois feit faire de rechiéf ung pont sur basteaulx en la riviére de Seine.*

En retournant au faict de Paris, il ne fault doubter que nul jour sans perte et gaigne ne se passast, tant d'ung costé que d'aultre[18]; mais de choses grosses[19] n'y advint il riens, car le Roy ne vouloit point souffrir que ses gens saillissent en grosses bendes, ny ne vouloit riens mettre en hazard de bataille, et desiroit paix et saigement despartir ceste assemblée. Toutes fois ung jour, bien matin, vindrent logier droict vis a vis l'hostel de Conflans[20], au long de la riviére et sur le fin bort, quatre mil[le] francz archiers. Les nobles de Normandie et quelque peu de gens d'armes d'ordonnance, demourerent a ung quart de lieue de la en ung villaige, et depuis leurs gens de pied jusques la n'y avoit que une belle plaine. La riviére de Seine estoit entre nous et eulx; et commencerent ceulx du roy une tranchée a l'endroict de Charenton, ou ilz feirent ung boulevert de boys et de terre, jusques au bout de nostre ost, et passoit le dict fossé par devant Conflans, la riviére entre deux, comme dict est; et la affutérent grant nombre d'artillerie qui d'entrée chassa tous les gens du duc de Calabre hors du villaige de Charenton. Et fallut que a grant haste ilz veinssent logier avec nous; et y eut des gens et des chevaulx tuez. Et logea le duc Jehan[21] en ung petit corps d'hostel, tout droict au devant de celluy de monseigneur de Charolois, a l'opposite de la riviére.

Ceste artillerie commencea premiérement a tirer par nostre ost, et espoventa fort la compaignie, car elle tua des gens d'entrée, et tira deux coups par la chambre ou le seigneur de Charolois estoit logié, comme il disnoit, et vint

---

18. *Que d'aultre*, que de l'autre. — 19. *Grosses*, importantes. — 20. *Conflans*. Bourg entre Paris et Charenton au confluent de la Marne et de la Seine. C'est au château de Conflans, qui appartient aujourd'hui aux arche- vêques de Paris, que fut signé le traité qui mit fin, cette année même, à la guerre du *Bien public* (1465). — 21. *Jean*. Jean V, duc d'Armagnac. Voy. note 16.

tuer une trompette[22], en apportant[23] ung plat de viande, sur le degré.

Après le disner, le dict conte de Charolois descendit a l'étaige bas, et delibera n'en bouger[24]; et le feit tendre au mieulx qu'il peut. Le matin vindrent les seigneurs tenir conseil; et ne se tenoit[25] point ailleurs que chez le conte de Charolois; et se mettoient les ducs de Berry et de Bretaigne au banc, le conte de Charolois et le duc de Calabre au devant; et portoit le dict conte honneur a tous, les conviant a l'assiète[26]. Aussi le debvoit bien faire a d'aucuns et a tous, puisque c'estoit chez luy[27]. Il fut advisé[28] que toute l'artillerie de l'ost seroit assortie encontre celle du roy. Le dict seigneur de Charolois en avoit tres largement, le duc de Calabre en avoit de belle, et aussi le duc de Bretaigne. L'on feit de grans trouz ès murailles qui sont au long de la riviére derriére le dict hostel de Conflans, et y assortit on toutes les meilleures piéces, excepté les bombardes et autres grosses piéces, qui ne tirerent point, et le demourant ou elles[29] pouoient servir. Ainsi en y eut du costé des seigneurs beaucoup plus que de celluy du Roy. La tranchée que les gens du Roy avoient faicte estoit fort longue, tirant vers Paris, et tous jours la tiroient avant, et gectoient la terre de nostre costé, pour soy taudir de l'artillerie, car tous[30] estoient cachez dedans le fossé, ne nul n'eust osé monstrer la teste. Ilz estoient en lieu plain comme la main, et en belle prayrie.

Je n'ay jamais tant veu tirer pour si peu de jours. Car de nostre costé on se attendoit de les chasser a force d'artillerie; aux aultres en venoit de Paris tous les jours, qui faisoient bonne dilligence de leur costé, et n'espargnoient

---

22. On dirait aujourd'hui : *un trompette*. — 23. *En apportant*. En ancien français, et même au xviii⁵ siècle, le géroudif avec *en* pouvait se rapporter au régime; aujourd'hui il ne peut se rapporter qu'au sujet.

24. Trad. : « Et décida de n'en pas bouger. » — 25. *Se tenoit* a pour sujet *le conseil*. — 26. *A l'assiète*, à manger dans la même assiette que lui. — 27. Remarquez le raffinement de la politesse en usage à cette époque.

principalement chez les ducs de Bourgogne. Nous avons déjà vu le Prince Noir s'appliquer, le soir même de la bataille de Poitiers. à rendre au roi de France et aux grands seigneurs de sa propre armée les honneurs dus à chacun. — 28. *Advisé*, décidé. — 29. Le pluriel *elles* est justifié par le sens collectif de *demourant*. — 30. *Tous*, entièrement. L'adjectif pour l'adverbe : construction ordinaire.

point la poudre. Grant quantité de ceulx de nostre ost feirent des fossez en terre a l'endroict de leurs logis. Encores davantaige y en avoit beaucoup, pour ce que c'est lieu ou l'on a tiré de la pierre. Ainsi se taudissoit chascun; et se passa[31] trois ou quatre jours. La craincte fut plus grande que la perte des deux costez, car il ne se perdit nul homme de nom.

Quant ces seigneurs veirent que ceulx du roy ne se esmouvoient point, il leur sembla honte et peril, et que ce seroit donner cueur a ceulx de Paris. Car, par quelque jour de trefves, il vint tant de peuple que il sembloit que riens ne fust demouré en la ville. Il fut conclud en ung conseil que l'on feroit ung fort grant pont sus basteaulx, et coupperoit on l'estroict du basteau, et ne se asserroit le boys que sur le large, et au derrenier couplet y auroit de grans ancres pour gecter en terre. Avec cela, furent amenez plusieurs grans basteaulx de Seine, qui eussent peu passer la riviére et assaillir les gens du Roy.

A maistre Girault, canonnier, fut donnée la charge de cest ouvraige, au quel il sembloit que pour les Bourguignons estoit grant advantaige de ce que les aultres avoient gecté les terres de nostre costé, pour ce que, quant ilz seroient oultre la riviére, ceux du Roy trouveroient leur tranchée beaucoup au dessoubz des assaillans, et que ilz n'oseroient saillir du dit fossé, jusques a aujourd'huy, pour craincte de l'artillerie.

Ces raisons donnerent grant cueur aux nostres de passer; et fut le pont achevé, amené et dressé, sauf le derrenier couplet, qui tournoit de costé, prest a dresser, et tous les basteaulx amenez. Dès qu'il fut dressé, vint ung officier d'armes du roy dire que c'estoit contre la trefve : pour ce que ce jour et le jour precedent y avoit eu trefve, on venoit pour vëoir que c'estoit. A l'adventure, il trouva mon sieur de Bueil[32] et plusieurs aultres sur le dict pont, a qui il parla. Ce soir passoit la trefve. Il y pouoit bien passer trois hommes d'armes, la lance sur la cuisse, de front; et y pouoit bien avoir six grans basteaulx, que chascun eust

---

31. *Et se passa*, et il se passa.
32. Jean V, sire de Bueil, comte de Sancerre, conseiller et chambellan du roi, amiral de France.

bien passé mil hommes a la fois, et plusieurs petiz; et fut acoustrée l'artillerie pour les servir a ce passaige. Si furent faictes les bendes et les roolles de ceulx qui debvoient passer; et en estoient chiéfs le cons[33] de Sainct Pol, et le seigneur de Haultbourdin [34].

Dès que mynuict fut passé, se commencerent a armer ceulx qui en estoient, et avant jour furent armez; et ouyrent les aucuns messe en attendant le jour, et faisoient ce que bons crestiens font en tel cas. Ceste nuict, je me trouvay en une grant tente qui estoit au meillieu de l'ost, ou on faisoit le guet, et en estoye ceste nuict, car nul n'en estoit excusé; et estoit chiéf de ce guet mon seigneur de Chastel Guyon [35], qui mourut a Granson [36] depuis, et [37] se attendoit l'heure de veoir cest esbat. Soubdainement nous ouysmes ceulx qui estoient en ces tranchées, qui commencérent a cryer a haulte voix : « Adieu, voisins, adieu; » et incontinent mirent le feu en leurs logis et retirerent leur artillerie. Le jour commencea a venir. Les ordonnez a ceste entreprinse [38] estoient ja sur la riviére, au moins partie, et veirent les aultres ja bien loing, qui se retiroient a Paris. Ainsi doncques chascun s'alla desarmer, tres joyeulx de ce partement. Et a la verité, ce que le Roy y avoit mis de gens, ce n'estoit que pour batre nostre ost d'artillerie, et non pas en intention de combatre, caril ne vouloit riens mettre en hazard, comme j'ay dict ailleurs, nonobstant que sa puissance [39] fust tres grande pour tous, tant qu'il y avoit de princes ensemble [40]. Mais son intention, comme bien la monstra, estoit de traicter paix et despartir la compaignie, sans mettre son estat, qui est si grant et si bon que d'estre roy de ce grant et obeyssant royaulme de France, en peril de chose si incertaine que une bataille.

---

33. *Cons*, pour *comte* : souvenir de l'ancien cas sujet. Voyez en effet, à la page suivante : *le conte de Sainct Pol.* — 34. Haubourdin, chef-lieu de canton du Nord, sur la Deule, à 7 kilomètres de Lille.

35. Châtel-Guyon, canton de Riom (Puy-de-Dôme). — 36. *A Granson.* Granson, où les Suisses battirent complétement Charles le Téméraire en 1476, est situé sur la rive occidentale du lac de Neuchâtel, à 32 kilom. Nord de Lausanne, non loin de Morat, célebre par une autre défaite de Charles le Téméraire, aussi en 1476. — 37. Et *se* (pour *si*), et. — 38. Trad. : « Ceux qui avaient été désignés pour cette entreprise. » — 39. *Puissance*, forces (militaires). — 40. Trad. : « Comparée à celles de tous les princes confédérés ».

Chascun jour se menoit de petiz marchez pour soustraire
gens l'ung a l'aultre ; et y eut plusieurs jours de trefves [41] et
assemblées d'une part et d'aultre pour traicter de paix ; et
se faisoit la dicte assemblée a la Grange aux Merciers, assez
près de nostre ost. De la part du Roy, y venoit le conte du
Maine et plusieurs aultres ; de la part des seigneurs, le conte
de Sainct Pol et plusieurs aultres aussi, de tous les seigneurs [42]. Assez de fois furent assemblez sans riens faire.
Et ce pendant duroit la trefve ; et s'entrevoyoient beaucoup
de gens des deux armées, ung grant fossé entre deux [43], qui
est comme my chemin, les ungz d'ung costé, les aultres de
l'aultre, ou par la trefve nul ne pouoit passer. Il n'estoit
jour que, a cause de ces veues, ne se vint rendre [44] dix ou
douze hommes du costé des seigneurs, et aucunes fois
plus ; ung aultre jour s'en alloient autant des nostres. Et
pour ceste cause se appella le lieu, depuis, le Marché, pour
ce que telles marchandises [45] s'y faisoient. Et pour dire la
verité, telles assemblées et communications sont bien dan-
gereuses en telles façons, et par especial pour celluy qui
est en plus grant apparence de chëoir. Naturellement la
plus part des gens ont l'œil a s'acroistre ou a se saulver,
qui [46] ayséement les faict tirer au plus fort. Aultres en y a
si bons et si fermes que ilz n'ont nulz de ces regards, mais
peu. Et par especial est ce dangier, quant ilz ont prince
qui cherche a gaignier gens : qui [46] est une grant grace que
Dieu faict au prince qui le sçait faire, et est signe qu'il
n'est point entaché de ce fol vice et peché d'orgueil, qui
procure hayne envers toutes personnes. Pour quoy,
comme j'ay dict, quant on vient a telz marchez que de traicter paix, il [48] se doibt faire par les plus féables serviteurs
que les princes ont, et gens d'aage moyen, affin que leur faiblesse ne [49] les conduise a faire quelque marché deshon-

---

41. Éd. *brefves*. — 42. L'édition met un point virgule après *plusieurs aultres* et rien après *aussi*. Le sens de cette fin de phrase, un peu négligée, paraît être : « et plusieurs autres aussi, qui représentaient l'ensemble des seigneurs confédérés » (*de*, « de la part de »). — 43. Proposition participiale ellip- tique : le participe à suppléer est *étant*). — 44. Trad. : « Il ne se vint rendre. » — 45. *Marchandises*, marchandages, commerce. — 46. *Qui*, ce qui. Cf. trois lignes plus loin. — 47. *Pour quoy*, c'est pourquoi. — 48. *Il* représente *marché*, qu'il faut tirer du pluriel *marchez* : il y a une petite irrégularité. — 49. Aujourd'hui on écrirait *ne... pas*..

neste, ne a espouenter leur maistre, a leur retour, plus
que de besoing ; et plus tost y empescher[50] ceulx qui ont
receu quelque grace ou bienfaict de luy que aultres, mais
sur tout saiges gens, car d'ung fol ne feit jamais homme[51]
son prouffit. Et se doibvent plus tost conduire ces traictez[52]
loing que près. Et quant les dictz ambassadeurs retournent, les ouyr seul, ou a[53] peu de compaignie, affin que, si
leurs parolles sont pour espouenter les gens, qu'ilz[54] leur
dient les langaiges dont ilz doibvent user a[55] ceulx qui les
enquerront ; car chascun desire de sçavoir nouvelles
d'iceulx, quant ilz viennent de telz traictez[52] ; et plusieurs
dient : « Tel[56] ne me celera riens. » Mais si feront, s'ilz
sont telz comme je dis, et qu'ilz congnoissent qu'ilz ayent
maistre saige.

Chap. x. — *Digression sur quelques vices et vertus du roy Loys unziesme.*

Je me suis mis en ce propos, par ce que j'ay veu beaucoup de tromperies en ce monde, et de beaucoup de serviteurs envers leurs maistres, et plus souvent tromper les
princes et seigneurs orgueilleux, qui peu veulent ouyr parler les gens, que les humbles, qui voulentiers les escoutent.
Et entre tous ceulx que j'ay jamais congneuz, le plus saige
pour soy tirer d'ung mauvais pas, en temps d'adversité,
c'estoit le roys Loys XI, nostre maistre, et le plus humble
en parolles et en habitz, qui plus travailloit a gaigner ung
homme qui le pouoit servir ou qui luy pouoit nuyre, et ne
se ennuyoit point a estre refusé une fois d'ung homme qu'il
praticquoit a gaigner, mais y continuoit, en luy promet-
tant largement et donnant par effect argent et estat qu'il
congnoissoit qui luy plaisoit[57]. Et ceulx qu'il avoit chas-

---

50. *Y empescher*, y employer (avec
une idée de difficulté à vaincre).
L'infinitif dépend de *doibt*. On pourrait aussi y voir un infinitif-impératif ;
comparez *ouyr*, cinq lignes plus loin. —
51. *Homme* est pris ici tout à fait au
sens indéfini de *on*. Il y a là une préoccupation étymologique un peu pédan-
tesque. — 52. *Traictez*, négociations.

Cf. plus bas. — 53. *A*, avec. — 54. Pour
la répétition de *que*, voy. Villeh., VI,
note 19. — 55. *A*, envers. — 56. *Tel*,
un tel.

57. Cette tournure, ou l'on a deux
propositions relatives qui se comman-
dent, a été usitée jusqu'au xviiie siècle
et se rencontre encore quelquefois.

sez et deboutez en temps de paix et de prosperité, il les rachaptoit bien chier quant il en avoit besoing, et s'en servoit, et ne les avoit en nulle hayne pour les choses passées. Il estoit naturellement amy des gens de moyen estat, et ennemy de tout grans qui se pouoient passer de luy. Nul homme ne presta jamais tant l'oreille aux gens, ny ne s'enquist de tant de choses, comme il faisoit, ny ne voulut jamais congnoistre tant de gens ; car aussi veritablement il congnoissoit toutes gens d'auctorité et de valleur, qui estoient en Angleterre, Espaigne et Portiugal[58], Italie et ès seigneuries du duc de Bourgongne, et en Bretaigne, comme il faisoit ses subgectz[59]. Et ces termes et façons qu'il tenoit, dont j'ay parlé cy dessus, luy ont saulvé la couronne, veu les ennemys qu'il s'estoit luy mesmes acquis a son advenement au royaulme. Mais surtout luy a servy sa grant largesse ; car ainsi comme saigement conduisoit l'adversité, a l'opposite, dès ce qu'il cuydoit estre asseuré, ou seullement en une trefve, se mettoit a mescontenter les gens, par petitz moyens qui peu luy servoient, et a grant peine pouoit endurer paix. Il estoit legier a parler de[60] gens, et aussi tost[61] en leur presence que en leur absence, sauf de ceulx qu'il craignoit, qui estoient beaucoup, car il estoit assez crainctif de sa propre nature. Et quant pour parler il avoit receu quelque dommaige, ou en avoit suspection, et le vouloit reparer, il usoit de ceste parolle au personnaige propre[62] : « Je scay bien que ma langue m'a porté grant dommaige, aussi m'a elle faict quelquefois du plaisir beaucoup ; toutes fois c'est raison que je repare l'amende. » Et ne usoit point de ses privées parolles qu'il ne feist quelque bien au personnaige a qui il parloit, et n'en faisoit nulz[63] petitz.

Encores faict Dieu grant grace a ung prince, quant il sçait bien et mal, et par especial quant le bien le precède[64], comme au roy nostre maistre dessus dict. Mais a mon advis, (que) le travail[65] qu'il eut en sa jeunesse, quant il fut fu-

<hr>

58. Éd. *Portingal*. — 59. Voy. Villeh., VIII, note 15. — 60. *De gens*, des gens : le sens indéterminé justifie l'absence de l'article déterminatif. — 61. *Aussi tost*, aussi bien. — 62. Trad. : « à la personne même ». — 63. *Nulz*. Sous-ent. *biens*.

64. *Le precède*, le dépasse (*le*, le mal). — 65. *Le travail*, les difficultés.

gitif de son pere et fuyt soubz le duc [66] Philippe de Bourgongne [67], ou il fut six ans, luy vallut beaucoup, car il fut
contrainct de complaire a ceulx dont il avoit besoing ; et
ce bien luy apprint Adversité, qui n'est pas petit [68]. Comme
il se trouva grant et roy couronné, d'entrée ne pensa que aux
vengeances ; mais tost luy en vint le dommaige et quant et
quant la repentance. Et repara ceste follye et ceste erreur
en regaignant ceulx aux quélz il tenoit fort, comme vous
entendrez cy après [69]. Et s'il n'eust eu la nourriture aultre
que les seigneurs que j'ay veu nourrir en ce royaulme, je
ne croy pas que jamais se fust ressours ; car ils ne les
nourrissent seullement que a faire les folz en habillemens
et en parolles. De nulles lettres ilz n'ont congnoissance.
Ung seul saige homme on ne leur met a l'entour. Ilz ont
des gouverneurs a qui on parle de leurs affaires, a eulx
rien ; et ceulx la disposent de leurs dictz affaires. Et telz
seigneurs y a qui n'ont que treize livres de rente en argent,
qui se glorifient de dire : « Parlez a mes gens, » cuydans
par ceste parolle contrefaire les tres grans. Aussi ay je
bien veu souvent leurs serviteurs faire leur prouffit d'eulx,
en leur donnant bien a congnoistre qu'ils estoient bestes.
Et si d'adventure quelc'un s'en revient [70], et veult congnoistre
ce qui luy appartient, c'est si tard qu'il ne sert plus de
guères ; car il fault noter que tous les hommes qui jamais
ont esté grans et faict grans choses, ont commencé fort
jeunes. Et cela gist a la nourriture, ou de [71] grace de Dieu.

66. *Fuyt soubz le duc*, se réfugia auprès du duc. — 67. Philippe III, *le Bon*, duc de Bourgogne, père de Charles-le-Téméraire, succéda en 1419 à son père Jean-sans-Peur, assassiné sur le pont de Montereau par les ordres du dauphin, depuis Charles VII. C'est un de ses lieutenants, Jean de Luxembourg, qui prit Jeanne d'Arc au siège de Compiègne et la livra aux Anglais. Ce prince, aussi intelligent que brave, fonda l'Université de Dôle et l'ordre de la *Toison d'or*. C'était l'oncle de Louis XI, qui, se trouvant en mésintelligence avec son père Charles VII, contre lequel il s'était révolté, alla lui demander asile (1456) et resta auprès de lui jusqu'à la mort du roi (1461). — 68. *Ce bien... qui.* Voy. Villeh. II, note 56. — 69. Cette formule montre que ces *Mémoires*, comme les *Chroniques* de Froissart, étaient destinés à être lus tout haut, ce qui tenait, comme nous l'avons vu, à la rareté des manuscrits, ou même des livres imprimés à l'origine de l'imprimerie. — 70. *S'en revient*, se tire de là, vient à résipiscence. — 71. *De* ne convient guère à *gist* ; il faudrait *vient*, qu'il conviendrait peut-être de rétablir.

Chap. xi. — *Comment les Bourguignons estant près de Paris,
attendans la bataille, cuydérent des chardons qu'ils veirent
que ce fussent lances debout.*

Or j'ay long temps tenu ce propos; mais il est tel que
n'en sors pas bien quant je veulx. Et pour revenir a la
guerre [72], vous avez ouy [73] comme ceulx que le Roy avoit
logiez en ceste tranchée, au long de ceste riviére de Seine,
se deslogiérent a l'heure que l'on les devoit assaillir. La
trefve ne duroit jamais guères que ung jour ou deux. Aux
aultres jours, se faisoit la guerre tant aspre qu'il estoit possible, et continuoient les escarmouches depuis le matin
jusques au soir. Grosses bendes ne sailloient point de
Paris; toutes fois souvent nous remettoient [74] nostre guet,
et puis on le renforçoit. Je ne vey jamais une seulle journée qu'il n'y eust escarmouche, quelque petite que ce fust.
Et croy bien que le roy eust voulu qu'elles y eussent esté
bien plus grosses; mais il estoit en grant suspection et
de beaucoup, qui [75] estoit sans cause. Il m'a aultres fois
dict qu'il trouva une nuict la Bastille Sainct Antoine ouverte, par la porte des champs, qui luy donna grant suspection de messire Charles de Meleun, pour ce que son pére [76]
tenoit la place. Je ne dis aultre chose du dict messire Charles
que ce que j'en ay dict; mais meilleur serviteur n'eut point
le Roy, pour ceste année la [77].

Ung jour fut entreprins a Paris de nous venir combattre
— et croy que le Roy n'en delibera riens, mais les cappitaines — et de nous assaillir de trois costez : les ungz devers
Paris, qui [78] debvoit estre la grant compaignie, une aultre
bende devers le pont de Charenton, et ceulx la n'eussent
guères sceu nuyre; et deux cens hommes d'armes qui

---

72. Transition naïve pour reprendre
le récit après la digression sur le ca
ractère de Louis XI. — 73. Voy. note
69. — 74. Trad. : « Elles nous repous-
saient, elles rejetaient sur nous. » —
75. Trad. : « il suspectait beaucoup
et beaucoup de gens, ce qui, etc. » —
76. *Qui*, [ce] qui. *Son pére*. Philippe
de Melun fut capitaine de la Bastille Saint-Antoine de 1462 à 1466,
date de sa mort. — 77. *Pour ceste
année la*, du moins cette année-là (sens
restrictif). En effet, Charles de Melun,
grand-maître de France, fut, trois ans
plus tard, accusé de haute trahison et
eut la tête tranchée le 20 août 1468.
78. *Qui*. Il y a ici attraction de
l'attribut, comme en latin.

debvoient venir par devers le bois de Vincennes. De ceste conclusion fut adverty l'ost, environ la mynuict, par ung paige, qui vint cryer de l'aultre part de la riviére que aucuns bons amys des seigneurs les advertissoient de l'entreprinse qui estoit telle que avez ouy, et en nomma, aucuns; et incontinent s'en alla.

Sur la fine poincte du jour, vint messire Poncet de Riviére devant le dict pont de Charenton, et monseigneur du Lau[79], d'aultre part, devers le bois de Vincennes, jusque a nostre artillerie, et tuerent ung canonnier. L'alarme fut fort grant, cuydant que ce fust ce dont le paige avoit adverti la nuict. Tost fut armé monseigneur de Charolois, mais encores plus tost le duc Jehan de Calabre; car a tous alarmes c'estoit le premier homme armé de toutes piéces, et son cheval tous jours bardé. Il portoit ung habillement que ces conducteurs[80] portent en Italie, et sembloit bien prince et chiéf de guerre, et tiroit tous jours droict aux barriéres de nostre ost, pour garder les gens de saillir, et y avoit d'obeyssance autant que monseigneur de Charolois, et luy obeyssoit tout l'ost de meilleur cueur. Et a la verité il estoit digne d'estre honnoré.

En ung moment tout l'ost fut en armes et a pied, au long des chariotz par le dedans, sauf quelques deux cens chevaulx, qui estoient dehors au guet. Excepté ce jour, je ne congneuz jamais que l'on eust esperance de combattre; mais ceste fois chascun s'y attendoit. Et sur ce bruyt arrivérent les ducz de Berry et de Bretaigne[81], que jamais ne veiz armé[s] que ce jour. Le duc de Berry estoit armé de

79. Antoine de Castelnau, baron du Lau, en Armaguac, grand chambellan et grand bouteiller de France. Il fut peu après disgracié et enfermé au château d'Usson, en Auvergne, d'où il s'échappa en 1468 et se réfugia auprès du duc de Bourgogne. Il rentra plus tard en faveur et fut nommé gouverneur du Roussillon et de la Cerdagne. — 80. *Ces* est emphatique. *Conducteurs*. C'est ainsi que Commynes traduit le mot *condottieri*, qui designait des chefs de bandes, quelquefois de petits princes souverains, qui se mettaient en Italie au service des républiques ou des princes plus puissants.

81. *Les ducs de Berry et de Bretaigne.* C'etaient, avec Charles le Téméraire (alors comte de Charolais), les chefs de la ligue du Bien public. Le duc de Berry était le propre frère du roi Charles ; le duc de Bretagne était François II (1458-1488), dont la fille et l'héritière Anne prépara la réunion du duché à la France (1532) en épousant successivement les rois Charles VIII (1491) et Louis XII (1499).

toutes piéces; ilz avoient peu de gens. Ainsi ilz passérent
par le camp et se misrent ung peu au dehors pour trouver
messeigneurs de Charolois et de Calabre et la parloient
ensemble. Les chevaulcheurs, qui estoient enforcez, allerent plus près de Paris, et veirent plusieurs chevaulcheurs
qui venoient pour sçavoir ce bruict en l'ost[82]. Nostre artillerie avoit fort tiré, quant ceulx de monseigneur du Lau
s'en estoient approchez si près. Le roy avoit bonne artillerie sur la muraille de Paris, qui tira plusieurs coups jusques a nostre ost, qui[83] est grant chose, car il y a deux
lieues; mais je croy bien que l'on avoit levé aux bastons[84]
le néz bien hault[85]. Ce bruict d'artillerie faisoit croire de
tous les deux costez quelque grant[86] entreprinse. Le temps
estoit fort obscur et trouble, et nos chevaulcheurs, qui s'estoient approchez de Paris, vëoient plusieurs chevaulcheurs,
et bien loing oultre devant eulx vëoient grant quantité de
lances debout, ce leur sembloit; et jugeoient que c'estoient
toutes les batailles du Roy qui estoient aux champs, et tout
le peuple de Paris; et ceste ymagination leur donnoit l'obscurité[87] du temps.

Ilz se reculerent droict vers ces seigneurs qui estoient
hors de nostre camp et leur signifierent ces nouvelles, et
les asseurerent de la bataille. Les chevaulcheurs sailliz de
Paris s'approchoient tous jours, pour ce qu'ilz vëoient reculer les nostres, qui[88] encores les faisoit mieulx croire.
Lors vint le duc de Calabre la ou estoit l'estendart du conte
de Charolois, et la plus part des gens de bien[89] de sa maison pour l'accompaigner, et sa banniére preste a desployer,
et le guidon de ses armes, qui estoit l'usance de ceste maison; et la nous dict a tous le dict duc Jehan : « Or ça, nous
sommes a ce que nous avons tous desiré : voy la le Roy et
tout son peuple sailly de la ville, et marchent, comme dient
nos chevaulcheurs; et pour ce, que chascun ait bon vouloir

<hr>

82. Trad.: « pour connaître la cause
de cette agitation de l'armée ». — 83.
Qui, [ce] qui. — 84. On donnait le
nom de *bostons a feu* aussi bien aux
canons qu'aux mousquets. — 85. C'est-
à-dire qu'on avait tiré à toute volée.
— 86. *Grant*. On voit que la forme
étymologique, semblable à celle du
masculin, persiste encore au commencement du xvie siècle, à côté de la forme
analogique *grande* Voy. VII, note 35.
— 87. *L'obscurité* est sujet.

88. *Qui*, [ce] qui. — 89. — *Des gens
de bien*, des personnages de distinction.
Cf. en latin *boni*, *optimates*, et plus
tard *les honnêtes gens*.

et cueur. Tout ainsi qu'ilz saillent de Paris, nous les aulnerons a l'aulne de la ville, qui est la grant [90] aulne. »
Ainsi alla reconfortant la compaignie. Nos chevaulcheurs
avoient ung petit reprins de cueur, voyans que les aultres
chevaulcheurs estoient foibles; si se raprocherent de la
ville, et trouverent encores ces batailles au lieu ou ilz les
avoient laissées, qui[91] leur donna nouveau pensement. Ilz
s'en approcherent le plus qu'ilz peurent; mais estant le
jour ung peu haulsé et esclarcy, ilz trouverent que c'estoient
grans chardons. Ilz furent jusques auprès des portes, et
ne trouverent rien dehors : incontinent le manderent a ces
seigneurs, qui s'en allerent ouyr messe et disner. Et en furent honteulx ceulx qui avoient dict ces nouvelles, mais le
temps les excusa, avec ce que le paige avoit dict la nuict de
devant.

III. — *Utilité des études pour les princes et les grands seigneurs.*

Livre II, chap. vi. — *Digression sur l'advantaige que les bonnes
lettres, et principallement les hystoires, font aux princes et
aux grans seigneurs.*

C'est grant follye a ung prince de se soubmettre a la puissance d'ung aultre, par especial quant ilz sont en guerre,
ou ilz ont esté[1] en tous endroictz; et est grant avantaige
aux princes d'avoir veu des hystoires en leur jeunesse, ès
quelles se voyent largement de telles assemblées, et de grans
frauldes, tromperies et parjurements, que aucuns des anciens ont faict les ungz vers les aultres, et prins et tuez
ceulx qui en telles seuretez s'estoient fiëz. Il n'est pas dict
que tous en ayent usé; mais l'exemple d'ung est assez pour
en faire saiges plusieurs et leur donner vouloir de se garder : et est, ce me semble, — a ce que j'ay veu plusieurs
fois, par experience de ce monde, ou j'ay esté autour des
princes l'espace de dix huict ans ou plus, ayant clere congnoissance des plus grans[2] et secrettes matiéres qui se sont

90. Voy. note 86. — 91. *Qui,* [ce] qui.   d'hui on ne répéterait pas le pronom *ilz,* ou bien l'on écrirait *ou qu'ilz.* —

III. 1. Sous-ent. *en guerre.* Aujour-   2. *Grans.* Voy. note II, 86.

traictées en ce royaulme de France et seigneuries voisines, —
l'ung des grans moyens de rendre un homme saige, d'avoir
leu les hystoires ancïennes, et apprendre[3] a se conduire et
garder, et entreprendre[3] saigement par icelles et par les
exemples de nos predecesseurs. Car nostre vie est si briefve,
qu'elle ne suffist a avoir de tant de choses experience.
Joinct aussi[4] que nous sommes diminuez d'aage, et que la
vie des hommes n'est si longue comme elle souloit, ny les
corps si puissans ; semblablement, que nous sommes affoi-
blis de toute foy et loyaulté les ungz envers les aultres :
et ne scauroye dire par quel lieu on se puisse asseurer les
ungz des aultres, et par especial des grans princes, qui
sont assez enclins a leur voulenté[5], sans regarder aultre raison, et, qui pis vault, sont le plus souvent environnez de
gens qui n'ont l'œil a nulle aultre chose que a complaire a
leurs maistres, et a louer toutes leurs œuvres, soit bonnes,
ou mauvaises ; et si quelc'un se trouve qui veuille mieulx
faire, tout se trouvera brouillé.

Encores ne me puis je tenir de blasmer les seigneurs
ignorans. Environ[6] tous seigneurs, se trouvent voulentiers
quelques clercs et gens de robbes longues, comme raison
est ; et y sont bien scans quant ilz sont bons, et bien dan-
gereux quant ilz sont aultres. A tous propos ont une loy
au bec, ou une hystoire, et la meilleure qui se puisse trouver se tourneroit bien a mauvais sens ; mais les saiges, et
qui auroient leu[7], n'en seroient jamais abusez, ny ne seroient les gens si hardys de leur faire entendre mensonges.
Et croyez que Dieu n'a point establly l'office de roy ne
d'aultre prince pour estre exercé par les bestes, ne par
ceulx qui, par vaine gloire, dient : « Je ne suis pas clerc, je
laisse faire a mon conseil, je me fie en eulx ; » et puis, sans
assigner aultre raison, s'en vont en leurs esbatz. S'ilz
avoient esté bien nourris en leur jeunesse, leurs raisons
seroient aultres, et auroient envie que on estimast leurs
personnes et leurs vertus.

---

3. Pour la suppression de la préposition, voy. Froissart. II, note 8. —
4. *Joinct aussi*, ajoutez à cela. — 5.
A leur voulenté, à faire leur volonté.
6. *Environ*, autour de. — 7. *Leu*, lu.

IV. — *Louis XI prisonnier de Charles le Téméraire.*

Livre II, chap. ix. — *Comment le roy renoncea a l'allyance des Liegeois, pour sortir hors du chasteau de Peronne.*

J'ay beaucoup mis avant que retourner a mon propos de l'arrest[1] en quoi[2] estimoit le Roy estre a Peronne, dont j'ay parlé cy devant[3] ; et en suis sailly pour dire mon advis aux princes de telles assemblées. Ces portes ainsi fermées, et ces gardes qui estoient commis[4], dura[5] deux ou trois jours : et cependant le dict duc de Bourgongne ne veit point le Roy, ny n'entroit[6] des gens du Roy au chasteau que[7] peu, et par le guichet de la porte. Nulz des gens du dict seigneur ne furent ostez d'auprès de luy; mais peu ou nulz de ceulx du duc alloient parler a luy ne[8] en sa chambre, au moins de ceulx qui avoient aucune auctorité avec luy. Le premier jour, ce fut tout effroy et murmure par la ville. Le second jour, le dict duc fut ung peu res-froidy : il tint conseil la plus part du jour et partie de la nuict. Le Roy faisoit parler a tous ceulx qu'il pouoit penser qui[9] luy pourroient ayder. Et ne falloit pas a promettre, et ordonna distribuer quinze mil[le] escuz d'or; mais cel-luy qui en eut la charge en retint une partie et s'en acquicta mal, comme le Roy sceut depuis. Le roy craignoit fort ceulx qui aultres fois l'avoient servy, les quelz estoient venuz avec ceste armée de Bourgongne[10] dont j'ay parlé, qui ja se disoient au duc de Normandie, son frere[11]. A ce conseil,

---

IV. 1. *De l'arrest,* touchant l'état d'arrestation, la situation de prisonnier. — 2. *En quoi,* dans lequel. Voy. Joinville, IV, note 22. — 4. *Commis,* Sous-entendez *a sa garde.* — 5. *Dura* s'accorde par syllepse avec l'idée du neutre (*cela*) : *durérent* serait choquant. — 6. Trad. : « et il n'entrait pas ». Tournure impersonnelle fami lière à Commynes. — 7. *Que,* si c-n'est. — 8. *Ne,* ou. Voy. Villeh.. note 24. — 9. Voy. II, note 57.— 10. *Ceste armée de Bourgogne.* Il s'agit de l'armée que venait d'amener à Charles le Témé-raire le maréchal de Bourgogne, Phi-lippe, marquis de Hochberg, comte de Neufchâtel, et où se trouvaient un certain nombre de seigneurs, ennemis personnels de Louis XI. Le roi était venu sans gardes et avait fait son entrée à Peronne le dimanche 9 octobre 1468. — 11. Pour le detacher de la ligue du *Bien public,* Louis XI avait donné la Normandie à son frère Charles, à la place du Berry, puis il la lui avait reprise, lui accordant, comme compensation, par le traité d'Amiens conclu avec le duc de Bretagne, un apa-nage de soixante mille livres de rente annuelle ; mais celui-ci n'avait pas

dont j'ay parlé y eut plusieurs oppinions : la plus part
louerent et furent d'advis que la seureté qu'avoit le Roy luy
fust gardée, veu qu'il accordoit assez la paix en la forme
qu'elle avoit esté couchée par escript. Aultres vouloient sa
prinse rondement, sans cerymonie. Aucuns aultres disoient
qu'a dilligence on feist venir monseigneur de Normandie,
son frere, et qu'on feist une paix bien advantaigeuse pour
tous les princes de France. Et sembloit bien a ceulx qui
faisoient ceste ouverture que, si elle s'acordoit, le Roy seroit restrainct et que on luy bailleroit gardes, et que ung
si grant seigneur prins ne se delivre jamais, ou a peine,
quant on luy a faict si grant offence. Et furent les choses
si près que je veiz ung homme housé et prest a partir, qui
ja avoit plusieurs lettres adressantes [12] a monseigneur de
Normandie, estant [12] en Bretaigne, et n'attendoit que les
lettres du duc : toutes fois cecy fut rompu. Le Roy feit faire
des ouvertures et offrit de bailler en ostaige le duc de
Bourbon [13] et le cardinal son frere, le connestable, et plusieurs aultres, et que, après la paix conclue, il peust retourner jusques a Compiengne, et que incontinent il feroit
que les Liegeois repareroient tout, ou se desclareroit contre
eulx. Ceulx que le Roy nommoit pour estre ostaiges se
offroient fort [14], au moins en public : je ne sçay s'ilz disoient ainsi a part ; je me doubte que non. Et a la verité,
je croy qu'il les y eust laissez et qu'il ne fust pas revenu.

Ceste nuict, qui fut la tierce, le dict duc ne se despouilla [15]
oncques ; seullement se coucha par deux ou trois fois sur
son lict, et puis se pourmenoit, car telle estoit sa façon
quant il estoit troublé. Je couchay ceste nuict en sa chambre, et me pourmenay avec luy par plusieurs fois. Sur le
matin, se trouva en plus grant colère que jamais, en usant
de menasses, et prest a executer grant chose ; toutes fois il
se reduysit que [16], si le Roy juroit la paix et vouloit aller

<hr>

accepté et s'était rejeté dans le parti
du duc de Bourgogne et des seigneurs.
— 12. *Adressantes* (sens neutre), qui
s'adressaient, adressées. (Cf. *estant*,
qui était). Le participe présent était
régulièrement variable. — 13. *Le duc
de Bourbon.* Jean II, né en 1426, mort
en 1488 sans postérité. Il fut l'âme de

la ligue du *Bien public* et prétendit à
la régence à la mort de Louis XI. Son
frère, Charles II, était cardinal, archevêque et comte de Lyon. — 14. *Fort,*
sans hésitation.

15. *Se despouilla,* se déshabilla.—
16. Trad. : « il consentit à ceci que. »

avec luy au Liége [17], pour luy ayder a venger monseigneur du Liége, qui estoit son proche parent, il se contenteroit. Et soubdainement partit pour aller en la chambre du Roy et lui porter ces parolles. Le Roy eut quelque amy [18] qui l'en advertit, l'asseurant de n'avoir nul mal s'il accordoit ces deux poinctz, mais que [19], en faisant le contraire, il se mettoit en si grant peril que nul plus grant ne luy pourroit advenir.

Comme [20] le duc arriva en sa presence, la voix luy trembloit, tant il estoit esmeu et prest de se courroucer [21]. Il feit humble contenance de corps, mais sa geste et parolle estoit aspre, demandant au Roy se il vouloit tenir le traicté de paix qui avoit esté escript et acordé, et se ainsi le vouloit jurer. Et le roy luy respondit que ouy. A la verité, il n'y avoit riens esté renouvellé [22] de ce qui avoit esté faict devant Paris [23] touchant le duc de Bourgongne, ou peu du moins ; et touchant le duc de Normandie, luy estoit amendé beaucoup, car il estoit dict qu'il renonceroit a la duché de Normandie, et auroit Champaigne et Brie, et aultres piéces voisines, pour son partaige [24]. Après luy demanda le dict duc se il ne vouloit point venir avec luy au Liége pour ayder a revencher la trahyson que les Liegeois luy avoient faicte, a cause de luy et de sa venue ; et aussi il luy dict la prochaineté du lignaige qui estoit entre le Roy et l'evesque du Liége, car il estoit de la maison de Bourbon. A ces parolles le roy respondit que ouy, mais que la paix

17. *Au Liége*, à Liège. — 18. *Quelque amy*. Il paraît certain qu'il s'agit ici de Commynes lui-même. Le roi récompensa largement cet ami. Voy. l'Introduction. — 19. *De n'avoir... mais que*. Anacoluthe provenant du sens complexe de *assurer* : « rassurer » et « affirmer ».

20. *Comme*, lorsque. — 21. Voici ce que dit à ce sujet le chroniqueur confident du duc de Bourgogne, Olivier de la Marche : « Si tost que le Roi veit entrer le duc en sa chambre, il ne peut celer sa peur et dit au duc : « Mon frère, ne suis je pas seur en vostre maison et en vostre païs? » Et le duc luy respondit : « Ouy, monsieur, et si seur que, si je voyoye venir un trait d'arbaleste sur vous, je me mettroye au devant pour vous guarantir. » Et le Roy luy dit : « Je vous mercie de vostre bon vouloir, et vueil aler ou je vous ay promis ; mais je vous prie que la paix soit dés maintenant jurée entre nous (*Mémoires*, II, 28). — 22. *Renouvellé*, changé. — 23. *Devant Paris*. Ce premier traité avait été signé le 5 octobre, et la paix proclamée le 29 octobre 1465. — 24. Ce point important est confirmé par Olivier de la Marche ; mais il devait y avoir un traité secret, car l'acte original conservé aux Archives nationales n'en fait pas mention.

fust jurée — ce qu'il desiroit —; qu'il estoit content d'aller avec luy au Liége, et d'y mener des gens en si petit ou si grant nombre que bon luy sembleroit. Ces parolles esjouyrent fort le dict duc, et incontinent fut apporté le dict traité de paix ; et fut tirée des coffres du Roy la vraye croix que sainct Charlemaigne portoit, qui s'appelle la croix de Victoire, et jurerent la paix, et tantost furent sonnées les cloches par la ville, et tout le monde fut fort esjouy. Autres fois a pleu au Roy me faire cest honneur de dire que j'avoye bien servy a ceste pacification. Incontinent escripvit le dict duc en Bretaigne ces nouvelles, et envoya le double du traicté, par le quel ne se desjoignoit ne deslioit d'eulx[26]; et si avoit le dict monseigneur Charles partaige bon, veu le traicté qu'ilz[27] avoient faict peu avant en Bretaigne, par le quel ne luy demouroit que une pension, comme avez ouy dire.

V. — *Jugement sur le duc de Bourgogne.*

Livre V, chap. IX. — *Digression sur quelques bonnes mœurs du duc de Bourgogne et sur le temps que sa maison dura en prosperité.*

... Dieu luy veuille pardonner ses pechez : je l'ay veu grant et honorable prince, et autant estimé et requis de ses voisins, ung temps a esté, que nul prince qui feust en **la Crestïenté**, ou par adventure plus. Je n'ay veu nulle occasion, pour quoy[1] plus tost il deubst avoir encouru l'ire de Dieu, que de ce que[2] toutes les graces et honneurs qu'il avoit receues[3] en ce monde, il les estimoit toutes proceder de son sens et de sa vertu, sans les attribuer a Dieu, comme il debvoit ; car, a la verité, il avoit de bonnes pars et ver-

---

25. *Que sainct Charlemaigne portoit.* Charlemagne, dont on avait fait un saint au moyen âge, portait en effet dans le pommeau d'or de son épée, la *Joyeuse* des chansons de geste, des reliques de la vraie croix. Cette épée existait sans doute encore au temps de Louis XI : on prétend la conserver encore aujourd'hui dans le tresor de Saint-Denis. — 26. *D'eulx.* De l'alliance qu'il avait contractée avec le duc de Bretagne et le duc de Normandie, autrefois duc de Berry, Charles, frère du roi. — 27. *Ilz.* C'est-à-dire les ducs de Normandie et le roi. Il s'agit du traité d'Ancenis. Voy. note 11.

V. 1. *Occasion*, motif. *Pour quoy*, pour lequel. Voy. Joinville, IV, note 22. — 2. *Que*, si ce n'est. *De ce que*, à cause de ceci que. — 3. Éd. *receuz.*

tueuses en luy[4]. Nul prince ne le passa jamais de[5] desirer nourrir grans gens et les tenir bien reiglez. Ses biens faicts n'estoient point fort grands, pour ce qu'il vouloit que chascun s'en ressentist. Jamais nul plus liberallement ne donna audience a ses serviteurs et subjectz. Pour le temps[6] que je l'ay congneu, il n'estoit point cruel, mais le devint avant sa mort, qui[7] estoit mauvais signe de longue durée. Il estoit fort pompeux en habillemens et en toutes aultres choses, et ung peu trop. Il portoit fort grant honneur aux ambassadeurs et gens estranges; ilz estoient fort bien festoyez et recueillis chez luy. Il desiroit grant gloire, qui[7] estoit ce qui plus le mettoit en ses guerres que nulle aultre chose, et eust bien voulu sembler a ces ancïens princes dont il a esté tant parlé après leur mort : hardy autant que homme qui ait regné de son temps[8].

Or sont finées toutes ces pensées, et le tout tourné[9] a son prejudice et honte; car ceulx qui gaignent[10] ont tousjours l'honneur[11]..... Je seroye assez de l'oppinion de quelque aultre que j'ay veu, que Dieu donne le prince selon qu'il veult pugnir et chastier les subjects, et aux princes les subjects, ou leurs couraiges disposez envers luy, selon qu'il[12] les veult eslever ou abaisser. Et ainsi sur ceste maison de Bourgongne a faict tout esgal[13]; car, après la longue felicité et grans richesses, et trois grans princes bons et saiges, precedans cestuy cy, qui avoient duré six vingts ans et plus en bon[14] sens et vertu, il leur donna ce duc Charles, qui continuellement les tint en grant guerre, travail et despence, et presque autant en temps d'hiver que d'esté. Beaucoup de gens, riches et aysez, furent morts et

---

4. *Il avoit*, etc., il y avait en lui de bonnes parties (du bon) et des qualités. — 5. *De*, pour ce qui est de. — 6. *Pour le temps*, du moins au temps. — 7. *Qui*, [ce] qui. — 8. Apposition qui ne peut guère s'expliquer que par une ellipse : *il estoit*, etc.

9. *Tourné*. Sous-ent. *est*, d'après *sont* qui précède. — 10. *Gagnent*, l'emportent, triomphent. — 11. Observation profonde, mais qui donne une triste idée de la moralité de cette époque. De nos jours, la force prime encore quelquefois le droit, mais les honnêtes gens ont la ressource de ne pas s'incliner devant le succès et les plus habiles ne sont pas toujours les plus estimés. — 12. Trad. : « avec des dispositions différentes à son égard, selon que ». — 13 *A faict tout esgal*, il (Dieu) a établi de justes compensations. — 14. En réalité, leur règne avait duré cent quatre ans, de 1363 à 1467. Ces princes sont : Philippe II *le Hardi*, Jean *le Bon*, Philippe *le Bon*.

destruictz par prisons[15] en ces guerres. Les grans pertes
commencerent devant Nuz, qui[16] continuerent par[17] trois ou
quatre batailles jusques a l'heure de sa mort : et tellement
que a ceste heure estoit consommée toute la force de son
pays, et mors ou destruits ou prins tous gens qui eussent
sceu ou voulu deffendre l'estat et l'honneur de sa maison.
Et ainsi, comme j'ay dict, semble que ceste perte ait esté
esgale comme ilz ont esté en felicité[18]; car, comme je dis
l'avoir veu grant, riche et honnoré, encores[19] puis je dire
avoir veu tout cela[20] en ses subjectz. Car je cuyde avoir
veu et congneu la meilleure part d'Europe : toutes fois
je n'ay congneu nulle seigneurie ne pays, tant pour tant[21],
ny de beaucoup plus grant estendue encores[22], qui fust
si habondant en richesses[23], en meubles et en edifficcs, et
aussi en toutes prodigalitez, despences, festoyemens,
chiéres, comme je les ay veu pour le temps que j'y estoye.
Et s'il semble a quelc'un qui n'y ayt point esté, pour le temps
que je dis, que[24] j'en dye trop, d'autres, qui y estoient
comme moy, par adventure diront que j'en dis peu.

Or a Nostre Seigneur tout a coup fait cheoir si grant et
sompteux edifice, ceste puissante maison, qui a tant soubstenu de gens de bien et nourry[25], et tant esté honnorée
et près et loing, et par tant de victoires et gloires, que
nule aultre a l'environ n'en receut autant en son temps...
De tous costez ay veu ceste maison honnorée, et puis, tout
a un coup, cheoir sens dessus dessoubz, et la plus desolée

15. Trad. : « furent tués ou mouru-
rent en prison ». — 16. *Nuz*, Neuss,
près de Düsseldorf, dans la province
Rhénane. *Qui.* qui suit, représente
pertes. — 17. *Par*, dans. — 18. Construction irrégulière. Il faudrait :
comme avoit esté la felicité, ou
bien : *qu'ilz aient esté en esgale perte
comme.* — 19. *Encores.* Ainsi serait
plus régulier. — 20. *Tout cela*, la
grandeur, etc. Anacoluthe remarquable. — 21. *Tant pour tant*, à
étendue égale. — 22. *Ny... encores*,
ou même. La négation est amenée par
le sens négatif général de la phrase.
— 23. Olivier de la Marche (capitaine
des gardes de Charles-le-Téméraire),
Mémoires, II. 267, dit que Philippe-le-
Bon avait laissé à son fils « quatre
cens mille escus d'or contans, soixante
douze mille marcs d'argent en vaisselle
courant, sans les riches tapisseries, les
riches bagues, la vaisselle d'or garnie
de pierreries, et sa librairie, moult
grande et moult bien étofée ; et, pour
conclusion, il (Charles le Téméraire)
mourut riche de deux millions d'or en
meubles seulement ». — 24. Certains
manuscrits suppriment *que*. Quoique
cette syntaxe ne soit pas rare, la liaison
semblerait ici un peu dure.
25. *Et nourry* serait aujourd'hui
rapproché de *soubstenu*. Voy. Froissart, II, note 8.

et deffaite maison[26], tant en princes que en subjectz, que nul voisin qu'il eussent. Et telles et semblables œuvres a faict Nostre Seigneur, mesmes avant que fussions nez, et fera encores après que nous serons mors ; car il se fault tenir seur que la grant prosperité des princes, ou leur grant adversité, procède de sa divine ordonnance.

VI. — *Ambassade d'Olivier Le Daim à Gand.*

Livre V, chap. xiv. — Comment maistre Olivier, barbier du Roy, n'ayant pas bien faict son prouffit de ceulx de la ville de Gand, trouva moyen de mettre les gens d'armes du roy dedans Tournay.

Maistre Olivier[1], comme avez ouy, estoit allé a Gand, le quel portoit lettres de creance a Mademoiselle de Bourgongne[2], fille du duc Charles, et avoit commission de luy faire aucunes remonstrances a part, affin qu'elle se voulsist mettre entre les mains du Roy. Cela n'estoit point sa principalle charge, car il doubtoit bien que a grant peine il pourroit parler seul a elle, et que, s'il y[3] parloit, si ne la sçauroit il guider a ce qu'il desiroit ; mais il avoit intention qu'il feroit faire a ceste ville de Gand quelque grant mutation, congnoissant que de tous temps elle y estoit encline et que, soubz les ducz Philippe et Charles, elle avoit esté tenue en grant craincte, et leur avoient esté ostez aucuns privilèges, pour[4] la guerre qu'ilz eurent avec le duc Philippe, en faisant

28. *Honnorée... cheoir... et la plus desolée et deffaite maison.* Anacoluthe hardie. Notez le rapprochement des participes-adjectifs indiquant l'état et de l'infinitif indiquant l'action. *La plus que,* etc. La construction du comparatif se confond ici avec celle du superlatif.

VI. 1. Olivier-le-Mauvais, valet de chambre et premier barbier de Louis XI, sut entrer dans les bonnes grâces du roi, qui l'autorisa à changer son nom de *Mauvais* en celui de *Le Daim,* l'anoblit (1474) et lui donna (1477) la terre de Meulan et le gouvernement de Saint-Quentin. Il fut pendu le 21 mai 1484, par arrêt du Parlement, peu après la mort de son protecteur. Son ambassade à Gand suivit de près la mort de Charles-le-Téméraire, tué sous les murs de Nancy le 5 janvier 1477 (nouveau style). — 2. *Mademoiselle de Bourgongne.* Marie de Bourgogne, qui épousa en 1477 Maximilien d'Autriche et lui apporta en dot les États de son père (Franche-Comté, Flandre, Hollande, etc.), à l'exception de la Bourgogne propre, que le roi de France s'annexa comme fief mâle. — 3. *Y,* lui. Cet emploi est rare. — 4. *Leur.* Syllepse du nombre. *Pour,* éd. *par.*

leur paix[5] ; et aussi par le duc Charles leur en fut osté ung, touchant la creation de leur loy, pour une offence qu'ilz luy feirent, luy estant en la dicte ville, le premier jour qu'il y entra comme duc. Toutes ces raisons donnerent hardement au dict maistre Olivier, barbier du Roy, comme j'ay dict, de poursuyvre son œuvre ; et parla a aucuns qu'il pensoit qu'ilz [6] luy deussent prester l'oreille a ce qu'il desiroit, et offroit leur faire rendre par le Roy leurs privilèges qu'ilz avoient perduz et aultres choses ; mais il ne fut point en leur hostel de ville pour en parler en public, car il vouloit premiérement veoir ce qu'il pourroit faire avec ceste jeune princesse : toutes fois il en fut sceu[7] quelque chose.

Le dessus dict maistre Olivier, quant il eut esté quelque peu de jours a Gand, on luy[8] manda venir dire sa charge ; et il vint en la presence de la dicte princesse ; et estoit le dict Olivier vestu beaucoup mieulx qu'il ne luy appartenoit. Il bailla ses lettres de creance. La dicte damoiselle estoit en sa chaire, et le duc de Clèves a costé d'elle, et[9] l'evesque du Liége, avec plusieurs aultres grans personnaiges et grant nombre de gens. Elle leut sa lettre, et fut ordonné au dict maistre Olivier de dire sa creance[10], le quel respondit qu'il n'avoit point charge, sinon de parler a elle a part. On luy dict que ce n'estoit point la coustume, et par especial a ceste jeune damoiselle, qui estoit a marier. Il continua de dire qu'il ne diroit aultre chose, sinon a elle. On luy dict lors qu'on luy[12] feroit bien dire, et eut paour. Et croy que, a l'heure qu'il vint a presenter sa dicte lettre, qu'il n'avoit point encore pensé a ce que debvoit dire, car ce n'estoit point sa charge principalle, comme

---

5. *En faisant leur paix* (sens indéterminé), quand on fit la paix. Ces mots sont à rapprocher de *avoient esté ostez.* — 6. Cette tournure, fort régulière, est différente de celle que nous avons signalée plus haut. Voy. II, note 57.

7. *En fut sceu,* éd. *en sceut* (correction proposée par l'éditeur). — 8. *Le... quant il... on luy.* La prose des xive et xve siècles, et même encore celle du xvie, abonde en négligences de ce genre, qui parfois donnent au style du piquant et de la naïveté, mais qui

rendent aussi quelquefois la phrase obscure. — 9. *Et,* et aussi. — 10. *Sa creance,* ce qui faisait l'objet de sa lettre de créance, ce pourquoi il était accrédité. — 11. *Qui estoit a marier.* C'est-à-dire « qui n'était point encore mariée ». — 12. *Luy,* [le] lui. Voy. Villeh. V, note 14. — 13. *Que... qu'il.* Voy. Villeh. VI, 19. — 14. *Sa charge principalle.* Il était, en effet, valet de chambre et barbier du roi. Commynes ne parle jamais de ce personnage sans une pointe d'ironie. Il dit quelque part

vous avez ouy. Ainsi se despartit pour ceste fois le dict Olivier, sans dire aultre chose. Aucuns de ce conseil le prindrent a desrision, tant a cause de son petit estat[15] que des termes qu'il tenoit[16], et par especial ceulx de Gand, car il estoit natif d'ung petit villaige auprès de la dicte ville; et luy furent faictz aucuns tours de mocquerie, et puis soubdainement s'enfuyt de la dicte ville, car il fut adverty que, s'il ne l'eust faict, qu'il[17] estoit en peril d'estre gecté en la riviére, et le croy ainsi....

VII. — *Mort de Louis XI.* — *Tristesse de ses derniers jours.*

Livre VI, chap. xi. — *Comparaison des maulx et douleurs que souffrit le roy Loys a ceulx qu'il avoit faict souffrir a plusieurs personnes, avec continuation de ce qu'il feit et fut faict avec luy jusques a sa mort.*

... Pour ce que, en ung article precedent, j'ay commencé a faire comparaison des maulx qu'il avoit faict souffrir a aucuns et a plusieurs qui vivoient soubz luy et en son obeyssance, dont[1] avant mourir il avoit souffert les semblables, — et se[2] n'estoient ne si grans ne si longs, comme j'ay dict au dict article, si estoient ilz bien grans veu sa nature, qui plus demandoit obeyssance que nul aultre en son temps et qui plus l'avoit eue, pour quoy ung petit mot de response contre son vouloir luy estoit une bien grande puguition de l'endurer, — j'ay parlé comme peu discrettement[3] luy fut signifiée la mort[4]; mais quelques cinq ou six mois par avant le dict seigneur avoit suspection de tout homme, et

que Louis XI ne donnait pas volontiers sa confiance à ceux qui avaient une situation indépendante et qui pouvaient se passer de lui. — 15. *Estat*, condition. — 16. Trad. : « des langages qu'il tenait, des termes qu'il employait. » — 17. Pour la répétition de *que*, voy. *Villeh.* VI, note 19.

VII. 1. *Dont* représente *maulx*. — 2. *Se*, éd. *si*. A la ligne suivante, *si* est restrictif et signifie « cependant ». — 3. *J'ai parlé comme peu discrettement*, j'ai dit combien peu discrètement. —

4. *Luy fut signifiée la mort.* Commynes vient de raconter, non sans s'indigner, comment un certain théologien, qu'il ne nomme pas, maître Jacques, son medecin, et d'autres personnes, voyant qu'il espérait en l'intervention miraculeuse d'un « bon hermite », (saint François de Paule), qu'il avait fait venir de Calabre et installé au Plessis-lès-Tours, lui signifièrent brutalement qu'il était perdu et qu'il n'avait plus qu'à penser à sa conscience.

especiallement de tous ceulx qui estoient dignes d'avoir
auctorité. Il avoit craincte de son filz et le faisoit estroictement garder, ne nul homme ne le vëoit ne parloit a luy,
sinon par son commandement. Il avoit doubte, a la fin,
de sa fille et de son gendre, a present duc de Bourbon, et
vouloit sçavoir quelz gens il entroit au Plessis quant et
eulx[5], et a la fin[6] rompit ung conseil que le duc de Bourbon, son gendre, tenoit leans par son commandement.

A l'heure que son dict gendre et le conte de Dunois[7] revindrent de mener l'ambassade qui estoit venue aux nopces
du Roy son filz et de la Royne, a Amboise, et qu'ilz retournerent au Plessis, et rentrérent beaucoup de gens avec eulx,
le dict seigneur[8], qui fort faisoit garder les portes, estant
en la gallerie qui regarde en la court du dict Plessis, feit
appeller ung de ses cappitaines des gardes et luy commanda
aller taster aux gens des seigneurs dessus dictz, veoir[9] s'ilz
n'avoyent point de brigandines soubz leurs robbes, et qu'il
le feist comme en se devisant[10] a eulx, sans trop en faire
de semblant. Or regardez s'il avoit faict vivre beaucoup de
gens en suspection et craincte soubz luy. s'il[11] en estoit
bien payé, et de quelz gens il pouoit avoir seureté, puis que
de son filz, fille et gendre[12] il avoit suspection! Et ne le
dis point pour luy seullement, mais pour tous aultres seigneurs qui desirent estre crainctz : jamais ne se sentent
de[13] la revanche, jusques a la vieillesse, car[14] pour peni-
tence craignent tout homme. Et quelle douleur estoit a ce
roy d'avoir ceste paour et ces passions[15]!

Il avoit son medecin, appellé maistre Jacques Coctier, a
qui, en cinq mois, il donna cinquante quatre mil[le] escuz
contans, qui[16] estoit a la raison de dix mil[le] escuz le mois,
et l'evesché d'Amyens pour son nepveu, et aultres offices

---

5. *Quant et eulx*, avec eux; litt. :
quant eux aussi [y entraient]. » —
6. *A la fin*, dans les derniers temps.

7. *Dunois*. François d'Orléans, comte
de Longueville et de Dunois, fils de
Jean, bâtard d'Orleans, et de Marie
d'Harcourt, fut nommé par Charles VIII
gouverneur du Dauphiné en 1483 et
grand chambellan de France en 1485.
— 8. *Le dict seigneur*, le roi. — 9.

Veoir, pour voir. — 10. *En se devisant a*, en causant avec. — 11. *S'il...
s'il*. On dirait aujourd'hui : « si, ayant
fait (ou : après avoir fait)... il en estoit,
etc. » — 12. Voy. Froissart, II, note 8.
— 13. *Ne se sentent de*, ne sentent, ne
soupçonnent. — 14. *Car*, sous-ent. *alors*.
— 15. *Passions*, angoisses.

16. *Qui*, [ce] qui.

et terres pour luy et pour ses amys. Le dict medecin luy estoit si tres [17] rude que l'on ne diroit point a ung varlet les oultraigeuses et rudes parolles qu'il luy disoit; et si le craignoit tant le dict seigneur qu'il n'eust osé l'envoyer hors d'avec luy. Et si s'en plaignoit a ceulx a qui il en parloit, mais il ne l'eust osé changer, comme il faisoit tous aultres serviteurs, pour ce que le dict medecin luy disoit audacieusement ces motz : « Je sçay bien que un matin [18] vous m'envoyerez [19] comme vous faictes les aultres ; mais, par la... — ung si grant serment qu'il juroit [20] — vous ne vivrez point huict jours après. » Ce mot l'espouantoit tant que après ne le faisoit que flater et luy donner, qui [21] luy estoit ung grant purgatoire en ce monde, veu la grant obeyssance qu'il avoit eue de tant de gens de bien et de grans hommes [22].

Il est vray qu'il avoit faict de rigoureuses prisons, comme caiges de fer, et d'aultres de boys couvertes de plaques de fer par le dehors et par le dedans, avec terribles serrures [23], de quelques huict pieds de large, et de la hauteur d'ung homme, et ung pied plus [24]. Le premier qui les devisa fut l'evesque de Verdun [25], qui en la première qui fut faicte fut mis incontinent et y a couché quatorze ans. Plusieurs depuis l'ont mauldit, et moy aussi, qui en ay tasté [26], soubz le roy de present, huict mois. Aultres fois avoit faict faire a des Allemans des fers tres pesans et terribles, pour mettre aux pieds; et estoit ung anneau pour mettre au pied seul, malaysé a ouvrir, comme ung carcan, la chaisne grosse et pesante, et une grosse boulle de fer au bout, beaucoup plus pesante qu'il n'estoit de raison ne

17. *Tres* s'emploie souvent ainsi pour fortifier l'adverbe de quantité *si*. — 18. *Ung matin.* On dirait aujourd'hui : « un beau matin ». — 19. *M'envoyerez*, me renverrez. — 20. L'auteur semble dire qu'il n'ose répéter ce juron. — 21. *Qui*, [ce] qui. — 22. *Grans hommes*, grands personnages.

23. *Serrures*, éd. *ferrures*, et la virgule est supprimée après ce mot. — 24. Voir dans Sauval, historien du xviie siècle (*Histoire et recherches sur les antiquités de Paris*, III, 428), la description détaillée d'une de ces cages dont la dépense monta à trois cent soixante-sept livres, huit sols, trois deniers, somme considérable pour le temps. — 25. *L'evesque de Verdun.* Guillaume de Haraucourt, fils de Gérard de Haraucourt, sénéchal du Barrois, obtint d'abord la faveur de Louis XI, grâce au crédit du cardinal La Balue, son condisciple; mais il fut enveloppé dans la disgrâce de ce dernier et subit le même sort. — 26. *Tasté.* Voy. l'Introduction, § V.

qu'il [27] n'appartenoit, et les appelloit l'on les fillettes du Roy. Toutes fois j'ay veu beaucoup de gens de bien prisonniers les avoir aux pieds, qui depuis en sont sailliz a grant honneur et a grant joye, et qui depuis ont eu de grans biens de luy ; et entre les aultres ung filz de monseigneur de la Gruthuse [28], de Flandres, prins en bataille, le quel le dict seigneur maria [29], et feit son chambellan et seneschal d'Anjou, et luy bailla cent lances. Aussi au seigneur de Piennes [30], prisonnier de guerre, et au seigneur de Vergy [31] : tous deux ont eu gens d'armes de luy, et ont esté ses chambellans, ou de son filz, et aultres grans estatz [32]. Et autant a monseigneur de Richebourg, frere du connestable, et a ung appellé Roquebertin [33], du pays de Cathelongne [34], semblablement prisonnier de guerre, a qui il feit de grans biens, et a plusieurs aultres, qui seroient trop longs a nommer, et de diverses contrées.

Or cecy n'est pas de nostre matiére principalle, mais fault revenir a dire comme de son temps furent trouvées ces mauvaises et diverses prisons, et comme avant mourir, il se trouva en semblables et plus grandes, et aussi grant paour et plus grande [35] que ceulx qu'il y avoit tenuz : la quelle chose je tiens a tres grant grace pour luy et pour partie de son purgatoire. Et le dis ainsi pour monstrer qu'il

27. *Ne qu'il*, éd. *ne qui*. — 28. *De la Gruthuse.* Louis de Bruges, seigneur de la Gruthuyse, prince de Steenhuyse, qui fut créé comte de Winchester en 1473. Son fils fut nommé par Charles VIII sénéchal d'Anjou en 1484 et grand-maitre des arbalétriers en 1498. — 29. *Maria.* Avec Renée, fille d'Antoine de Bueil, comte de Saucerre, et de Jeanne, bâtarde de Valois, fille naturelle de Charles VII et d'Agnès Sorel. — 30. *De Piennes* se laissa gagner par Lonis XI, qui le retint à son service. Il fut fait gouverneur de Béthune en 1486 par Charles VIII, et lieutenant-général de Picardie en 1512 par Louis XII. — 31. *Et au s.*, éd. *et le s.* Le seigneur de Vergy, Guillaume, fait prisonnier en 1477, reçut alors cette terre de Louis XI. Après sa mort, il passa au service de l'empereur Maximilien, qui le nomma maréchal de Bourgogne en 1498. Six ans plus tard, il fut nommé capitaine général des pays de Gueldres et de Zutphen par l'archiduc d'Autriche, qui devait bientôt regner en Espagne sous le nom de Philippe Ier. — 32. Trad. : « et ont occupé d'autres hautes situations. » Voy. VI, note 8. — 33. Richebourg, frère du connétable de Saint-Pol, fut fait prisonnier en 1475. Pierre de Roquebertin, conseiller et chambellan de Louis XI, était en 1481 gouverneur de Roussillon et de Cerdagne. — 34. *Cathelongne*, Catalogne. — 35. Remarquez la forme dissyllabique à côté de la forme monosyllabique. Il semble bien qu'il y ait là quelque chose d'analogue aux phénomènes, aujourd'hui assez bien connus, de phonétique syntaxique.

n'est nul homme, de quelque dignité qu'il soit, qui ne
souffre, ou en secret ou en public, et par especial ceulx
qui font souffrir les aultres. Le dict seigneur, vers la fin de
ses jours, feit clorre [36], tout a l'entour de sa maison du
Plessis lez Tours, de gros barreaulx de fer en forme de
grosses grilles, et aux quatre coings de la maison, quatre
moyneaulx de fer, bons, grans et espès. Les dictes grilles
estoient contre le mur, du costé de la place, de l'aultre
part du fossé, car il estoit a fons de cuve, et y feit mettre
plusieurs broches de fer, massonnées dedans le mur, qui
avoient chascune trois ou quatre poinctes et les feit mettre
fort près l'une de l'autre. Et davantaige [37] ordonna dix arbalestriers dedans les dicts fossez, pour tirer a ceulx qui en
approucheroient avant que la porte fust ouverte ; et entendoit qu'ilz couchassent aus dictz fossez et se retirassent
aus dictz moyneaulx de fer. Et il entendoit bien que ceste
fortification ne suffisoit point contre grant nombre de gens
ne contre une armée ; mais de cela il n'avoit point paour,
mais craignoit que quelque seigneur, ou plusieurs, ne feissent une entreprinse de prendre la place, demy par amour
et demy par force, avec quelque peu d'intelligence [38], et
que ceulx la prinssent l'auctorité et le feissent vivre comme
homme sans sens et indigne de gouverner.

La porte du Plessis ne se ouvroit qu'il ne fust huict
heures du matin, et ne baissoit [39] le pont jusques a la dicte
heure, et lors y entroient les officiers ; et les cappitaines
des gardes mettoient les portiers ordinaires, et puis or-
donnoient leur guet d'archiers, tant a la porte que parmy
la court, comme en une place de frontiére estroictement
gardée. Et nul n'y entroit que par le guichet et que ce ne
fust du sceu du Roy, excepté quelque maistre d'hostel et
gens de ceste sorte, qui n'alloient point devers luy. Est il
donc possible de tenir ung roy, pour le garder plus honnes-
tement, en plus estroicte prison que luy mesmes se tenoit ?
Les caiges ou il avoit tenu les aultres avoient quelques
huict pieds en carré, et luy, qui estoit si grant roy, avoit

---

36. *Clorre*, établir comme clôture.
— 37. *Davantaige*, de plus. — 38.
Trad. : « moitié par connivence [de
ceux qui étaient dedans].... avec quelques intelligences dans la place »
39. *Baissoit*, s'abaissait.

une bien petite court de chasteau a se proumener; encores
n'y venoit il guères, mais se tenoit en la gallerie, sans partir de la, sinon que par les chambres alloit a la messe,
sans passer par la dicte court. Vouldroit l'on dire que ce
roy ne souffrist pas aussi bien que les aultres, qui ainsi
s'enfermoit et se faisoit garder, qui estoit ainsi en paour
de ses enfants et de tous ses prouchains parents, qui chan-
geoit et muoit de jour en jour ses serviteurs et nourriz[40],
et qui ne tenoient bien ne honneur que de luy, et en nul
d'eulx ne se osoit fier, et s'enchainoit ainsi de si estrange
chaine et clostures? Si le lieu estoit plus grant que d'une
prison[41] commune, aussi estoit il plus grant que prisonniers communs.

On pourroit dire que d'aultres ont esté plus souspesonneux que luy, mais ce n'a pas esté de nostre temps, ne par
adventure homme si saige que luy, ny ayant si bons subjectz. Et avoient ceulx la, par adventure, esté cruelz et
tyrans; mais cestuy cy n'a faict mal a nul qui ne luy eust
faict quelque offense : je ne diz pas tous de qualité de
mort[42].

Je n'ay point dict ce que dessus[43] pour seullement parler des suspections de nostre roy, mais pour dire que la
patience qu'il a porté en ses passions[44], semblables a celles
qu'il a faict porter[45] aux aultres, je la repute a pugnition
que Nostre Seigneur luy a donnée en ce monde pour en
avoir moins en l'aultre, tant ès choses dont j'ay parlé
comme en ses malladies, bien grandes et douloureuses
pour luy, et qu'il craignoit beaucoup avant qu'elles luy
advinssent; et aussi affin que ceulx qui viendront après
luy soient ung peu plus piteux[46] au peuple et moins aspres
a pugnir qu'il n'avoit esté, combien que je ne luy vueil
donner charge, ne dire avoir veu ung meilleur prince; car,
se il pressoit ses subjectz, toutes fois il n'eust point souffert
que ung aultre l'eust faict, ne privé, ny estrange.

Après tant de paour et de suspections et douleurs, Nostre

40. *Nourriz*, commensaux. — 41.
D'une prison est gouverné par *le lieu*
ou *celui* sous-entendu.

42. Trad. : « Je ne dis pas cependant
que toutes ces offenses fussent de na-

ture à mériter la mort. »

43. *Ce que dessus.* Sous-ent. *j'ai dit.*
— 44. *Passions*, souffrances. — 45.
Porter, supporter. — 46. *Piteux*, com-
patissants.

Seigneur feit miracle sur luy, et le guerit tant de l'ame que
du corps, comme tous jours a acoustumé en faisant ses miracles, car il l'osta de ce miserable monde en grant santé
de sens et d'entendement, en bonne memoire, ayant receu
tous ses sacrements, sans souffrir douleur que l'on congneust; mais tous jours parlant, jusques a une patenostre
avant sa mort[47], ordonna de sa sepulture, et qui[48] il vouloit qui l'acompagnast par le chemin; et disoit que il n'es-
peroit a mourir qu'au samedy, et que Nostre Dame luy pro-
cureroit ceste grace, en qui tous jours avoit eu fiance et
grant devotion et priére. Et tout ainsi luy advint, car il
deceda le samedy, penultieme jour d'aoust, l'an mil quatre
cens quatre vingtz et trois, a huict heures au soir, au dict
lieu du Plessis, ou il avoit prins la malladie le lundy de devant. Nostre Seigneur ait son ame, et la vueille avoir receue
en son royaulme de paradis[49].

VIII. — *Savonarole est brûlé à Florence comme hérétique.*

Livre VIII, chap. xxvi. — *Comment le sainct homme frére
Hieronyme fut bruslé a Florence, par envie que on eut sur
luy, tant du costé du Pape que de plusieurs aultres Florentins
et Venissiens.*

J'ay dict, en quelque endroict de ceste matiére d'Italie,
comme il y avoit ung frere prescheur ou jacobin, ayant
demouré a Florence par l'espace de quinze ans, renommé
de fort saincte vie, le quel je veiz et parlay a luy, en l'an
mil quatre cens quatre vingtz et quinze, appellé frere Hieronyme, qui a dict beaucoup de choses avant qu'elles fussent advenues, comme j'ay dict cy dessus. Et tous jours
avoit soustenu que le Roy passeroit les montz, et le prescha
publicquement, disant sçavoir par revelation de Dieu tant
cela que aultres choses dont il parloit; et disoit que le
roy estoit esleu de Dieu pour reformer l'Eglise par force

---

47. Trad. : « jusqu'au *Pater* qu'il dit
immédiatement avant sa mort. » L'édition porte une simple virgule après
mort, et de même après *congneust.* —
48. *De sa sepulture et qui.* Anacoluthe
hardie. — 49. Louis XI voulut être
inhumé non à Saint-Denis, mais dans
l'église Notre-Dame de Clery, aujour-
d'hui chef-lieu de canton à 15 kilomètres Sud-Ouest d'Orléans.

et chastier les tyrans. Et a cause de ce qu'il disoit sçavoir les choses par revelation, murmuroient plusieurs contre luy, et acquit la hayne du Pape et de plusieurs de la ville de Florence. Sa vie estoit la plus belle du monde, ainsi qu'il se pouoit veoir, ses sermons les meilleurs, preschant[1] contre les vices; et a reduict[2] en icelle cité mainctes gens a bien vivre, comme j'ay dict.

En ce temps[3] mil quatre cens quatre vingtz et dix huict, que le roy Charles est trespassé, est finy aussi frere Hieronyme, a quatre ou cinq jours l'ung de l'aultre[4], et vous diray pour quoy je faiz ce compte. Il a tous jours presché publicquement que le Roy retourneroit de rechief en Italie pour acomplir ceste commission que Dieu luy avoit donnée, qui[5] estoit de reformer l'Eglise a[6] l'espée et de chasser les tyrans d'Italie, et que, au cas qu'il ne le feist, Dieu le pugniroit cruellement. Et tous ses sermons premiers et ceulx de present, il les a faict mettre en molle[7], et se vendent. Ceste menasse qu'il faisoit au Roy, de dire que Dieu le pugniroit cruellement s'il ne retournoit, luy a plusieurs fois escripte le dict Hieronyme[8], peu de temps avant son trespas ; et ainsi le me dict de bouche le dict Hieronyme quant je parlay a luy, qui[9] fut au retour d'Italie, en me disant que la sentence estoit donnée contre le Roy au ciel, au cas qu'il n'acomplist ce que Dieu luy avoit ordonné et qu'il ne gardast ses gens de piller.

Or, environ le dict trespas du Roy estoient Florentins en grant different en la cité. Les ungz attendoient encores la venue du Roy et la desiroient, sur esperance que le dict Hieronyme leur donnoit, et se consummoient et devenoient povres a merveilles, a cause de la despense qu'ilz soutenoient, pour cuyder recouvrer Pise et les aultres places qu'ilz avoient baillées au Roy, dont[10] Venissiens tenoient

---

VIII. 1. *Preschant*, car il préchait. Nous avons déjà dit que l'ancien français employait plus librement le géroudif que le français moderne. — 2. La phrase est négligemment construite. Voy. VI, note 8.

3. *En ce temps* pour *en ceste année*. — 4. Il y a ici une légère erreur : Charles VIII mourut le 7 avril 1498, et Savonarole le 23 mai. — 5. Aujourd'hui, on répéterait l'antécédent devant *qui*. — 6. *A*, avec. — 7. *Mettre en molle*, imprimer. — 8. *Le dict Hieronyme* est sujet de *a escripte*, et *ceste menasse* en est le régime. — 9. *Qui*, [ce] qui.

10. *Dont*, parmi lesquelles places.

Pise. Plusieurs de la cité vouloient que l'on prinst le party de la ligue et que on habandonnast de tous poinc'z le Roy, disans que ce n'estoient que abusions et follyes de s'y attendre, et que le dict frere Hieronyme n'estoit qu'ung herectique et ung paillard, et que on le debvoit gecter en la riviére : mais il estoit tant soustenu en la ville que nul ne l'osoit faire. Le Pape[11] et le duc de Milan escripvoient souvent contre le dict frere, asseurans les Florentins de leur faire rendre la dicte cité de Pise et aultres places, en delaissant l'amytié du Roy et qu'ilz prinssent[12] le dict frere Hieronyme et qu'ilz en feissent pugnition. Et par cas d'adventure, se feit[13] a l'heure une Seigneurie a Florence ou il y avoit plusieurs de ses ennemys, car la dicte Seigneurie se change et se mue de deux mois en deux mois; et se trouva ung cordellier forgé[14], ou qui de luy mesmes vint prendre debat au[15] dict frere Hieronyme, l'appellant herectique et abuseur de peuple, de dire[16] qu'il eust revelation ne chose semblable; et se offrit de le prouver jusques au feu, et estoient[17] ces parolles devant la dicte Seigneurie. Le dict frere Hieronyme ne se voulut point presenter au feu; mais ung sien compaignon[18] dict qu'il s'y mettroit pour luy contre le dict cordellier, et lors ung compaignon du dict cordellier se presenta de l'aultre costé. Et fut prins jour[19] qu'ilz debvoient entrer dedans le feu, et tous deux se presentérent, accompaignez de leurs religieux, au jour nommé, mais le jacobin apporta le *Corpus Domini* en sa main, et les cordelliers vouloient qu'il l'ostast, et aussi la Seigneurie, ce qu'il ne voulut point faire. Et ainsi s'en retournerent a leur couvent. Et le peuple, esmeu par les ennemys du dict frére, par commission de ceste Seigneurie, l'allerent[20] prendre au dict couvent, luy troisiesme, et d'entrée

11. *Le Pape*. Alexandre VI. dont Savonarole avait flétri les désordres. — 12. *En delaissant*, etc.. s'ils abandonnaient... et qu'ils prissent. Anacoluthe hardie. — 13. *Se feit*. on élut. On appelait *Seigneurie* l'assemblée chargée du gouvernement de la République. — 14. *Ung cordellier forgé*, un cordelier stylé, endoctriné. C'était frère François de Pouille. — 15. *Prendre debat*, chercher querelle à, attaquer.

— 16. *De dire*, puisqu'il disait. Cf. aujourd'hui encore : « il est fou de croire pareille chose ». — 17. *Estoient*, étaient dites. — 18. *Ung sien compaignon*. Frère Dominique Bonvicini de Pescia. Le second cordelier se nommait frère André Rondinelli. — 19. Aujourd'hui l'article est indispensable devant l'antécédent d'un pronom relatif. — 20. *Allérent* est au pluriel par syllepse.

le gehennerent a merveilles. Le peuple tua le principal homme de la ville, amy du dict frére, appellé Francisque Valory[21]. Le Pape leur envoya pouoir et commissaire[s] pour faire le procez[22], et, fin de compte, ilz les bruslerent tous trois. Les charges n'estoient sinon qu'il mettoit discort en la ville, et que ce qu'il disoit de prophetie, il le sçavoit par ses amys qui estoient du conseil. Je ne les veulx point accuser ne excuser, et ne scay s'ilz ont faict bien ou mal de l'avoir faict mourir[23] ; mais il a dict mainctes choses vrayes, que ceulx de Florence n'eussent peu[24] luy avoir dictes. Mais touchant le Roy, et des maulx[25] qu'il dict luy debvoir advenir, luy est advenu ce que vous voyez : qui fut premier la mort de son filz, puis la sienne. Et ay veu des lettres qu'il escripvoit au dict seigneur[26].

21. Francesco Valori avait été premier gonfalonier l'année précédente. — 22. Sismondi (*Histoire des républiques italiennes*, xii, 471) nous apprend qu'en envoyant les commissaires, François Romolini, docteur en droit espagnol, et frère Joaquim Turriano de Venise, général des dominicains, le pape prononça par avance la condamnation de Savonarole, le déclarant « hérétique, schismatique, persécuteur de la Sainte Eglise et séducteur des peuples ». — 23. Il n'y a pas lieu de s'étonner de ce scrupule exagéré de l'historien : il devait craindre, en effet, de déplaire soit au pape, soit au roi de France. — 24. *Peu*, éd. *sceu*. — 25. Trad. : « Mais quant à ce qui est du roi et des maux. » Encore une anacoluthe qui n'est en somme qu'une négligence. — 26. *Au dict seigneur*, au dit roi (Charles VIII). *Il* représente *Hieronyme*. Ici encore, la négligence est évidente.

GLOSSAIRE

OBSERVATIONS PRÉLIMINAIRES.

Le Glossaire comprend : 1° les mots tombés en désuétude ; 2° ceux qui sont pris dans un sens aujourd'hui disparu ou rare ; 3° ceux dont la forme s'éloigne notablement de la forme actuelle.

Les noms et adjectifs, sauf lorsque la forme du cas sujet diffère par trop de celle du cas régime, ne sont donnés que sous cette dernière forme, qui s'est généralement conservée. Les noms propres, ayant fait généralement l'objet d'une note, ne figurent pas au Glossaire.

Les formes verbales intéressantes figurent à leur rang alphabétique, où l'on renvoie à l'infinitif. Il ne s'agit, bien entendu, que de celles qui diffèrent assez des formes modernes pour qu'on ne puisse pas facilement les reconnaître : lorsqu'il n'y a point d'irrégularité de personne, nous nous contentons de donner la première du singulier. Dans les verbes de la 1re conjugaison où la terminaison est en contact avec une palatale ou une chuintante, ou avec une autre consonne précédée d'un *i* provenant d'une gutturale, *ie* remplace *e* à l'infinitif, au participe passé, à la 2e personne du pluriel de l'indicatif et subjonctif présent et de l'impératif, et à la 3e personne du pluriel du parfait. Il sera facile de remonter à l'infinitif, qui est en *ier*.

Les étymologies latines sont seules indiquées. Lorsque le mot est d'origine douteuse, nous plaçons à la suite un point d'interrogation entre parenthèses (?) ; s'il n'est pas d'origine latine, nous y mettons un astérisque (*). Les mots du latin populaire ou du latin du moyen âge donnés comme étymologie sont aussi précédés d'un astérisque, et placés entre parenthèses. Nous donnons toujours, pour les verbes déponents, l'infinitif actif.

Les formes dialectales qui n'auraient pas été relevées seront facilement ramenées à la forme de l'Ile-de-France à l'aide des notes qui figurent au bas du texte, en particulier à l'aide des indications générales que nous avons données la première fois que ces formes se présentaient. C'est ainsi que nous négligeons parfois de relever les mots ou *ca* (*ce, ci*) correspond à *cha* (*che, chi*) français : *camp, cemin* (*kemin*), *cien* (*kien*), etc., les participes féminins à forme réduite *ie* pour *iée*, etc. des dialectes du Nord et du Nord-Est, les formes en *ei* pour *é*, issues de *a* latin tonique, etc. De même, nous ne donnons généralement que la forme la plus ancienne des mots qui ont survécu : ainsi *honour*, *honnour*, *honeur*, *honneur*, *onour*, etc., devront être cherchés à *honor*.

ABRÉVIATIONS PRINCIPALES.

a...............	actif.	n. pr.........	nom propre.
adj..........	adjectif.	p. p.........	participe passé.
adv.........	adverbe.	pf...........	parfait.
art..........	article.	pl. q. pf......	plus-que-parfait.
b.-l.........	bas-latin.	pl...........	pluriel.
cd...........	conditionnel.	pr..........	présent.
conj........	conjonction.	prép........	préposition.
dim	diminutif.	pron........	pronon *ou* prononcez.
f.	féminin.	r...........	régime.
fr...........	français.	réfl........	réfléchi
ft...........	futur.	s...........	sujet *ou* sens.
impér........	impératif.	sbj	subjonctif présent.
interj.......	interjection.	sg..........	singulier.
ipf..........	imparfait.	v...........	verbe.
m..........	masculin.	voy.........	voyelle *ou* voyez.
n...........	nom *ou* neutre.	1, 2, 3.......	1re, 2e, 3e personne.

A (ad), prép., à, en, avec, au moyen de, suivant, pour, etc. *A ce que*, afin que.

AAGE (* *ætaticum*), n. m., âge.

AAISIÉ (ad-*aise*-iatum), adj., à son aise.

AANCRER (ad-ancoram-are), *ancrer*, v. a., mettre à l'ancre.

ABAÏE (abbatiam), *abbaïe, abbeye*, n. f., abbaye.

ABATEÏS (ad-batt*uitum*-itium), n. m., abattage, massacre.

ABBÉ (abbatem), *abbei*, s. sg. *abbes*, n. m.

ABLE (habilem), adj., capable.

ABSODRE (absolvere), v. a., absoudre.

ABSOILLE, subj. sg. 1 de *absoudre*.

ABUSEUR (abus*um*-atorem), n. m., trompeur.

ABUSION (abusionem), n. f., tromperie.

ACATER (ad-captare), v. a., acheter.

ACERTES (ad-certas), adv., sérieusement, instamment. V. *certes*.

ACESMER (?) (s'), v. réfl., se parer.

ACOINTIER (ad-cognitum-iare) (s'), v. réfl., s'approcher ; *s'ac. de*, fréquenter.

ACORD (n. verbal de *acorder*), *acort, acc.*, m., accord, entente, alliance.

ACORDER (ad-corde-are), v. a. ; *s'acorder a*, v. réfl., se mettre d'accord sur, adopter (un avis).

ACORT, pr. sg. 1 de *acorder*.

ACOSTER (s'), pour *s'acoter* (ad-cubitum-are), v. réfl., s'accouder, s'appuyer.

ACOUCHIER (ad-collocare), v. n., se coucher, se mettre au lit.

ACOUSTRÉ (ad-*coutre* (= culcitra)

-atum), disposé, préparé ; *bien
a.*, qui a bonne façon.

ACQUÉRENT, pr. pl. 3 de *acquerre*.

ACQUERRE (ad-quærĕre), v. a.,
acquérir.

ACTÉRES (suj. sg formé, par une
fausse analogie, comme les
noms dérivés de noms latins
pourvus du suffixe *-atorem*;
rég. *actor, actour, acteur*, de
actorem, confondu de bonne
heure avec *auctorem*), n. m.,
auteur.

ADÈS (ad-de-ipso), adv., toujours.

ADONC (ad-tunc), adv., alors.

ADOULÉ (ad-dolatum), *adoulei*,
p. p.-adj , souffrant.

ADRÈCE (n. verbal de *adrecier*),
f., direction, moyen habile,
moyen ; *a l'adr.*, directement,
droit.

ADRECIER (ad-directum-iare),
adresser, v. a. et n., adresser,
s'adr., diriger ; *s'adr.*, v. réfl.,
s'adresser, se diriger ; *lettre
adressante*, l. adressée.

ADRESOIT, ipf. sg. 3 de *adrecier,
adreser*.

ADVENIR, v. *avenir*.

ADVISER, v. *aviser*.

AFAIRE (*a-faire*, formation française), n. m., affaire.

AFERIR (ad-ferire), *aff.*, v. n.
et impers., convenir.

AFFOIBLI (ad flebilem-itum), p.
p.-adj., affaibli.

AFIERT, pr. sg. 3 de *aferir*.

AFFUTER (ad-fustem-are), v. n.,
mettre sur son affût.

AFONDRER (ad-fondum-ulare),
-eir, v. n., enfoncer, s'enfoncer.

AGENOILLIER (ad-genŭculum-
are) (*s'*), v. réfl., s'agenouiller.

AHENNABLE (*ahenner*-abilem),
adj., labourable.

AHENNER (*ahan* (onomatopée)
-are), v. a., labourer.

AHERDE, sbj. sg. 1 et 3 de *aherdre*.

AHERDRE (adhærĕre), v. n., s'attacher ; v. a., saisir.

AIDIER (adjutare), v. a. et n.,
aider.

AIE (n. verb. tiré de *adjutare*),
aiüe, f., aide.

AINC (adhuc? V. Diez, *Etymol.
Wœrterb.*, s. v. *anche*), adv.,
jamais ; *ne... ainc mais, ainc ne,*
ne... jamais, ne... pas encore.

AINÇOIS, *ainsois*, v. *ançois*.

AINS, v. *ainz*.

AINSI, AINSINC, v. *ensi*.

AINZ (*anteis*, lat. populaire pour
antea = ante ea), *ains*, adv. et
prép., avant ; conj., mais.

AINZNÉ (*ains*-natum , *ainsné,
-nei, aisné*, adj., aîné.

AISE (*), n. m., bien-être, con-
tentement ; adj., à l'aise, content.

AISIER (*aise*-iare), v. a., mettre
à l'aise, contenter.

AISNÉ, v. *ainzné*.

AIÜE, v. *aïe*.

AL, v. *le* [1].

ALARME (*a l'arme*), n. m.

ALÉE (aler-atam), n f., départ.

ALEINE (n. verb. de *alener* =
anhelare), *aleinne*, f., haleine.

ALETER (allactare), v. a., allaiter.

ALEÜRE (*aler*-aturam), n. f., allure.

ALIENS, ipf. pl. 1 de *aler*.

ALISSIENS, sbj. ipf. pl. 1 de *aler*.

ALOSÉ (ad-*los* (= laus) -atum),
adj., loué, célèbre.

ALTESCE (alt*um*-itiam), n. f.,
hauteur, dignité.

ALUMER (ad-luminare), v. n.,
s'allumer.

AMENDER (emendare), v. a. et
n., corriger, améliorer, venger, réparer.

AMER (amare), v. a., aimer.

AMABLEMENT (amicabili-mente), adv., amicalement, en ami.

AMISSIEZ, -és, sbj. ipf. pl. 2 de *amer*.

AMISTÉ (* amicitatem), n. f., amitié.

AMODER (ad-modum-are), v. a., façonner ; *amodé en douçour*, adouci.

AMONT (ad-montem), adv., en haut ; *en a.*, vers le haut.

ANCHIIÉN, v. *ancïen*.

ANCHOIS, v. *ançois*.

ANCIÉN (ante-anum), adj., ancien.

ANÇOIS (antius, comparatif fictif de *ante*), ainçois, ainsois, adv. auparavant, mais ; *a. que*, avant que.

ANEL (anellum), s. sg. *aniaus*, n. m., anneau ; au pl., chaîne.

ANEMI (inimicum), n. m., ennemi.

ANOY (n. verb. de *anuier* = in-odio-are), m., ennui, deuil.

ANUIT (hac-nocte), *ennuit*, adv., cette nuit, aujourd'hui.

APAISIER (ad-*pais*-iare), v. a., réconforter.

APARTENANCES (apartenir-au-tiam), n. f. pl., dépendances.

APARTENIR (ad-per-tenire), *aper-tenir*, v. n. et impers., conve-nir ; *cose mal apartenant*, chose inconvenante ; *s'ap.*, être compétent.

APAREILLIER ad-*pariclum*-are), app., *appareillier*, v. a. et n., préparer, se préparer.

APARISSANT *appariscentem* (il est), il appert, il est évident. V. *aparoir*.

APAROIR (ad-parere), app., v. n. et impers., apparaître, sem-bler évident.

APENSER (ad-pensare) (s'), v. réfl., réfléchir, se dire.

APERT (apertum), adj., expéri-menté, capable, distingué.

APERTEMENT (aperta - mente), adv., rapidement, délibéré-ment.

APERTISE (apertum-itiam) *d'ar-mes, n. f.*, exploit militaire ou chevaleresque.

APOSTOILE (*apostolium), n. m., pape.

APOSTOLE (apostolum, forme sa-vante), n. m., apôtre.

APP-, v. *ap-*.

APRENDRE (ad-prendere), v. a., apprendre, enseigner.

APRÈS (ad-pressum), *apriès*, adv., après, d'après.

APRIÈS, v. *après*.

APRINT, pf. sg. 3 de *aprendre*.

APROCHIER (ad-prope-are), -cier, *app.*, v. n. et a., approcher, s'approcher ; *aprochié*, rap-proché.

AQUITIER (ad *quite*-iare).

ARAGE (arare-aticum), n. m., la-bour, terre labourable.

ARAGIS (*arage*-itium), n. m., terre labourable.

ARBALESTRE (arcuballistam), n. f., arbalète.

ARBALESTRIER (arcuballista-rium), n. m., arbalétrier.

ARCHIÈRE (arcum-ariam), n. f., meurtrière.

ARDANT, p. pr. m. et f. de *ar-doir*.

ARDI, pf. sg. 3 de *ardoir*.

ARDOIR (ardēre) et *ardre* (ar-dēre), v. n. et a., brûler.

AREER (aroi-are), v. a., prépa-rer, organiser.

AREST (n. verb. de *arester*), arr., m., arrêt, état d'arresta-tion.

ARESTER (ad-restare), arr., v. n. et a., arrêter, s'arrêter, sta-tionner ; *s'ar.*, s'arrêter.

ARIER (ad-retro), arr., *ariére*,

arr., *ariers* (*s* adverb.), *arr.*, adv., arrière, derrière.

ARIVER (ad-ri*pam*-are), *arr.*, v. a. et n., attacher à la rive, débarquer.

AROI (*a-*roi* = b. lat. **redum*), *arroi*, *arroy*, n. m., préparatifs, ordre.

ARS[1], r. sg. et s. pl. de *arc*.

ARS[2], p. p. de *ardoir*.

ARSIST, *arsissent*, sbj. ipf. sg. et pl. 3 de *ardoir*.

ARR-, v. *ar*-.

AS, v. *le*[1].

ASEGIER (ad-sedem-icare), *ass.*, v. a., assiéger.

ASEIZ, v. *asez*.

ASEMBLER (ad-simul-are), *ass.*, v. a., réunir; v. n. et réfl., *as. a*, *s'as. a*, en venir aux mains avec.

ASËOIR (ad-sedere), *ass.*, v. a., faire asseoir; *s'as.*, v. réfl., s'asseoir.

ASEÜRER (ad-securum-are), *ass.*, *asseurer*, v. a., assurer, garantir, rassurer; *estre a.*, être en sûreté.

ASEZ (ad-satis), *assez*, *aseiz*, *ass.*, adv., beaucoup, assez.

ASS-, v. *as*-.

ASSERROIE, etc., cd. de *assëoir*.

ASSORTIR (ad-sortire), v. a.; *a. l'artillerie*, la mettre en batterie.

ASSOUVIR (ad-sopire), v. a., achever.

ATARGIER (ad-tardum-icare), v. n., tarder.

ATENDERIENS, cd. pl. 1 de *atendre*, attendre.

ATIRIER (ad-*tirier, tirer), v. a. apprêter, organiser, décider.

ATOURNER (ad-tornare), v. a., arranger.

ATOUT, v. *tot*.

ATTEÏNNER (*), v. a., tourmenter, taquiner.

ATTEMPRÉ (ad-temperatum), p. p.-adj., modéré.

ATTENDRISIST, sbj. ipf. 3 de *attendrir*, v. a., s'attendrir.

AUDIANCE (audientiam), n. f., audition, audience; *tout en a.*, tout haut. Cf. *oiance*.

AUKETON (*), n. m., hoqueton.

AULNE (*), n. f., aune.

AULNER (*aulne*-are), v. a., auner.

AUQUES (aliquid et *s* adverbiale), pron.-adj. n., quelque, quelque peu.

AUS, v. *le*[1].

AUSI (aliud-sic), *aussi*, adv., aussi, si; *a. com* (*comme*), comme, ainsi que.

AUT, sbj. sg. 3 de *aler*.

AVAINNE (avenam; *avoine* a été influencé par la labiale *v*), n. f., avoine.

AVANT (ab-ante), adv. et prép.; *encores avant*, bien plus; *par a.*, auparavant.

AVEC, *avecques*, v. *avoec*.

AVENIR (ad-venire), *adv.*, v. n., arriver.

AVENTURER (*aventure*-are), v. n., errer au hasard.

AVENUE (ad-*venutam), n. f., aventure, événement.

AVERAI, etc., *averoie*, etc., ft. et cd. de *avoir*.

AVIEIEGNE, etc., sbj. de *avenir*.

AVIS (ad-visum), n. m., opinion; *par a.*, au jugé.

AVISER (ad-visum-are), v. a., imaginer, désigner; *s'a.*, v. réfl., s'apercevoir, remarquer, décider.

AVOEC (apud-hoc), *avoech*, *avoec ques*, *avec*, etc., adv. et prép.

AVOIR (n. verbal), m., biens, somme d'argent.

AVRAI, etc., *avroie*, etc., ft. et cd. de *avoir*.

BACELER, pr. *bakelér* (* baccala-rem), n. m., jeune homme, écuyer, page.

BACELERIE (*baceler*-iam), n. f., exploit.

BACINET (* *bacin*-ittum), *bachi-net*, n. m., bassinet, casque en forme de calotte.

BACONNEI (**bacon*-atum), p. p.-adj., fendu en deux comme le lard d'un porc.

BAER (badare, de l'onomatopée *ba*), v. n., être bouche bée, aspirer à.

BAILLIER (bajulare), v. a., pré-senter, donner.

BARGE (*baricam, de baris), n. f., barque, nacelle.

BASSET (bass*um*-ittum), adj. et adv., un peu bas.

BATAILLE (* battalia, de batuere), n. f., corps de troupes.

BAU (pour *bail*, n. verb. de *bail-lir*, posséder), m., charge, gouvernement.

BÉ, *béent*, pr. sg. 1 et pl. 3 de *baer*.

BEGUIN (?) V. p. 82, n. 16, ce qui est dit à propos de *béguine*.

BEL (bellum),s.sg. *beaus*, *biaus*, adj., beau ; n'est souvent qu'une épithète de politesse, comme aujourd'hui *cher*.

BERRIE (?), n. f., lande, pâture, d'où *la Brie*.

BESACE (bisaccia, pl. neutre), n. f. ; *unes besaces*, des besaces.

BESOIGNE (*), n. f., besogne, af-faire.

BESOING (*), s. sg. *besoinz*, n. m., besoin, nécessité, situation critique.

BESTANCE (n. verb. de *bestan-cier*, v. *betencier*).

BESTORNER (bis-tornare), v. a., détourner de son but, chan-

BESTE (bestiam), n. f., imbécile.

BETENCIER (bis-tent*um*-iare), v. n., se quereller.

BETENSOIENT, mauvaise ortho-gr. pour *betençoient*.

BEU, atténuation de *Deu* (Dieu), dans les jurons.

BIENS FAIZ (bene-s. de flexion-factos), b. fais, n. m., belles actions, exploits.

BIENVAIGNANT (*bien* et le p. prés. de *venir*), adj. f., bienvenue. V. p. 42, note 49.

BISSE (*), n. f., biche.

BLECEÜRE (*blecier*-aturam), n. f., blessure.

BONES GENZ, f., braves genz, g. courageux.

BOS (* boscum), n. m., bois.

BOURDER (*), v. n., dire des plai-santeries (*bourdes*).

BOUTEÏS (*bouter*-itium), n. m., poussée violente, acharne-ment.

BOUTER (*), v. a., pousser, ap-pliquer fortement; *se b.*, v. réfl., se jeter violemment.

BOUTICLE (forme savante de *bouteille* = * *bott*e-iculam), n. f., barrique.

BRAKENIER (* *braque*-onem -a-rium), n. m., braconnier.

BRIGANDINE (* *brigand*-inam', n. f., espèce de cotte de mailles portée par les *brigands* : ce mot a d'abord signifié « fan-tassin ».

BROION (*), n. m., rouleau à pâte.

BUEF (bovem),s. sg. *bues*, n. m., bœuf.

BUIES (*), n. f., entraves, fers.

BURIAU, p. *burel* (dimin. de *bure*, tas de fagots), n. m., mon-ceau, meule.

BUSCE (* boscam, * buscam), n. f., bûche.

BUVRAGE, p* *bevrage* (*bevre* (= bibere) -aticum), n. m., breuvage.

CA-, *ce-*, *ci-*, v. *cha-*, *che-*, *chi-*.

CALENGIER (calumniare), v. a. et n., réclamer en justice, disputer.

CAMELIN (?), n. m., espèce d'étoffe grossière.

CAMP, *camps*, v. *champ*.

CANDEILLE (candelam), n. f., chandelle.

CANDELER, pr. *chandeleur* (candelorum (p* candelarum), s.-ent. *dies*), ou peut-être y a-t-il changement de suffixe, f., chandeleur.

CANONNE (* canonium, p* canonicum), n. m., chanoine.

CAPTAL (capitalem), n. m., capitaine (titre usité dans le midi de la France).

CAR (quare), conj., pourquoi, que (après *dire*), car.

CARDINAL (cardinalem), s. sg. *car linaus*, *-aulz*, n. m.

CARDONAL, comme *cardinal*.

CASCUN, v. *chascun*.

CASÉL (casalem), n. m., groupe de maisons.

CAUCIE, dialectal p* *chauciée* (calcem (de *calx*, talon) -atam), n. f., chaussée.

CEL (ecce-illum), s. sg. et pl. *cil*, *chil*, *cilz*, emphatique *celui*, *celuy*, *celi*, adj. et pr. démonstratif, ce, cet, celui, celui-ci, celui-là.

CELERIER (cellerarium), n. m., cellérier.

CELI, *relui*, *celuy*, formes du cas emphatique de *cel*.

CENDAL (?), n. m., étoffe de soie.

CERCHIER (circare), v. a., parcourir en tous sens, explorer.

CERTES (certas), adv.; *a c.*,

certainement, sérieusement.

CESCUN, v. *chascun*.

CEST (ecce-istum), ce, *chest*, s. sg. et pl. *cist*, *chist*, *cis*, *chis*, adj. et pr. démonstratif, ce, cet, celui, celui-ci, celui-là.

CESTI, *cestui*, *cestuy*, formes du cas emphatique de *cest*.

CEVAUCHIE, v. *chevauchiee*.

CHACE (n. v. de *chacier*), *cace*, f., chasse, poursuite.

CHACIER (captum-iare), *cacier*, v. a., chasser, poursuivre.

CHAIÉRE (cathedram), *chaire*, n. f., trône (d'où *chaire* et *chaise*).

CHAÏSSIENS, sbj. ipf. pl. 1 de *chaoir*.

CHAMBERLANC (*), n. m., chambellan.

CHAMELOT (?), n. m., espèce d'étoffe grossière.

CHAMBRE (cameram), n. f., salle.

CHAMP (campum), *camp*, n. m., champ de bataille (de même au pl.); *sus les c.*, sur le champ.

CHAMPESTRE (ville) (campestrem villam), habitation rurale.

CHANS, s. sg. et r. pl. de *champ*.

CHANTIER (dérivé de *cant*, coin), n. m.; *barge de chantiers*, chaloupe, barque suspendue aux flancs du navire.

CHAOIR, v. *chëoir*.

CHAPELET (* *chapel* (= cappa-ellum)-ittum), n. m., couronne.

CHAPITAINNE, forme demi-savante de *chevetain* (*capitanum), n. m., capitaine.

CHAR (carnem), n. f., chair.

CHARGE (n. verb. de *chargier*), f., ce qu'on est chargé de dire, mission, emploi.

CHARGIER (carricare), v. a., charger, presser; *charger quelque chose à quelqu'un*, charger quelqu'un de quelque chose.

CHAROI (n. verb. de *charoier* = carricare), *charroy*, n. m., charroi, chariots chargés de bagages bagages.

CHARRETON (*charrette* (= car-*rum*-ittam-ouem), n. m., charretier.

CHARTE (cartam), *chartre*, n. f., acte écrit.

CHASCUN (quisque-unum), *chescun*, *cascun*, *cescun*, adj. et pr. indéfini, chaque, chacun.

CHASTEL (castellum ,-iel, s. sg. *chastiaus*, n. m., château fort, château gaillard.

CHASTOY (n. verb. de *chastoier*), m., correction, bons conseils.

CHATÉL (capitale), n. m., capital, bien.

CHAÜ, p. p. de *chaoir*.

CHAVANCE, v. *chevance*.

CHEÏ, *chéïsse*, etc., pf. sg. 1 et 3 et sbj. ipf. de *chëoir*.

CHËOIR (cadēre), *chaoir*, *cheoir*, v. n., tomber, choir.

CHËOIS, *cheoit*, p. p. s. et rég. de *chëoir* par analogie avec le part. p. de *collectus*, *colleit*).

CHÉR (carum pr carrum), n. m., char.

CHEÜ, *chëuz*, p. p. de *chëoir*.

CHEVALERIE *caballarium*-iam), n. f., exploit.

CHEVALEUREUSEMENT (*caballarium*-osa-mente), adv., d'une façon chevaleresque.

CHEVANCE (*chef*-antiam), n. f., revenu, bien.

CHEVAUCHEUR (caballum-icatorem), n. m., éclaireur à cheval.

CHEVAUCHEÜRE (caballum-icaturam), n. f., monture.

CHEVAUCHIÉE (caballum-icatam),

chvaucie, n. f., chevauchée expédition à cheval.

CHEVEL (capillum), n. m., cheveu.

CHEVIR (*chef*-ire) (se), v. réfl., se nourrir, s'entretenir.

CHEVRESON (capra-itionem), n. m., chevreau.

CHIAUS, *chil*, v. *cel*.

CHIEF (* capum, pr caput), n. m., tête, chef, débat.

CHIENNAILLE (*chien*-alia), n. f., canaille (ce dernier mot a passé par l'italien).

CHIERF (cervum), n. m., cerf.

CHOSE (causam), *cose*, n. f. ; *ne... ch.*, ne... rien.

CI (ecce-hic), *chi*, adv., ici ; *de ci a tant que*, jusqu'à ce que.

CLÉF (clavem), *cleif*, s. sg. *clés*, *cleis*, n. f., clé.

CLÉR (clarum), adj., clair, lumineux, intelligent.

CLORRE (claudere), v. a., établir comme clôture.

COI (* quētum, pr quietum), adj., tranquille.

COIFE (* cofeam), n. f., capuchon de mailles sous le heaume.

COISIR (*), v. a., regarder, voir.

COGNEÜ, *cogneu*, p. p. de *cognoistre*.

COGNEUT, pf. sg. 3 de *cognoistre*.

COGNISSANCE (cognoscere-antiam), n. f., connaissance.

COGNISSOIE, etc., ipf. de *cognoistre*.

COGNOI, faute pr *cognois*, pr. sg. 1 de *cognoistre*.

COGNOISTRE (cognoscere), *congn.*, *con.*, v. a., connaître, reconnaître, avouer.

COM, v. *come*.

COMBATEROIE, etc., cd. sg. 1 de *combatre*.

COMBLE (cumulum), n. m., sommet.

COME (quomodo), *comme, com, con,* adv. et conj., comme, comment, lorsque.

COMM-, v. *com-.*

COMME, v. *come.*

COMPAIGNE (*cum - pane - am), -agne,* n. f., compagnie.

COMPAIGNIE (cum - pane - iam), -agnie, n. f., compagnie, alliance.

COMPARER (comparare), v. a., acheter, comparer.

COMPÉR, pr. sg. 1 de *comparer.*

COMPLEXION (complexionem), n. f., tempérament.

COMPTER, v. *conter.*

COMUN (communem), adj.; *le c. de la terre,* le menu peuple du pays.

COMUNALMENT (communali-mente, adv., communément.

CON, v. *come.*

CONCLUSION (conclusionem), n. f., décision.

CONDICION (condicionem), *-tion,* n. f., état, condition, caractère.

CONDUCTEUR (conductorem), n. m., capitaine, condottiere.

CONEÜ, etc., v. *cogneü,* etc.

CONFANON, v. *gonfanon.*

CONFÉS (confessum), adj., qui s'est confessé.

CONFORTANT (cum - fortem - antem), n. m., auxiliaire.

CONFREMER (confirmare*), v. a., confirmer.

CONGNEÜ, etc., v. *cogneü,* etc.

CONGNEUST, sbj. ipf. sg. 3 de *congnoistre.*

CONGNEUZ, *congnui,* pf. sg. 1 de *congnoistre.*

CONJOÏR (cum-gaudire), v. a., fêter, faire bon accueil.

CONJOÏSSEMENT (con-* gaudis-simentum), n. m., bon accueil.

CONNESTABLIE (comes-stabuli-iam), n. f., connétable.

CONQUÉRENT, pr. pl. 3 de *conquerre.*

CONQUERRE (cum-quærĕre), v. a., conquérir.

CONREER (cum *rei(roi) -are), v. a., préparer, corroyer; *piaus conreées en alun,* peaux mégissées à l'alun.

CONROI (cum-*roi), n. m., apprêts, bagages.

CONROIENT, pr. pl. 3 de *conreer.*

CONS, v. *conte.*

CONSAUS, *consaulz,* v. *conseil 1.*

CONSEIL 1 (consilium), *-soil,* s. sg. *conseuz, consaus, -aulz,* n. m., conseil, résolution; *avoir c.,* délibérer; *prendre a c.,* résoudre; *mettre c. en soi,* prendre garde à soi, être sur ses gardes; *se c. de,* délibérer sur.

CONSEIL 2, pr. sg. 1 de *conseillier.*

CONSEILLIER (consilium-are), *-illier,* v. a, conseiller.

CONSEUZ, *consoil,* v. *conseil.*

CONSTRAINDOIENT, ipf. pl. 3 de *constraindre.*

CONSTRAINDRE (constringere), v. a., contraindre.

CONSUMMER (consummare) (se). v. réfl., se ruiner.

CONTRE (contra), prép., en face de.

CONTREMONT (contra-montem), adv. et prép., en amont, en a de.

CONTREVAL (contra - vallem), adv. et prép., en aval, en descendant.

CONTRECAINGLE (contra-cingu-lum), n. f., contre-sangle.

CONTE 1 (comitem), s. sg. *cons, cuens,* n. m., comte.

CONTE 2 (n. verb. de *conter*), m., compte, conte.

CONTEÉ (comitem-atem), *conté,*
-*ei*, n. f., comté.

CONTER (computare), *compter,*
v. a., compter, conter.

CORAGE (cor-aticum), *couraige,*
n. m., dispositions de l'âme,
sentiments.

CORRE, *courre* (currere), *corir,
courir* (currire), v. n., courir;
c. une ville, la saccager, la
piller.

CORROCIER (corruptum-iare),
-*oucier,* -*ecier,* *courecier,
courr.,* v. a., courroucer.

COSE, v. *chose.*

COSTIIER (costa-icare), v. a., cô-
toyer, longer.

CORS[1], *corz,* v. *cort.*

CORS[2] (corpus), n. m., corps;
le c. de quelqu'un, pour « la
personne même ».

CORT (curtem), s. sg. *corz, cors,*
n. f., cour.

COS, s. sg. et r. pl. de *cop,* coup.

COUV-, v. *cov-.*

COUCHIER (collocare), *coucier,*
v. a. et n., coucher, se coucher.

COULOMBIER (columbarium), n.
m., gardien d'un colombier.

COULOMIER (colombarium), n.
m., colombier.

COULON (columbum), n. m., pi-
geon.

COULOURER (colorem-are), v. a.
farder, embellir.

COUPLET (copulum-ittum), n. m.,
grosses pièces de bois accou-
plées.

COURCIER, p[r] *coursier* (cursum-
arium), n. m., vaisseau rapide.

COURECIER, *courrecier,* v. *corrocier.*

COUREOR (curr-itorem), *cou-
reour,* n. m., coureur, pillard.

COURIR, *courre,* v. *corre.*

COUVERTOUR (* coopertorem, p[r]
coopertorium), n. m., couver-
ture.

COUVIEIGNE, p[r] *souviégne,* sbj.
sg. 1 et 3 de *souvenir.*

COVENANCE (convenire-antiam),
n. f., convention.

COVENANT (convenire-antem), n.
m., convention.

COVENDRA, -*ra,* -*droit,* -*roit,* ft.
et cd. de *covenir.*

COVENIR (convenire), *couv.,
conv.,* v. n. et impers., convenir, falloir.

COVENT[1], p. p. de *covenir.*

COVENT[2] (conventum), n. m.,
convention, promesse.

COVINE (du masc. *covin* = con-
venire-ium), n. f., manière
d'être, habitudes.

COVOITISE (*covoitier*-itiam), n.
f., convoitise, cupidité.

COVOITOS (*covoitier* (= cupidi-
tare) -osum), adj., désireux,
cupide.

CRAS (crassum), adj., gras.

CREANCE (credere-antiam), n. f.,
croyance, ce pourquoi on est
accrédité.

CREANT (credere-antem), n. m.,
croyant.

CREANTER (credere-antem-are),
v. a., accepter une opinion,
promettre.

CREÏST, *crëoie,* etc., *creons,* sbj.
ipf. sg. 3, pr. pl. 1, et ipf. de
croire.

CREMOR (tremorem), n. f.,
crainte.

CREPON (* *crope, croupe*-onem),
n. m., croupion.

CRESTIENTÉ (Christianitatem) n.
f., la Chrétienté.

CREÜ, *creu,* p. p. de *croire.*

CREVANT (crepantem), p. pr. sg.
f.; *l'aube cr.,* l'aube naissante.

CRI (n. verb. de *crier*), m., cri
d'alarme.

CRIAUTURE (creaturam), n. f., créature.

CRIER (quiritare), v. n. et a. ; *estre crié de* (infin.), avoir la réputation de.

CROIRE (credere), v. a., croire, croire en.

CROLIÉRE (corotulare-ariam), n. f.. fondrière.

CRONISER (chronica-ίζειν), v. n., écrire des chroniques.

CROS, s. sg. de *croc.

CRUEUSEMENT (crudosa-mente), adv., cruellement.

CUEILLIER (colligere, pr colligere), v. a., ramasser, lever (des troupes) ; *se c.*, se réunir, former une troupe.

CUENS, v. *conte* [1].

CUI (datif de *qui*), à qui, de qui.

CUIDIER (cogitare), v. a., penser, croire.

CUIGNIE, pr *cuignée* (cuneum-atam), n. f., cognée.

CUILDRE (colligere),v.a.,cueillir.

DALÉS, v. *delez*.

DAMLEDEU (Dominum - illum-deum), n. pr., Dieu, Notre Seigneur.

DARIEN, v. *derrein*.

DARIER, *dariere, -es*, v. *derier*.

DE (de), prép. indiquant l'origine, le moyen, la cause ; *de Deu*, au nom de Dieu ; après un comparatif, remplace *que* ; est souvent supprimé devant un nom de personne indiquant le possesseur.

DEBATRE (de-battuere), v. a., battre, débattre.

DEBONNÈREMENT (*de-bon-aire* (=aream ?)-mente), adv.,bonnement.

DEBOUTER (de-*bout*-are), v. a., repousser.

DECACIER (de-*captiare), v. a., chasser.

DECLARRAI, ft. de *declarer*.

DECOPER (de-*cop* (= colaphum) -are), v. a., tailler en pièces.

DEDANS (de-de-intus), prép., dans, pendant.

DEFAUTE (de-*fallitam, pr falsam), n. f.. manque.

DEFORS (de-foris), adv. et prép., dehors, hors de.

DEFFRÈFIER (de-*frait* (*frais*) -iare), v. a., défrayer.

DEÏSSE, *deïst*, etc., sbj. ipf. de *dire*.

DELAIER (de-*laier* (= *lagare pr legare), v. n. et a., retarder.

DELEZ (de-latus), *delés, dalés*, adv. et préposition., auprès, à côté de.

DELIT (delectum) n. m.. délice.

DELITABLE (delectabilem), adj., délicieux.

DELITER (delectare) (*se*), *delitter*, v. réfl., se délecter, jouir.

DELIVRER (de liberare), v. a., expédier (rendre libre en jugeant son affaire).

DEMAIN (de-mane), adv. et nom ; *el d.*, demain, le lendemain.

DEMANT, pr. sg. 1 de *demander*.

DEMEUR, pr. sg. 1 de *demorer*.

DEMEURE (n. verb. de *demorer*), f. ; *estre en d.*, stationner, attendre.

DEMORER (demorare), *demourer*, v. n., demeurer ; *le demorant* p. pr. pris subst., le reste.

DEMOURISSIENS, *demourrai, oie*, etc., subj. ipf. pl. 1, ft. et cd. de *demourer*.

DEPARLER (de-parabolam-are), v.a., dire du mal de.

DEPARTEMENT (de-partire-mentum), n. m., séparation, départ.

DEPARTIR (de-partire), v. a., séparer, disperser; *se d.*, s'en aller, partir.

DEPECIER (de-*piéce*-iare), v. a., distribuer; v. n., partir, se séparer.

DEPORTER (de-portare), v. a., ôter, enlever.

DEPUIS (de-*pocs, pr pots, post), adv. et prép., depuis, à partir de là; *d. que*, puisque.

DERIER (de-retro), *derr.*, *darier*, *iére*, *iéres*, etc·, adv. et prép. derrière,

DERREIN (de-retro-anum), *darrain*, *darien*, adj., dernier; *au d.*, en dernier lieu.

DERRENIER (de retro-an*um*-arium), adj., dernier.

DÈS (de-ex), prép.; *dès ce que,* dès que.

DESCENDEROIE, etc., cd. de *descendre*.

DESCENDRE (descendere), v. n.; *se d.*, v. réfl., descendre.

DESCHAUS (adj. verb. de *deschaucier*), sans chausses.

DESCONFIRE (dis-conficere), v. a., disperser, défaire complètement.

DESCONFORTER (dis-*conforter*) (*se*), v. réfl., perdre courage.

DESDAING (n. verb. de *desdaignier* = *disdignare, pr dedignari*), m., dédain.

DESDEÏSSE (sbj. ipf. sg. 1 de *desdire*.

DESDIRE (dis-dicere), v. a., dédire.

DESERTES (p. p. f. pl. de *deservir* pris subst.), mérites.

DESERVIR (de-servire), *dess.*, v. a., mériter.

DESEURE (de-supra), adv., des-sus, au-dessus.

DESFAIRE (dis-facere), *deff.*, v. a., défaire, détruire; *desf.* *une injustice*, la réparer; *maison deffaite*, m. en ruines.

DESFIANCE (dis-fid*ere*-antiam), n. f., défi.

DESFIER (dis-fidare), v. a., défier; *desf. une chose*, l'annoncer dans le défi.

DESHETIÉ (dis-*), adj., de mauvaise humeur.

DESIRANT (desiderantem), p. pr.-adj., désireux.

DESISSE, *desist*, sbj. ipf. sg. 1 et 3 de *dire*.

DESLOER (dis-laudare), v. a., déconseiller.

DESLOIAUMENT (dis-legali-mente), adv., déloyalement.

DESPARSEMENT (dispersa-mente), adv., confusément.

DESPARTIR (dis-partire), mêmes sens que *departir*.

DESPENDRE (dis-pend*ere*), v. a., dépenser.

DESPIRE (despicere), v. a., mépriser.

DESPUTER (disputare), v. n., disputer.

DESRISION (disrisionem p^r derisionem), n. f., dérision; *prendre a d.*, se moquer de.

DESROUTER (dis-rupt*um*-are) (*se*), v. réfl., quitter les rangs.

DESSEVRER (dis-separare), v. a., séparer; *se d.*, se séparer.

DESSERVIR, v. *deservir*.

DESTOURBIER (disturbare-arium), n. m., trouble, empêchement.

DESTRE [1] (dexterum), adj., placé à droite.

DESTRE [2] (dexteram), n. f., droite.

DESTRUICTZ, *destruits*, p. p. s. sg. et rég. pl. de *destruire*.

DESTRUIRE (*destrugere, pr destruere), v. a., détruire, ruiner.

DESUR (de-super), prép., sur.

DESUS (de-susum), adv. et prép., en sus, en sus de.

DESVOLEPÉ (dis-volup ? (cf. *volvere*)-atum), p. p., développé.

DEUBST, *deüst*, *deüssent*, sbj. ipf. sg. et pl. 3 de *devoir*.

DEUMES, pf. pl. 1. de *devoir*.

DEVERAI, etc. -*oie*, etc., ft. et cd. de *devoir*.

DEVEÏR, p^r *devïer* (de-vitam-are), v. n., quitter la vie, mourir.

DEVISER (divisum-are), v. a., séparer, raconter, régler, décider; *se d. a*, causer avec.

DI, pr. sg. 1 de *dire*.

DICT, p. p. de *dire*.

DIENT, ind. et sbj. pr. pl. 3 de *dire*.

DISCORT (n. verb. de *discorder*, *descorder* = dis-corde-are), m. désaccord.

DISENT, *distrent*, pf. pl. 3 de *dire*.

DISSIMULER (dissimulare) (s'), v. réfl., se différencier.

DIST, pf. sg. 3 de *dire*.

DITER (dictare), *ditter*, v. a., dicter, composer (un livre).

DIVERS (diversum), adj., difficile, extraordinaire (en parlant d'un chemin, d'un passage).

DOI [1] (* ditum, p^r digitum; cf. *doie*), n. m., doigt.

DOI [2], *doy*, pr. sg. 1 de *devoir*.

DOI [3], *doy*, v. *dous*.

DOIE, etc., sbj. de *devoir*.

DOING, pr. sg. 1 de *doner*.

DOLEROS (dolorosum), adj., douloureux.

DOMAGE (damnum-aticum), -*aige*, *dam.*, *doum.*, n. m., dommage.

DONC (tunc), *dont*, adv., alors, donc.

DONER (donare), v. a., donner, permettre.

DONRAI, etc., *donroie*, etc., ft. et cd. de *doner*.

DONT [1] (de-unde), adv. et pron. relatif, d'où, dont, en quoi.

DONT [2], v. *donc*.

DORMIR (dormire), v. n.; *se d.*, v. réfl., dormir, s'endormir; *en mon dormant*, pendant mon sommeil.

DORTOUR (dormitorem, p^r dormitorium), n. m., dortoir.

DOTANCE (dubitare-antiam), n.f., crainte.

DOTER (dubitare), *douter*, v. n. et a., douter, redouter; *se d.*, v. réfl., craindre.

DOU, v. *le* [1].

DOUBTE (n. verb. de *douter*), m., crainte.

DOUCEMENT (dulci-mente), adv., avec bonté.

DOULANT (*dolantem), p. pr.-adj., affligé.

DOUS (duos), *deus*, sj. *dui*, *doi*, *doy*, adj. num., deux.

DUC (ducem), *duch*, s. sg. *dus*, *dux*, n. m., duc, doge.

DUCH, v. *duc*.

DUCHEÉ (ducem-itatem), *duche*, n. f., duché.

DUCOISE (ducem-itiam), n. f., duchesse.

DUI, v. *dous*.

DUREIR, v. *durer*.

DUREMENT (dura-mente), adv., fort, beaucoup.

DURER (durare), -*eir*, v. n., résister.

DURRA, etc., -*oie*, etc., ft. et cd. de *durer*.

DUSQUES (de-usques, *s* adverbiale) *a*, prép., jusqu'à.

DUX, v. *duc*.

ÉCHEU, p.p. de *échoir*, v. *eschëoir*.

EFFORCIER (ex-fortem-iare), v. a., prendre de force, violer.

EFFRAER, *effreer*, v. *esfreer*.

EL, v. *le*[1].

ÉLE (alam), n. f., aile.

EMBATRE (in-batuere), v. a., jeter, amener maladroitement; *s'e.*, se jeter.

EMBESOINGNIÉ (in-*besoing*-iatum), p. p.-adj., occupé.

EMBLER (in-volare), v. a., enlever, dérober.

EMBUSCHE (n. verb. de *embuschier* = in-*buscam*-iare), n. f., embuscade.

EMPARLÉ (in-* parabolatum) (*bien*), p. p.-adj., qui parle bien, qui a la parole facile.

EMPÊCHEMENT (in-pedem-icamentum), n. m., embarras.

EMPEREOR (imperatorem) , -*eour*, s. sg. *emperére*, -*éres*, n. m., empereur.

EMPERERIS (imperatricem), n. f., impératrice.

EMPESCHIER (in-pedem-icare, *s* parasite), v. a., occuper (à une chose difficile), embarrasser.

EMPORT (n. verb. de *emporter* = in-portare), m., influence, pression.

EMPRENDRE (in-prendere), v. n. et a., commencer, prendre.

EMPRÈS (in-pressum), adv. et prép., près, près de.

ENBOUCHIER (in-buccam-iare), v. a., boucher.

ENCARGIER (in-carricare), v. a. et n., charger, se charger.

ENCAUCIER (in-calcem-iare), v. a., poursuivre.

ENCLOER (in-*clo*, *clou* (= clavum) -are), v. a., enfoncer.

ENCOMMENCIER (in-cum-initiare) v. n., commencer.

ENCONTRE (in-contra), adv., en face de.

ENCOSTE (in-costam), prép., à côté de.

ENCOUPER (in-culpare), v. a., accuser.

ENCOUSI (pf. sg. 3 de *encousdre* = in-consuere), enfonça.

ENCROLÉ (in-*corrotulatum), p. p.-adj., effondré, embourbé.

ENDEMAIN (in-de-mane), n. m., lendemain; *l'e.*, le lendemain.

ENDEMENTIÉRES (in-dum-interea-s adverbiale), adv., cependant; *e. que*, tandis que.

ENDITTER (in-dictare), v. a., indiquer, suggérer, pousser.

ENDROIT (in-directum), n. m. : *a l'e. de*, du côté de; adv. : *la e.*, là même; prép., vers, en face de; *e. lui*, de son côté.

ENFERMETÉ (infirmitatem), n. f., maladie.

ENFOURMÉ (in-formatum), p. p.-adj., informé.

ENFORCIÉ (in-fortem-iatum), p. p.-adj., renforcé (de broderies).

ENGENILLIER (in-geniculum-iare) (*s'*), v. réfl., s'agenouiller.

ENGIN (ingenium), *enging*, n. m., intelligence, stratagème.

ENGLÈS (anglensem), f. *englesse*, adj., anglais.

ENHORTER (in-hortare), v. a., exhorter.

ENHUILIER (in-oleum-iare), v. a., administrer les saintes huiles.

ENNE (anne?), adv., est-ce que?

ENNUIT, v. *anuit*.

ENPARENTEI (in-parentem-atum), p. p.-adj., apparenté.

ENQUERRE (in-quærere), v. a., interroger.

ENQUI (eccum-hic), adv., là, alors.

ENSEIGNIER (in-signum-iare), v. a., instruire, montrer du doigt.

ENSEPELIR (in-sepelire), v. a., ensevelir.

ENSI (æque-sic), *ainsi, issi,* adv., ainsi; *e. comme, a. c.,* comme; *e. que,* adv., à peu près, presque, ainsi; conj., *e. que,* comme. lorsque.

ENSIEVIR (in-sequ*i*re) v. a., suivre.

ENSONNÏER (in-*soing-*iare), v. a., occuper, donner de la besogne.

ENT (inde), adv. et pr. indéfini, en.

ENTENCION (intentionem), n. f., intention, sens.

ENTENDRE (intendere), v. a., comprendre; *e. a,* v. n., être occupé à.

ENTENT, pr. sg. 1 de *entendre.*

ENTENTE (intentam), n. f., intention, accord.

ENTOR (in-tornum), adv. et pr., à l'entour, autour, environ.

ENTORTEILLIÉ (in-tort*um*-iculatum), p. p., entortillé.

ENTOUELLIÉT (in-*touaille*-iatum) p. p., embarrassé.

ENTOURS (in-tornum-*s* adverbiale), prép., vers.

ENTRE (inter), prép., au milieu de; *entre... et* indique une action commune de plusieurs sujets : *entr'eus deus, entre lui et son charreton.*

ENTRÉE (intratam) (*d'*), tout d'abord, pour commencer.

ENTREPREÎSSENT, *entreprins,* sbj. ipf. pl. 3 et p. p. de *entreprendre.*

ENTREPRINSE (inter-prensam), n. f., entreprise.

ENTRESAIT (in-transactum), adv., en tout cas, aussitôt.

ENTRUESQUE (intro-usque), conj., tandis que.

ENVOYER (in-vi*am*-are), v. a., renvoyer; *e. hors,* m. s.

ENZ (intus), *ens,* adv., dedans; *enz en,* dans, à l'intérieur de.

ÈRE, ipf. sg. 1 et 3 de *estre.*

ERRAUMENT pr *erranment* (*errant*-mente), adv., aussitôt; *e. que,* dès que.

ERRER (iter-are), v. n., marcher, voyager.

ÈS [1], v. *ez.*

ÈS [2], v. *le* [1].

ESBAÏ (ex-*baditum), p. p., -adj., ébahi.

ESBAT (n. verb. de *esbatre*), m., combat.

ESCAFAUT (*), n. m., échafaud, tréteaux.

ESCARLATE (*), n. f., écarlate, espèce d'étoffe qui pouvait n'être pas de la couleur de ce nom.

ESCARSEMENT (ex-*carpsa (pr carpta)-mente), adv., chichement, péniblement.

ESCAUFÉ (ex-calefatum, pr calefactum), -*ffé,* p. p., échauffé.

ESCHAMPÉ (ex-camp*um*-atum), p. p.-adj., échappé.

ESCHEÏ [1], *escheü,* p. p. de escheoir.

ESCHEÏ [2], pf. sg. 1 et 3 de *escheoir.*

ESCHIÉT, pr. sg. 3 de *escheoir.*

ESCÏENT (scientem), n. m., connaissance.

ESCLARCIR (ex-claricire, qu'on peut conclure de *claricitare*), v. a. et n., éclairer, éclaircir, s'éclaircir.

ESCLARCY, p. p. de *esclarcir.*

ESCLAIRIER (ex-clar*um*-iare), v. n., s'éclaircir.

ESCOMENCIER (ex-cum-initiare), v. n. et a., commencer.

ESCOMENIEMENT (ex-communi*care*-amentum), *excomm.,* n. m., excommunication.

ESCOMENÏER (ex-communicare), *escomm.,* v. a.

ESCONSER (ex-*consum-are), v.

a. et n., cacher, se cacher.

ESCREVER (ex-crepare) (s') a
plorer, fondre en larmes (Cf.
les larmes éclatèrent).

ESCRÏER (ex-quiritare), v. n. et
a., crier, c. après.

ESCRIRE (scribere), *escripre,
-pvre*, v. a., écrire.

ESCRISENT, pr. pl. 3 de *escrire*.

ESCRISI, *escrist*, pf. sg. 3 de *escrire*.

ESCUÇON (scutum-ionem), n. m.,
écusson.

ESCUSANCE (excusare-antiam),
n. f., excuse.

ESCUT (scutum), n. m., écu,
bouclier.

ESFREER (ex-*), *eff., effraer*, v.
a., effrayer.

ESGAL (æqualem, *s* parasite),
adj., égal.

ESGARDER (ex-*), v. a., regarder.

ESGART (n. verb. de *esgarder*),
n. m., regard, avis.

ESGLISE (ecclesiam, *s* parasite)
(Sainte), la Sainte-Église. Cf.)
iglise.

ESJOUY (ex-*gauditum), p. p.-
adj., réjoui, gai.

ESKERPE (*), n. f., écharpe.

ESKIEVER (*), v. a., esquiver.

ESLEECIER (ex-lætitiam, iare), v.
a., réjouir.

ESLEU, *eslu*, p. p. de *eslire*.

ESLIRE (ex-legere), v. a., élire,
choisir.

ESLISI, *eslit*, p. p. sg. 3 et p. p.
de *eslire*.

ESLONGIER (ex-longe-iare), v. a.
et n., éloigner, s'éloigner de.

ESMAIER (ex-*) (s'), v. réfl., s'é-
mouvoir.

ESME (n. v. de *esmer* = æsti-
mare), n. m., estimation ; *par
e.*, à peu près.

ESMEÜ, *esmeu*, p. p. de *esmovoir*.

ESMOVOIR (ex-movere), v. n., se
mettre en marche ; *s'e.*, v.
réfl., se mettre en marche,
s'émouvoir.

ESPANDRE (expandere), v. a.,
répandre.

ESPERIT (spiritum), n. m., esprit,
âme.

ESPÉE (*), n. f., épée, coup d'é-
pée.

ESPIÉ (*), n. m., sorte de lance.

ESPIRER (spirare), v. a., inspirer.

ESPISSES (species), n. f., confi-
tures, dragées.

ESPLOITIER (explicitum-iare), v.
n., agir.

ESPOIR (1re p. sg. pr. de *esperer*),
adv., peut-être.

ESPOIT (*), n. m., dague.

ESPORON (*), n. m., éperon.

ESPOUENTER (ex-paventem-are),
v. a., épouvanter.

ESPRISES (ex-prensas), p. p. pris
substantivement, f., menu
bois pour allumer le feu.

ESSAUCIER (ex-altum-iare), v. a.,
élever.

ESSÈLE (axillam), n. f., aisselle.

ESSEMPLE (exemplum), n. m.,
apologue.

ESTACHE (*), n. f., poteau, pilier.

ESTAINDRE (extinguere), v. a.,
éteindre.

ESTAINST, *estaint*, pf. sg. 3 et p.
p. de *estaindre*.

ESTAT (statum), n. m., place, dignité.

ESTERLIN (*), *estrelin*, n. m.,
sterling.

ESTEULE (*stupulam, pr stipu-
lam), n. f., chaume, paille.

ESTOC (*), n. m., grosse pièce de
bois, saillie du gouvernail.

ESTOFFÉEMENT (*estoffe-ata-men-
te), adv., richement.

ESTOPE (stuppam), n. f., étoupe.

ESTOPER (stuppam-are), *estouper*,
v. a., boucher avec de l'étoupe.

ESTOIRE (*), n. f., flotte.

ESTOR (*), n. m., combat.

ESTORDRE (extorquĕre), v. a., arracher.

ESTORER (*staurare, qui a dû exister dans la langue populaire; cf. *instaurare*, *restaurare*), v. a., établir, créer.

ESTORMIR (*), v. a., agiter, éveiller en faisant du bruit.

ESTRAGNE, v. *estrange*.

ESTRAIN (stramen), n. m., paille.

ESTRANGE (extraneum), *estragne*, adj., étranger.

ESTRAGNIER (extrancum-arium), adj., étranger.

ESTRELIN, v. *esterlin*.

ESTRUMENT (instrumentum), n. m., instrument, outil.

ET (et), conj., et, et aussi.

EULS, *eulx*, *eulz*, v. *le*[1].

EÜR (augurium), *heür*, n. m., chance, fortune (mot indifférent).

EUÏSSE, *eüsse*, *ewisse*, sbj. ipf. de *avoir*.

EVESCHIÉ (*epispocatum, pr episcopatum), n. f., évêché.

EWIREUS (augurium-osum), adj., heureux.

EXCOMMENIEMENT, v. *escomeniement*.

EXECUTOUR (exsecutorem), n. m., exécuteur testamentaire.

EXEMPLIIER (exemplum-icare) (*s'*), v. réfl., prendre exemple.

EZ (ecce), *ès*, interj. (ordinairement suivi du pr. pers. *vos*, *vous*), voilà.

FAI, impér. sg. 2 de *faire*.

FAILLI, pf. sg. 3 de *faillir*.

FAILLIR (fallĭre), v. n., manquer, faire défaut.

FAINDRE (fingere), v. a. et n., feindre, hésiter à; *f. de*, éviter de.

FAINGNANT (p. pr. de *faindre*) en *f*., hypocritement.

FAINTEMENT (* *fincta* (pr *ficta*) -mente) adv., en dissimulant.

FAIRE (facere), v. a.; remplace un verbe déjà exprimé et se construit comme lui; *f. a* (infin.), mériter d'être (avec le part. passé du verbe); *faire que mouvais*, mal agir (faire ce que ferait un méchant).

FAITICEMENT (factitia-mente), adv., bien, gentiment.

FAME (feminam), n. f., femme.

FEABLE (fidum-abilem), adj., fidèle.

FEAUTÉ (fidalitatem), n. f. fidélité.

FEÏSSE, etc., *feisse*, etc., sbj. ipf. de *faire*.

FEIT, pf. sg. 3 de *faire*.

FELON (*), s. sg. *fel*, *felz*, n. m., félon, traître.

FELONNESSEMENT (felon-issamente), adv., traîtreusement.

FENDU, p. p. de *fendre* (findere) pris substt., le côté fendu.

FERIR (ferire), v. a., frapper; *se f.*, se jeter.

FERM (firmum), adj., ferme; *tenir f.*, confirmer, ratifier.

FERRONT, ft. pl. 3 de *ferir*.

FERUS, *feruz*, p. p. de *ferir*.

FEUR, v. *fuer*.

FEÜSSE, etc., *feusse*, etc., sbj. ipf. de *estre*.

FIÉ (*feodum), n. m., fief.

FIENS (fimus, au cas sujet), n. m. invar., fumier.

FIÉR (ferum), adj., hardi, fort, considérable.

FIÈR (ferrum), n. m., fer.

FIERÉ (ferrum-atum), p. p.-adj., ferré.

FIÉREMENT (fera-mente), adv., hardiment.

FIÈREMENT (ferramentum), n. m., ferrement, ferrure.

FIEVÉ (*fief*-atum), n. m., vassal pourvu d'un fief.

FIL (filium), s. sg. *filz, fiz, fius*, n. m., fils.

FIN (finem), n. f., conclusion, résultat.

FINABLEMENT (finem-abi*l*imente), adv., finalement.

FINANCE (finem-antiam), n. f., argent; *mettre a f.*, rançonner.

FINER (finem-are), v. n., finir.

FINIR (finire), v. n., mourir; *estre finy*, être mort.

FISENT, pf. pl. 3 de *faire*.

FIUZ, v. *fil*.

FLAMBE (flammam),n. f.,flamme.

FLAMENC (*), adj., flamand.

FLATIR (*), v. n. et a., fléchir, battre; *faire f.*, faire reculer.

FLORI (flor*em*-itum), p. p.-adj., fleuri, garni (comme un parterre de fleurs).

FLOTER (*flovitare, p^r fluitare), *flouter*, v. n., flotter.

FLOTTE (formé sur flot, n. verb. de *floter*), n. f., multitude.

FOIBLE (flebilem), adj., faible.

FOIRIES (ferias), n. f., féries.

FONDRE (fundere), v. n., s'effondrer.

FONS (fundus, au cas sujet), n. m., fond.

FONT (fundum), n. m., fond.

FORCE (fortia), n. f.; *faire f.* résister.

FORFAIRE (foris-facere), *fourf.*, v. n., faire du mal; v. n., se priver de la jouissance de (par un crime): *forfaire son fief, son pays; fourfait devers*, coupable envers.

FORJUGIER (foris-judicare), v. a., déposséder (par jugement), bannir.

FORME (formam), n. f.; *en tél f. que*, à condition que.

FORMENT (forti-mente), adv., for-tement, beaucoup.

FORS (foris), adv., hors.

FORSENERIE (foris-*sen*-ar-iam), n. f., folie.

FORTUNES (fortunas), n. f. pl. chance.

FORTUNEUS (fortun*am*- osu adj., heureux.

FOUÉRES (fodere-itor-s analogique), n. m., s. sg., bêcheur.

FOUIR [1] (fod*i*re), v. a., bêcher.,

FOUIR [2] (fugire) (*s'en*), v. réfl., s'enfuir.

FOURER (*), v. n. et a., aller au fourrage, aux vivres, s'approvisionner en pillant, enlever.

FOURFAIT, v. *forfaire*.

FOURMENÉT (foris-minatum), p. p.-adj., surmené.

FOURMESAISIET (foris-minus *-aise*-iatum), adj., mal à l'aise.

FOURRAGE (*fourer, fourrer*-a-ticum), n. m., expédition pour se ravitailler.

FOURSENÉT (foris-*sen*- atum), adj., insensé.

FRÈT (*), n. m., frais.

FUER (forum), n. m., prix d'une denrée; *a nul f.*, à aucun prix, en aucune façon.

FUERRE (*), n. m., fourreau.

FUIANT (*li*), p. pr. pris substant., les fuyards.

FUISON (fusionem), n. f., foison

FUISSE, etc., sbj. ipf. de *estre*.

FUST [1] (fustem), n. m., bois.

FUST [2], sbj. ipf. sg. 3 de *estre*.

GAAING [1] (n. verb. de *gaaignier*) s. sg. *gaainz*, m., gain, butin.

GAAING [2], pr. sg. 1 de *gaaignier*.

GAAIGNIER (*), *gaègnier, gaaingnier, gaigner*, v. n. et a., faire du profit, du butin, réussir, gagner.

GALÉE (*), n. f., galère.

GALIE (*), n. f., galère.

GAMBE (*), n. f., jambe.

GAMBOISON (*gambe*-ationem), n. m., long pourpoint rembourré.

GARIR (*), v. a., protéger, sauver, guérir.

GART, sbj. sg. 3 de *garir*.

GASTIAUS (s. sg. et r. pl. de *gastel*), m., gâteaux.

GECTER (jactare), v. a., jeter.

GEHENNER (gehennam-are), v.a., torturer.

GENERAUMENT (generali-mente), adv., généralement.

GENOILLONS (* genuculum, pour geniculum-*s* de flexion) (*a*), locution adv., à genoux.

GENGLER (joculare, cf. *jongler*), v. n., plaisanter, bavarder.

GENT (gentem), s. sg. *gent* et *genz* (*gens*), s. pl. *genz* (*gens*) et *gent*.

GERRE, graphie particulière de *guerre*.

GESIR (jacire), v. n., être couché, étendu.

GESTE (gestam), n. f., geste (mouvements).

GEULES (gulas), n. f., rouge (terme de blason).

GHET (n. v. de *guaitier*), n. m., guet.

GLAIVE (celtique *cladivo* influencé par *gladius*), *glave*, n. m., lance, coup de lance, douleur cruelle (*mourir a gl.*).

GLORE (gloriam), n. f., gloire.

GLOUTONNIE (glutonem-iam), n. f., gloutonnerie.

GONFANON (*), *conf.*, n. m., gonfalon.

GOTE (guttam), n. f., goutte.

GOUVERNAIL (gubernaculum), s. sg.-*aus*, n. m.

GOUVRENEMENT, *gouvreneur*, v. gouvernement, -neur.

GRAIGNOR (grandiorem), *graingneur*, compar. de *grant*, *grand*.

GRANT (grandem), f. cas sujet sg. *grant* et *granz*, *grans*, adj., grand.

GRANTMENT (grandi-mente), adv., beaucoup.

GREVER (gravare), v. a., faire du mal à.

GROSSOIER (grossum-icare), v. n., grossir.

GROUCIER (*), v. n., grogner.

GUERPIR (*), v. a., abandonner.

GUERREDON (anc. allem. *widar*, « en retour » -donum), n. m., récompense.

GUERRIIER (*guerre*-icare), v. n., guerroyer.

GUÈTE (n. verb. de *guaitier*), f., sentinelle.

GUIÈRES (*), adv., guère.

HACE (*), n. f., hache.

HAHAI ! interj., holà ! arrêtez !

HAITIÉ (*hait*-iatum), p. p.-adj., content.

HAPPE (*), n. f., crampon.

HARDEMENT (*hardi*-mentum), n. m., hardiesse, courage.

HARDOIER (*), v. n.; *h. a*, harceler.

HARNOIS (*), -*as*, *hernoiz*, n. m., harnais, bagages.

HASTIER (hastarium), n. m., broche.

HASTIF (* *haste*-ivum), s. sg.-*is*, adj., qui se hâte, étourdi.

HAULSER (altum-iare), v. a., élever; *jour haulsé*, plein jour.

HAUT (altum, avec influence german.), adj., puissant, grand, important.

HAVENE (*), n. m., havre, port.

HAVOT (*), n. m., harpon; *faire h. de*, se saisir de.

HERBERGE (*), n. f., logement;

tenir herberges aus chans, tenir la campagne.

HERBERGIER (*) (*se*), v. réfl., se loger.

HERIIÉT (*), p. p., harcelé.

HERNOIZ, v. *harnois*.

HEUR, v. *eür*.

HIRETAGE (hered*itare*-aticum), *hyr.*, n. m., héritage.

HODÉ (*), p. p.-adj., fatigué.

HOIR (heredem), n. m., héritier.

HOM, *hon, hons*, s. sg. de *home*, *homme*, homme-lige.

HOMMECIDE (homicidium), n. m., homicide.

HONNERER (honorare), v. a., honorer.

HONOR (honorem), *honour, onor*, etc., n. f., honneur; *faire sa grant h. de* (inf.), s'honorer beaucoup en (p. pr.).

HORRIBLETE (horribil*em*-itatem), n. f., chose horrible.

HONTE (*), n. f., outrage.

HOST (hostem), *ost*, s. sg. *hoz, hos, os, ostz, oz : hostes*, p. 96., l. 4 est à corriger en *hosts*), n. m. et f., armée, camp.

HOSTÉL (hospitalem), *ostél, osteil*, s. sg. *hosteus*, n. m., logement,

HOSTOIER (host*em*-icare), v. n., faire une expédition.

HOUSÉ (* *hose, house*-atum), p. p.-adj., botté.

HU (onomatopée), n. m., cri, huée.

HUER (*hu*-are), *huier*, v. n. et a., crier, huer.

HUI (hodie), adv., aujourd'hui; *hui et le jour*, aujourd'hui encore, aujourd'hui.

HUIS (ostium), n. m., porte.

HURTER (* ?), v. n. et a., heurter.

HUSTIN (*), *hutin*, n. m., bruit, tumulte, querelle.

HUTTELÈTE (dimin. de * *hutte*), n. f., petite hutte.

HYAUME (*), n. m., heaume.

HYRETAGE, v. *hiretage*.

HYSTORE (historiam), n. f., histoire.

HYSTORIIER (histor*iam*-icare) *un livre*, l'écrire en forme d'histoire.

IAUE (aquam), n. f., eaue.

IAUS, *iaux*, v. *le* [2].

ICEL (ecce-illum); mêmes sens et mêmes formes que *cel*.

-IENS, dialectal pour *-ions*, 1re pers. pl.

IGLISE (ecclesiam), n. f., église.

ILEC (*illoco, p[r] illico), *illec, illecques*, adv., là.

IMPETRER (impetrare), v. a., obtenir; *i. a*, obtenir de.

INCONVIGNABLE (inconvenien*tem*-abilem), adj., inconvenant.

INCREABLE (in-cred*ere*-abilem), adj., incroyable.

ISSI, v. *ensi*.

ISSENT, *issi, issoit*, pr. pl. 3, pf. et ipf. sg. 3 de *issir*.

ISSIR (exire), v. n., sortir.

ISTRAI, etc., *istroie*, etc., ft. et cd. de *issir*.

JA (jam), adv., déjà, bientôt; *ne... ja, ne... jamais*, ne... jamais.

JEUER (jocare) (*se*), v. réfl., s'amuser.

JEUIAUS, v. *joiel*.

JOENE, v. *juene*.

JOIE (gaudia), n. f.; *en j.*, de bonne humeur.

JOIEL (gaudia-ellum), s. sg. *joiaus, jouiaus, juiaus, jeuiaus*, n. m., joyau.

JOINDANT, p. pr. de *joindre; tout j. ou*, tout près de l'endroit où.

JOINDRE (jungere), v. a. et n.; *j. a*, en venir aux mains avec.

11.

JOINST, pf. sg. 3 de *joindre*.

JOLI (*), adj., gai, ami du plaisir,

JONE, v. *juene*.

JONÈCE (juvenem-itiam), n. f.. jeunesse.

JORNÉE (diurnum-atam). *journée*, n.f., journée de marche, étape.

JOUIAUS, v. *joiel*.

JUENE (juvenem), *joene, jone*, adj., jeune.

JUESDI (jovis-diem), n. m., jeudi.

JUIAUS, v. *joiel*.

JUNER (jejunare), v. n., jeûner.

JUR, pr. sg. 1 de *jurer*.

JURER (jurare), v. a.; *j. a* (infin.), jurer de.

JUS (jus), adv., a bas, en bas.

LABORER (laborare), v. n., travailler, cultiver.

LAIENZ (illac-intus), *laiens, leans*, adv., là-dedans.

LAIER (*lagare, pr legare). v. a., laisser.

LAINGNE (ligna), n. f., bois coupé.

LAINGUE (linguam), n. f., langue.

LAIRAI, etc., *lairoie*, etc., ft. et cd. de *laier*.

LANGE (laneum), n. m., chemise de laine.

LARGE (largum), adj., généreux.

LAS ! (lassum), *lasse!* interj., malheureux, -euse que je suis.

LE [1] (illum), art., le, la, les. — Sg. s. *li*, r. *le;* combiné avec de. *del, dou, du;* avec a : *al, au;* avec en : *el*, ou: pl. s. *li*, r. *les;* combiné avec *de* (des deux genres) : *dels, des;* avec a (*des deux genres*) : *als, aus as;* avec *en* (des deux genres) : *ès;* f. sg. s. et r. *la;* pic. s. *li*, r. *le;* pl. *les*,

LE [2], v. *lui*.

LÉ (latum), n. m., largeur.

LEANS, v. *laienz*.

LEIZ, *les*, v. *lez*.

LETERI, pr *letrin* (litteram-inum), n. m., lutrin, jubé.

LEU [1] (lupum), n. m., loup.

LEU [2] (locum), n. m., lieu.

LEU, *leu*, p. p. de *lire*.

LEUT, pf. sg. 3 de *lire*.

LEVEI (levatum) (*chemin*), chaussée.

LEVER (levare), v. n., se lever, croître.

LEZ (latus), n. m., *leiz lés;* côté; adv., près de, à côté de; *lez a lez*, côte à côte.

LI, v. *le* 1.

LIÉ (lætum), adj., joyeux.

LIEMENT (læta-mente), adv., avec joie.

LIEVE, *liewe*, pr. sg. 3. de *lever*.

LIEWE (leucam), n. f., lieue.

LIGE (*), adj., entier, sans réserve (*home lige*).

LINAGE (linum-aticum; cf. *lignage* = linea-aticum), n. m., liguage, famille, race.

LIVRÉE (libram-atam), n. f., ce qui rapporte une livre (*mil l. de terre*).

LO, pr. sg. 1 de *loer*.

LOBER, pr *loer* (influence de l'anglais *lob* et de l'all. *loben*), v. a., louer.

LOER (laudare), v. a., conseiller.

LOUER (ligare), v. a., lier.

LOÏSSIENS, sbj. ipf. pl. 1 de *loer*.

LONC (longum), s. sg. *lons*, f. *longe*, adj., long ; prép., le long de.

LONG (longe), *lonch*, adv., loin ; *de l.*, de loin.

LONGAINGNE (* longania, de longano), n. f., latrine, voirie.

LONGEMENT (longa-mente), adv., longuement.

LOR (illorum), *lour*, pl. *lor* (*lour*) et *lors* (*lours*), adj. poss., leur. Voy. *lui*.

LORS (pr *lores* = *l'ore* et *s* adverbiale), adv., alors.

LOUPE (*; v. la note 70, p. 45), n. f., espèce de grimace.

LOUR, *lours*, v. *lor*.

LUI (illo, datif supposable de ille plus ei, datif de is, d'où * illoi, illui, Thomas?), pr. pers. 3e pers. accus. dat. et rég. de prép. — M. sg. s. *il* (illic), r, *le* (illum); pl. s. *il*, r.*eus*, *eux, eulx, eulz, euls, iaus, iaux, yaux*, atone *les*; f. sg. s. et r. *elle, èle, èl*, atone r.*la* (illam), pic. *le*; pl. s. et r. *elles, iles*; dat. des deux genres *lui, luy*, f. li, pl. *lor, lour*; neutre s. *il*, r. *le*; *le, les*: *nel, nes*.

MAIL (malleum), s. sg. *maus*, n. m., marteau, masse d'armes.

MAIN (mane), n. m. et adv.; *bien m.*, bien matin.

MAINS (minus; *moins* a été influencé par la labiale *m*), adv., moins.

MAINSNÉ (minus-natum), p. p.-adj., plus jeune (formé sur *ainzné*).

MAINTENANT (p. pr. de *maintenir*), adv., dès maintenant, aussitôt; *m. que*, dès que.

MAINTENIR (manum-tenire) (*se*), v. réfl., se comporter, agir.

MAIS (magis), adv., encore, jamais; *ne… mais*, ne … jamais, (v. *ja*); *mais que*, sans que, pourvu que; *ne m. que*, si ce n'est, excepté, pas plus que;

MAISNIÉE (mansionem-iatam), *mesnie*, n. f., famille, maison, suite d'un prince ou d'un noble.

MAISON (mansionem), n. f.; *m. Dieu*, hôtel-Dieu.

MALAPERT (male apertum), n. m., maladroit.

MALAPERTEMEMENT (male-aperta-mente), adv., maladroitement, mal.

MALEMENT (mala-mente), adv.

MANGIER (manducare), v. a. et n., manger; *le m.*, le repas.

MARC (*), s. sg. *mars*, n. m., poids d'or ou d'argent.

MARCHANDISE, v. *marcheandise*.

MARCHEANDISE (mercatum-antem-itiam), *marchandise*, n. f., marchandise, marchandage.

MARCHE (*), n. f., frontière.

MARCHIS (*), n. m., marquis.

MARCIÉT (mercatum), n. m., marché.

MATIRE (materiam), n.f., matière.

MAULS, s. sg. et r. pl. de *mal*.

MAUMENEI (male-minatum), s. sg.- *eiz*, p. p., malmené.

MAUS, v. *mail*.

MAUVAISEMENT (* malvasia-mente), adv., mal, irrégulièrement.

MAUVESTIÉ (* malvasium-itatem), n. f., méchanceté.

MEDECINER (medecinam-are), v. a., soigner.

MEFFAIRE, v. *mesfaire*.

MEHAGNIER (*), v. a., blesser.

MEILLIEU (medium-locum), n. m., milieu.

MEILLOR (meliorem), *meilleur, milleur*, s. sg. *mieudre* (melior), *mieudres*, adj. m. et f., meilleur.

MEÏSME (met-* ipsimum), *mesme*, et *meïsmes, mesmes* au régime (confusion avec l'adverbe), adj., même.

MEISMEMENT (met· *ipsima-mente), adv., de même, même.

MEÏSMES (*meïsme* et *s* adverbiale), *mesmes*, adv., même.

MEÏSSE, etc., sbj. ipf. de *metre*.

MEN, dialectal pr *mon*.

MENDRE (minor), s. sg. de *menor*, postérieurement employé

comme régime, adj., moindre.

MENESTREL (ministr*um*-alem), s. sg.-*eus*, n. m.

MENRAI, etc.. *menroie*, etc., ft. et cd. de *mener*.

MERRIEN (materia-amen), n. m., merrain, poutre.

MERVEILLE (mirabilia), -*eille*, n. f., merveille.

MERVEILLIER (*merveille* - iare) (*se*), v. réfl., s'étonner, se demander avec étonnement.

MERVILLEUSETÉ(*merveille-osum*-itatem), n. f., merveille.

MERVOILLE, v. *merveille*.

MESAISE (minus-*aise*), n. f., malaise, embarras, ennui.

MESAISIÉ (*mesaise*-iatum), adj., mal à l'aise, ennuyé.

MESAVENTURE (minus-adventum-uram), n. f., malheur.

MESCHEOIR (minus-cadere), v. impers., arriver malheur.

MESCHIÉF(minus-*capum,p* ca-put), s. sg. *iés*, n. m., malheur.

MESCREANT (minus-credantem), s. sg.-*ans*, n. m., mécréant.

MESEL (misellum), s. sg. *me-siaus*, adj., ladre, lépreux.

MESÉLERIE (misell*um*-ar-iam), *mez.*, n. f., ladrerie, lèpre.

MESESTANCE (minus- stantem-iam), n. f., malheur.

MESFAIRE (minus-facere), *meff.*, v. n., mal agir; *m. a qqn*, lui faire du mal; *se m.*, v. réfl., se mal conduire.

MESFÈT (minus-factum), n. m., crime.

MESIAUS, v. *mesel*.

MESISSE, etc., sbj. ipf. de *mètre*.

MESNIE, v. *maisnée*.

MESOFFRIR (minus-*offerire), v. n. et a., mépriser, insulter.

MESSAGE (miss*um*-aticum), n. m., messager.

MESSONER (messionem-are), v. a., moissonner.

MESTIER (ministerium), n. m., besoin : *avoir m., faire m.*

MESTIS (mixt*um*-itium), adj., de condition moyenne, bourgeois,

MÈTRE (mittere), v. a., placer. fixer ; *m. en*, amener à.

MEURENT, pf. pl. 3 de *movoir*.

MEÜSSE, etc., sbj. ipf. de *movoir*.

MI[1] (medium), f. *mie*, adj., mi, demi ; *my chemin*, ch. mitoyen.

MI[2], dialectal pour *mei, moi*.

MI[3], s. pl. de *mon*.

MIE (micam), n. f., parcelle : *ne.. mie, ne...pas.*

MIEUDRE, mieudres, v. *meillor*.

MIEULS, *mieulz, mieus*, v. *mieuz*.

MIEUZ (melius), *mieus*, etc., adv. comparatif, mieux ; *qui m. m.*, à qui mieux mieux.

MIL (mille), *mile* (milia), adj. num., mille.

MILIAIRE (miliarium), n. m., millésime.

MILLEUR, v. *meillor*.

MIRACLE (miraculum), n. m. et f., merveille, miracle.

MISENT, *misrent, mistrent*, pf. pl. 3 de *mètre*.

MOIE[1] (metam), n. f., meule.

MOIE[2], v. *mon*.

MOINEL (dimin. de *moine* = *monicum*, p* *monachum*), s. sg. *moineaus, moyneaulx*, n. m., moineau, espèce de bastion.

MOLESTE (molestiam), n. f., ennui.

MON (m(e)um), *men*, s. sg. *mes* (meus), *mis*, s. pl. *mi.* r. pl. *mes*, f. *ma, me*, adj. poss. 1re pers. — Absolu : *mien* (contraction de *mieon* = meum), f. *moie*, le mien, la mienne.

MONCEL (monticellum), -*chel*, s. sg.-*ciaus, -chiaus*, n. m., monceau.

MONT (mundum), s. sg. *monz,* *mons,* n. m., monde.

MONTER (montem-are), v. impers., importer.

MOQUER (forme picarde de *mou-cher* = muccum-are) (*se*), v. réfl. ; *se m. a.* plaisanter avec.

MORRAI, etc.,-*oie,* etc., ft. et cd. de *movoir.*

MORIR (morire), v. a., mettre à mort, tuer.

MORMELANTE (p. pr. f. de *morme-ler,* « murmurer » ; cf. *morme-rande*), n. f., gorge.

MORTÉLMENT (mortali-mente, adv., mortellement.

MOSTIER (monasterium), *mous-tier,* n. m.. église.

MOSTRER (monstrare), v. a., montrer ; *m. la parole,* porter la parole (au nom de plusieurs persounes).

MOT (* muttum ; cf. *muttire*), n. m., air, motif. Cf. *motet.*

MOULT, v. *mout.*

MOURDRIR (*), v. a., tuer.

MOUT (multum), *moult,* adv., beaucoup.

MOUTEPLIIER (multiplicare), v. n. et a., multiplier, se multiplier.

MOUVOIR (movere), v. n., partir.

MOYNEAULX, v. *moinel.*

MUCIER (mussare) (*se*), v. réfl., se cacher.

MURMURER (murmurare), v. n., parler bas.

MURTRIER (*murtre* (cf. *mourdrir*)-arium), n. m., meurtrier.

MUSART (*muse* (n. verb. de *mu-ser*)-art), adj., étourdi.

MUTATION (mutationem), n. f., révolution.

MY, v. *mi.*

NACAIRE (*), n. m., timbale sarrasine.

NAGIER (navigare), v. n., naviguer, nager ; v. a., *n. un ton-nel,* étouper un tonneau, pour le rendre flottant.

NAIGE (ou *naije*), pr. sg. 3 de *nagier.*

NARILLE (narem-icula), n. f., narine.

NAVIE (navem-iam), n. f., flotte, vaisseau.

NAVILE (navem-ilium), n. f., flotte.

NAVRER (*), v. a., blesser.

NE (nec), conj., ni ; et, ou (dans des propositions interrogatives, dubitatives ou conditionnelles).

NÉF (navem), s. sg. *nés, neis,* n. f., vaisseau.

NEÏS (ne-ipsum), adv., ne... pas même, rien que.

NEIS, v. *néf.*

NEN (non), adv., ne...pas.

NENNIL (*nen-il*), adv., non.

NÈS = *ne les.*

NÈSI (?), p. p.-adj., fatigué. Cf. *naiser,* rouir, faire macérer

NÉT (natum), p. p., né.

NEVEU (nepotem), s. sg. *niés,* n. m., neveu.

NOER (*notare, p^r natare), *nouer, noier,* v. n., nager.

NOIENT (nec-*entem, p. pr. de *sum*), *nient,* n. m., néant, rien.

NOIER[1] v. *noër.*

NOIER[2] (negare), v. a., nier, refuser.

NOISE (nauseam), n. f., bruit.

NOMER (nominare), *nommer,* v. a., indiquer.

NONE (nonam), n. f., neuvième heure du jour.

NOTE (notam), n. f., air.

NOU (n. verb. de *nouer*), f., nage.

NOURRIR (nutrire), v. a., élever.

NOURRITURE (nutritum - uram), n. f., éducation.

NOZ (apocope. de *nostre*), adj. poss. invar., nôtre, le nôtre.

NUEF (novum), adj., neuf.

NULUI, *nullui** nullo-ei ; cf. *lui*), datif de *nul*.

OCISION (occisionem), *occ.*, n. f., meurtre, massacre.

OCCIRRE (occidere), *occire*, v. a. tuer.

OCCISTRENT, pf. pl. 3 de *occirre*.

OCTOVRE (octobrem), n. m., octobre.

OEF (ovum), s. sg. *oes*, n. m., œuf.

OEZ, *oés*, pr. pl. 2 de *oïr*.

OFFENSE (offensam), n. m.

OI, pf. sg. 1 de *avoir*.

OÏ, pf. sg. 1 et 3 et p. p. de *oïr*, ouir.

OIANCE (audire-antiam), n. f., action d'entendre ; *en o.*, publiquement (cf. *en audiance*).

OIL (hoc-illic), *ouil*, adv., oui.

OIRE (iter), n. m., voyage, bagages.

OÏSSE, etc., sbj. ipf. de *oïr*.

ONQUES (unquam-*s* adverbiale), *oncques*, adv., jamais, nullement (marque l'indétermination dans le passé).

OPPOSITE (oppositum, mot savant) (*à l'*) de, à l'opposé de, en face de.

ORATOUR (oratorem, p^r oratorium), n. m., oratoire.

ORDE (horridum), m. et f., sale.

ORDENANCE (ordinare-antiam), n. f., ordre donné, opinion, gré, acte, situation.

ORDENEMENT (ordinare-amentum), n. m., ordre donné.

ORDENER (ordinare), *ordonner* v. a., ranger, organiser, commander ; *s' o.*, s'arranger.

ORDONNÉEMENT (ordinata-mente), adv., avec ordre.

ORE (horam), adv., maintenant.

ORENT, pf. pl. 3 de *avoir*.

ORGUEIL (*orgolium), s. sg. *orguez*, orgues, n. m.

ORRAI (*orai*), etc., orroie (*oroie*), etc., ft. et cd. de *oïr*.

OS, pr. sg. 1 de *oser*.

OSSI, v. *aussi*.

OST, v. *host*.

OSTESSE (*hoste*-issam), n. f., hôtesse.

OSTEIL, v. *hostél*.

OT, pf. sg. 3 de *avoir*.

OTRIIER (auctorem-icare), v. a., octroyer.

OU = *en le*.

OULTRAGE (ultra-aticum), n. f., témérité.

OULTRE (ultra), adv. et prép., outre, au delà de.

OUNIEMENT (unita-mente), adv., uniformément.

OUTRAGEUS (*outrage*-osum), adj., téméraire, insolent.

OVRER (operare), *ouvrer*, v. n. et a., agir, faire.

PACTION (pactionem), n. f., pacte.

PAIELLE (patellam), n. f., plat destiné à contenir un corps gras alimentant une mèche a brûler.

PAIENNINE (paganum-inam), n. f., pays des payens.

PAILLARD (palea-*art*), adj., misérable.

PAINE (pœnam), n. f., peine ; *mètre p. comment*, faire en sorte que.

PAISIEVLEMENT (pacem - illimente), adv., tranquillement.

PALAZIN (palatinum), adj., palatin.

PAR (per), prép., par, parmi, dans, pendant ; *l'un par l'au-*

tre, l'un après l'autre; *de par*, au nom de (altération très ancienne de *de la part*, avec ou sans ellipse de la prép. devant le nom régime).

PARDEFIN (per-de-finem) (*a la*), à la fin.

PARDEVANT (per-de-ab-ante), prép.

PARDON (n. verb. de *pardoner*), m., indulgence.

PARESIS (*Paris* (= Parisiis)-itium), adj., de Paris; subst., sou de Paris.

PARFIN (per-finem) (*a la*), à la fin.

PARJUREMENT (perjurare-amentum), n. m., parjure.

PARLEMENT (*parler* (= parabolam-are)-mentum, n. m., conférence.

PARMAINTENIR (per-manu-tenire) (*se*), v. réfl., se maintenir.

PARMI (per-medium), prép., au moyen de.

PAROIR (parere), v. n., paraître, apparaître.

PARSON (partitionem), n. f., partage.

PARSONNIER (partitionem-arium), n. m., associé.

PARTEMENT (partire-imentum) n. m., départ.

PARTIR (partire), v. a., répartir; *se p.*, v. réfl., partir.

PAS (passum), n. m., pas, passage; *le p.*, au pas.

PASSER (passum-are), v. a., dépasser, outrepasser, violer.

PASSION (passionem), n. f., souffrance, angoisse.

PEL (pellem), s. sg. *peaus, piaus*, n. f., peau.

PAVEILLON (papilionem), n. m., pavillon, tente.

PENEL (pennam-ellum; cf. *pennon* = pennam-onem), n. m., banderole.

PENRAI, etc., -*roie*, etc., ft. et cd. de *penre*, prendre.

PENSEMENT (pensare-amentum, n. m., pensée, réflexion; *donner p.*, d. à penser.

PENSER (pensare), v. n., *p. se*, se demander si; *se p. que*, réfléchir, songer que.

PERCEVERAI, etc., -*oie*, etc., ft. et cd. de *percevoir*.

PERCEVOIR (percipere), v. a., apercevoir; *se p. de*, apercevoir.

PERIR (perire) (*se*), v. réfl., périr.

PERSECUCION (persecutionem), n. f., malheur, fléau.

PERPETUELMENT (perpetualimente), adv., perpétuellement.

PERRA, ft. sg. 3 de *paroir*.

PERSONÉLMENT (personalimente), adv., personnellement.

PERTUIS (*pertusium, de *pertusus*, p. p. de *pertundere*), n. m., trou.

PESER (pensare), v. n. et a.; impers.: *il me poise de*, je suis fâché de.

PETIT (kymrique *pid* (d'où le v. fr. *pile*, petite pièce de monnaie) - ittum), adj.; *un petit*, un peu.

PEU, pf. sg. 1 de *puoir*.

PEÜ, *peu*, p. p. de *pooir*.

PEÜMES (*peumes*), *peurent, peut*, pf. de *pooir*.

PEÜISSE, etc., *peüsse*, etc., subj. ipf. de *pooir*.

PIAUS, v. *pel*.

PIÉCE (*peciam), n. f., morceau, terre; *une grant p., g. p.*: beaucoup, longtemps; *piéç'a*, depuis longtemps.

PIGNIER (pectinare), v. a., peigner.

PILET (pil*am*-ittum), n. m., trait.

PITEUX (pietosum), adj., compatissant.

PITIÉ (pietatem), *pité*, n. f., compassion, émotion.

PIZ (pectus). n. m., poitrine.

PLACE, sbj. sg. 1 et 3 de *plaire*.

PLAINDRENT, pf. pl. 3 de *plaindre*.

PLAISANCE (*plaisant*-antiam), n. f., gré.

PLAIST, pr. sg. 3 de *plaire*.

PLAIT (placitum), n. m., procès, audience.

PLANÇON (plant*am*-ionem), n. m., baguette.

PLATES (f. pl. de *plat*), armure à lames d'acier.

PLENTE (plenitatem), n. f., quantité, abondance.

PLENTEUROS (*plenté* - atura - osum), adj., plantureux, fertile.

PLEŪ, *pleu*, p. p. de *plaire*.

PLEUT, pf. sg. 3 de *plovoir*.

PLEUVE (* ploviam, p^r pluviam), n. f., pluie.

PLOIANT (p. p. de *ploier*), adj., flexible.

PLOT, pf. sg. 3 de *plaire*.

PLOVOIR (pluēre), *plouvoir*, v. impers., pleuvoir.

PLUISOR, -*eur*. -*eurs*, v. *plusor*.

PLUS (plus), n. m.; *le p. de*, la plupart de.

PLUSORS (* plusiores = plus et suffixe du comparatif), -*ours*, *pluisors*, -*eurs*, suj. *plusor*, *pluisor*, -*eur*, adj. des deux genres, plusieurs; avec l'article déterminatif, la plupart.

POET, pr. sg. 3 de *pooir*.

POESTEÏF (potestatem - ivum), adj., puissant.

POI, v. *pou*.

POIER (picare), v. a., poisser, enduire de poix.

POISE, p^r sg. 3 de *peser*.

POISSANCE (*pocsentem (p. pr. de *pocse*, p^r *potse*, *posse*)-antiam), n. f., puissance, forces militaires.

POISSANT (*pocsentem), *puissant*, p. pr.-adj; fort, capable (de), assez puissant (pour).

PONCEL (pontem - icellum), n. m., ponceau, petit pont.

POOIR[1] (*potēre), *pouoir*, v. n. et a., pouvoir.

POOIR[2] (*potēre), n. m., pouvoir, possibilité, forces militaires.

POOIE, *poons*, ipf. sg. 1 et pr. pl. 1 de *pooir*.

POOR (pavorem), *poour*, n. f., peur.

POR (pro), prép., pour, au nom de; *por ce que*, afin que.

PORAI (*porrai*), etc., *poroie* (*porroie*), etc., ft. et cd. de *pooir*.

PORCHACIER (pro-capt*um*-iare), *pourch*.,-*assier*, v. n. et a., rechercher, amasser, poursuivre, s'efforcer.

PORENT, pf. pl. 3 de *pooir*.

PORPENSER (pro-pensare) (*se*) *de*, v. réfl., penser à.

PORROIZ, ft. pl. 2 de *pooir*.

PORTENDRE (pro-tendere), v. a., tendre, garnir.

PORTER (portare), -*eir*, v. a., obtenir; *en p.*, emporter.

PORSIVRE (prosequere), *pours*., v. a., poursuivre, suivre.

PORVEOIR (providere), *pourv*., v. a. et n., préparer, pourvoir.

PORVEŪ, *porveu*, p. p. de *porveoir*.

POT, pf. sg. 3 de *pooir*.

POU (paucum), *poi*, adv., peu, trop peu; *se tenir a p. que ne* (impers^t; cf. *por un p.*

(*por p.*) *que ne*), s'en falloir de peu que ne.

POUR-, v. *por-*.

POURSIEVOIENT, ipf. pl. 3 de *poursivre*.

POURPOS (propositum), n. m., propos, but.

POURVEANCE (provid*ere*-antiam), n. f., approvisionnement, provisions.

POURVEÜ, -*veü*, pf. sg. 3 et p.p. de *pourvéoir*.

POUS (pulsum), n. m., pouls.

PRAEL (prat*um*-ellum), n. m., petit pré.

PRAERIE (prat*um*-ariam), n. f., prairie.

PRATICQUER (*pratique*-are), v. a., tâter, chercher à séduire.

PRATIQUES (πραχτιχή-*s* de flexion), n. f., intrigues.

PRECEDER (præcedere), v. a., dépasser.

PREECHIER (prædicare), *preeschier*, *prescher*, v. n., prêcher.

PREIGNE (*preingne*), etc., sbj. de *prendre*.

PREÏSSE (*preisse*), etc., sbj. ipf. de *prendre*.

PREMIER (primarium), -*iers*, adv., d'abord, pour la première fois.

PRENDE, *prendoie*, etc., sbj. et ipf. de *prendre*.

PRENDRE (prendere), v. n., se mettre à; *se pr. près* (*priès*) *de*, s'appliquer à.

PRÈS (pressum), *priès*, adv. et prép., près, près de, presque.

PRESENT (præsentem)(*de*), maintenant.

PREST (*præstum; cf. præsto), adj., prêt; *p. de*, prêt à.

PRESTRE, *prestres*, v. *provoire*.

PREUDOM, -*ome*, -*omme*, -*ons*, v. *prodome*.

PREVOST (præpositum), s. sg.

prevoz, *prevos*, n. m., prévôt.

PRINDRENT, pf. pl. 3 de *prendre*.

PRINS, pf. sg. 1 et p. p. de *prendre*.

PRINSSENT, sbj. ipf. pl. 3 de *prendre*.

PRISENT, *pristrent*, pf. pl. 3 de *prendre*.

PRINSE (p. p. f. sg. de *prendre*), n. f., prise.

PRISON (prensionem), n. m., prisonnier.

PROCEDER (procedere), v. n., s'avancer, provenir; *p. plus avant*, s'avancer encore.

PROCHAIN (*proche* (= * propium-anum), *procain*, adj., rapproché.

PROCHAINETÉ (*prochain*-itatem), n. f., proximité.

PRODOME (*pro* (=* prodem, cf. le comparatif *prodius* dans Nonius) -*d'ome*), *preud.*, s. sg. *prodom*, -*ons*, etc., n. m., honnête homme, h. sage, vertueux.

PROÈCE (*prodem-itiam), *proesce*, n. f., prouesse.

PROÏSME (proœmium-*s* parasite), n. m., préambule, prologue.

PROVOIRE (presbyterem), *prouvoire*, -*ère*, s. sg. *prestre*, *prestres*, n. m., prêtre.

PUEENT, pr. pl. 3 de *pooir*.

PUIS (*pocs, p^r post), adv.; *p, que*, lorsque.

PUEUR (putorem), n. f., puanteur.

PUGNIR (punire), v. a., punir.

PUGNITION (punitionem), n. f., punition.

PUISSANT, v. *poissant*.

PUISSE, etc. (*pocsam, p^r potsim, possim), sbj. de *pooir*.

QUANQUE (quantum-quod), pr. indéfini, autant que, tout ce qui, tout ce que.

QUANT[1] (quantum), adj., corréla-
tif de *tant;* avec ellipse de
l'antécédent : *quantes et
quels* (f. pl.).

QUANT[2] (quando), conj., quand,
lorsque ; *q. et eulx,* en même
temps qu'eux.

QUARESME (quadresimum, p[r]
quadragesimum), n. m., carême.

QUAROLLE (*), n. f., danse.

QUASSÉ (quassatum), p. p.-adj.,
fatigué, blessé par le harnais
(en parlant d'un cheval).

QUE[1], s. *qui,* dat. *cui,* pr. relatif;
neutre *que* (quid), quelle
chose, ce qui, ce que.

QUE[2] (quod), conj., que, de
sorte que, car; *que... que,*
tant... que.

QUÉL (qualem), *queil,* s. sg.
quéls, queus, queis, adj. des
deux genres, quel.

QUEU (cocum), s. sg. *queus,* n.
m., cuisinier, queux.

QUEUS, v. *quél.*

QUIT (coctum), adj., cuit.

QUITE (adj. verb. de *quitier* =
quietare), absous.

QUOIFE, v. *coife.*

RAANÇON, v. *raençon.*

RACHAPTER (re-ad-captare), v.
a., racheter.

RACONSIEWIR (re-ad-cum-se-
*qui*re), v. a., atteindre.

RAENÇON (redemptionem), *raançon,* n. f., rançon.

RAENÇONNER (redemptionem-
are), v. a., admettre à rançon.

RAFUIR (re-ad-fugire), v. n.,
s'enfuir (en arrière).

RAIEMBRE (redimere), v. a., racheter.

RAIENT (redemptum), p. p. de
raiembre.

RALLOIER (re-ad-ligare), v. a.,
rallier.

RAMENTEVOIR (re-ad-mentem-
habere), v. a., rappeler.

RAMENTI, -*toif,* pf. et pr. sg. 1 de
ramentevoir.

RAPAISIER (re-ad-*pais*-iare), v.
a., apaiser.

RAVISER (re-ad-vis*um*-are), v.
a., voir.

RASEOIR (re-ad-sedere) (*se*), v.
réfl., se rasseoir.

REAUME, v. *roiaume.*

REBOUTER (re-*bouter*), v. a., repousser, bousculer.

RECENGLER (re-cingul*um*-are),
v. a., sangler de nouveau.

RECÉT (receptum), n. m., retraite, repaire.

RECEÜ, *receu,* p. p. de *recevoir.*

RECLOST, pf. sg. 3 de *reclore,*
fermer.

RECOGNISSANCE (re-cognosc*er*-
antiam), n. f., reconnaissance.

RECONQUERRE (re-cum-quære-
re), v. a., reconquérir.

RECONTER (re-computare), v.
a., raconter.

RECORT (record-are), v. a., rappeler, répéter, faire mention.

RECORT (n. verb. de *recorder*),
record, m., mention.

RECOVRER (recuperare), v. a.,
et n., réparer, prendre sa revanche.

RECOVERROIE, etc., cd. de *recovrer.*

RECREU (re-credutum), p. p.
-adj., cru sur parole, fatigué,
rendu.

RECULÉE (re-cul*um*-atam), n. f.,
renfoncement.

RECUEILLIR (re-colligere), *requeillir,* et *recueillier* (changement de conjugaison), v. a.,
récolter, accueillir ; *se r. a,* se
rallier à.

REFERMER (re-firmare), *refremer*, v. a., réparer les fortifications de, refermer.

REFRESCHIR (re-*fresch-ire), v. a., rafraîchir.

REFROIDIER (re-frigidum-iare), et *se r.*, v. n. et réfl., se refroidir (au fig.).

REGARD (n. verb. de *regarder*, m., considération.

REGIBER (re- ? Cf. *gibier*),-eir, v. n., regimber.

REGISTRER (regestum-are), v. a., enregistrer.

RÈGNE (regnum), n. m., royaume.

REGRATÏER (regratiam-are), v. a., remercier.

RELAISSIER (re-laxare), v. a., relâcher, tenir quitte.

RELEVEI (relevatum), p. p., levé dans la nuit.

RELIGION (religionem), n. m., ordre religieux.

REMAINT, pr. sg. 3 de *remanoir*.

REMANANT (p. pr. de *remanoir*), remen., n. m., reste.

REMANOIR (remanere), v. n., rester.

REMANRAI, etc., -oie, etc., ft. et cd. de *remanoir*.

REMÉS, *remést,-trent*, p. p. et pf. sg. et pl. 3 de *remanoir*.

REMETTRE (remittere), v. a. renvoyer, repousser.

REMONTIÉRE (re-montem-ariam), n. f., après-dînée.

REMOUSTRER (re-monstrare), v. a., représenter; *se r.*, v. réfl., se faire remarquer.

REMOVOIR (removere) (*se*), v. réfl., se remuer, bouger.

REMURENT, pf. pl. 3 de *removoir*.

RENCH, pr. sg. 1 de *rendre*.

RENCONTRE (n. verb. de *rencontrer* = re-in-contra-are), n. m.; *de r.*, par hasard.

RENDERAI, etc., -oie, etc., ft. et cd. de *rendre*.

RENDRE (reddere), v. a., restituer, remettre; *li rendres*, s. sg., la restitution.

RENOUVELLÉ (renovellatum), p. p., changé.

RENVOLEPÉ (re-*envolepé*), p. p., enveloppé de nouveau.

REONT (rotundum), adj., rond; *a la reonde*, à la ronde.

REPAIRIER (re-patriam-are), v. n., retourner.

REPENTANCE (re-pœnitere-antiam), n. f., repentir.

REPONRAI, etc., ft. de *reponre*.

REPONRE (reponere),v.a.,cacher.

REPRINS (reprensum), p. p. de *reprendre*.

REPROVER (reprobare), v. a., reprocher.

REQUEÏSSE, etc., sbj. ipf. de *requerre*.

REQUERRE (requærere), v. a., rechercher, demander.

REQUEILLI, pf. sg. 3 de *requeillir*. V. *recueillir*.

REQUIS¹, *requist,-isent*,pf. sg. 1 et 3, pl. 3 de *requerre*.

REQUIS² (formé sur *pris*), p. p. de *requerre*.

RÉS (rasum), *rez*, p. p. de *rére*, raser; *rés a rés de*, au ras de, en rasant.

RESACHIER (re-saccare), v. a., retirer.

RESCORRE (re-excutere), v. a., secourir.

RESCOOIE, etc., ipf. de *rescorre*.

RESCOSSE (re-excussam), n. f., secours apporté, rescousse.

RESFROIDY (re-ex-frigidum-itum), p. p., calmé.

RESGNER (regnare, *s* parasite), v. n., régner.

RESOIGNIER (re-*soignier*),*ressongnier*, v. a., redouter.

RESOING, impér. sg. 2 de *resoignier*.

RESPIT (respectum), n. m., répit.

RESPONDERAI, etc., -*oie*, etc., ft. et cd. de *respondre*.

RESPONDI, pf. sg. 1 et 3 de *respondre*.

RESPONDRE (respondĕre), v. n. et a., répondre, répliquer.

RESPONSE (responsam), n. f., répliquer.

RESSONGNIER, v. *resoignier*.

RESSOURDRE (resurgere) (*se*), v. réfl., se tirer d'affaire.

RESSOURS, p. p. de *ressourdre*.

RESTRAINDRE (restringere), v. a., serrer, tenir dans une étroite prison; p. p. *restrainct*.

RESVILLIER (re-ex-vigilare), v. a., réveiller.

RETENIR (re-tenire), v. a., arrêter, garder.

RETINDRENT, pf. pl. 3 de *retenir*.

RETIRER (re-* tirer*), v. a., tirer ou étendre de nouveau,

RETOURRAI, etc., ft. de *retourner*.

RETRAIRE (retrahere), v. a., rapporter, raconter; *se r.*, se retirer.

RETRAIST, *retrait*, pf. sg. 3 et p. p. de *retraire*.

REUBER, v. *rober*.

RIBAUT (*), n. m., ribaud, batteur d'estrade.

RICOISE, dialectal p^r *richoise* (* *riche*-itiam), *ricoisse*, n. f., richesse.

RIENS (rem), n. f., chose.

RIHOTE (*), n. f., querelle.

RIHOTER (* *rihote*-are) (*se*), v. réfl., se quereller.

RIROIT, cd. sg. 3 de *raler*, raller.

ROBEOUR (* *robe* (« bagages, approvisionnements ») - atorem) n. m., pillard, voleur.

ROBER (* *robe*-are), *reuber*, v. a., dérober, piller.

ROELLE (rotam-ellam), n. f., rondelle, écu.

ROI (rete), n. f., filet.

ROIT (rigidum), adj., raide.

ROIAUME (* *regalmen*, de * *regamen* p^r regimen, influencé par regalis; l'*e* est une voyelle d'appui), *royalme*, -*aulme*, n. m., royaume.

RONCIN (*), n. m., cheval entier, cheval de charge.

ROUTE (ruptam), n. f., troupe, foule; *passer r.*, dépasser la foule.

ROYALME, *royaulme*, v. *roiaume*.

RU (p^r *riu* = rivum), n. m., ruisseau, canal.

RUER (* *rutare*, de ruere), v. a., jeter, pousser.

RUISSEL (p^r *riussel* = rivicellum), n. m., ruisseau.

SACHIER (saccare), v. a., tirer.

SACHIEZ, impér. pl. 2 de *savoir*.

SAIÈTE (sagittam), n. f., flèche.

SAILLIR (salire), v. n., sortir, sauter.

SAINTEFIERRES (sanctificator - s de flexion) n. m., sanctificateur.

SALVACION (salvationem), n. f., chaloupe (barque de sauvetage).

SARAI, etc., -*oie*, etc., ft. et cd. de *savoir*.

SAVOIR (sapēre), *sçavoir*, v. a., savoir, pouvoir.

SAVRAI (*saverai*), etc., *savroie* (*saveroie*), etc., ft. et cd. de *savoir*.

SAUDOIIER (solidum-icare), v. a., prendre à sa solde.

SAULZ, pl. m., dialectal pour *souz*, pris au sens de « solde » (*as saulz et as gages*).

SÇAUROYE, cd. de *sçavoir*.

SCAY, *scévent*, pr. sg. et pl. 3 de *sçavoir*.

SCEUISSENT, sbj. ipf. pl. 3 de *sçavoir*.

SCEU, p. p. et subst., su.

SE [1], v. SI [1].

SE [2] (si), conj., si.

SECH (siccum), adj., sec; *tout s.*, sans marchander.

SECTE (sectam, forme savante; cf. *sieute*), n. f., parti.

SEEL (sigillum), n. m., sceau.

SECORRE (succurrere), *secourre*, v. a., secourir.

SEIGNIER (signare), v. a., faire le signe de la croix sur; v. réfl., même sens.

SEIGNOR (seniorem), *-our, signor, -our, -eur, sieur* s. sg. *sire, sires*, n. m., seigneur.

SEJOUR (sub-diurnum), n. m.; *a s.*, à demeure.

SELONC (secundum, influencé par longum), *selonch*, prép., le long de, étant donné, vu.

SEMBLANT (simul-antem), n. m., apparence, visage; *faire s. que*, laisser voir que; *faire s. a quelqu'un de quelque chose*, lui laisser voir quelque chose.

SEMBLER (simul-are), v. n., ressembler.

SEMONDRE (submonĕre), v. a., avertir.

SEMONST, pf. sg. 3 de *semondre*.

SEMONT, p. p. de *semondre*.

SEN, v. *son*.

SENEFIER (significare), v. a., indiquer.

SENESTRE (sinistram), n. f., gauche.

SĔOIR (sedere), v. n., s'asseoir, être assis ou situé.

SERJANT (servientem), n. m., sergent.

SEROR (sororem), s. sg. *suer, soer*, r. pl. *serors, serours*, n. f., sœur.

SEROURGE (sororium), n. m., beau-frère.

SERVISE (servitium), n. m., service.

SES = *si les*.

SEÜ, *seüst, sévent*, p. p., sbj. ipf. sg. 3 et pr. pl. 3 de *savoir*.

SEUFFRE, sbj. sg. 1 et 3 de *soffrir*.

SEÜR (securum), *seur*, adj., sûr, assuré.

SEURCOT (super- *cote), n. m., surcot, blouse passée sur les vêtements.

SEÜRETÉ, v. *seürté*.

SEURPELIZ (super-pellicium), n. m., vêtement de dessus.

SEURTÉ (securitatem), *-tei, seureté*, n. f., sûreté, assurance donnée.

SEUS, v. *sol*.

SEUT, v. *sot*.

SEWER, p. *sewir* ou *sivre* (sequire ou sequere), v. n. et a. suivre; *s. oultre*, passer outre.

SÉZ, *sés*, pr. sg. 2 de *savoir*.

SI [1] (sic), *se*, adv., ainsi; *si con, comme*, comme, vu que, (conj.); *si... que pour*, assez... pour;

SI [2], v. *son*.

SIÉCLE (sæculum), n. m., monde.

SIET, pr. sg. 3 de *sëoir*.

SIEUR, v. *seignor*.

SIEUTE (sectam), n. f., suite, accord; cf. *secte*.

SIEVIR (sequire), v. a., suivre.

SIGNOURIE (seniorem-iam), n. f., seigneurie.

SINE (signum), n. m., signe.

SIRE, *-es*, v. *seignor*.

SIVRE (sequere), v. a., suivre.

SOE (sua), adj. poss. f., v. *son*.

SOFFRIR (* sufferire), v. a., souf-

frir, supporter, être en état
de supporter; *se s.*, v. réfl..
se tenir tranquille; *se s. de*,
s'abstenir de.

SOIE, v. *son*.

SOIENS, sbj. pl. 1 de *estre*.

SOIGNE (?), n. f., chandelle, mèche
qui brûle dans un corps gras.

SOL (solum), s. sg. *sous, seus*,
adj., seul.

SOLEIL (*soliculum), s. sg. *so-
leuz, solaus*. n. m., soleil.

SOMME (sagma), n. m., paquet.

SOMMERON (*somme-r-*onem), n.
m., sommet, pointe.

SON (s(u)um), *sen*, s. sg. *ses, sis*,
s. pl. *si*, r. pl. *ses*, f. *sa, se*,
adj. poss., son, sa, ses. — Absolu (ordinairement employé
comme prédicat, ou avec l'article et accompagné ou non
d'un substantif) : *suen, sien*,
s. sg. *suens, siens*, f. *soe, soie,
sienne*, sieu, le sien, etc.

SOR (super), *sour*, prép., sur,
malgré, contre.

SORTE (n. verb. de *sortir*). f.,
espèce (p. 121, l. 1, où l'édition
a *sorte*, il faut lire *secle*).

SOSTENIR (sustinere), v. a., soutenir.

SOSTINDRENT, pf. pl. 3 de *sostenir*.

SOT, *seut*, pf. sg. 3 de *savoir*.

SOUBZ (subtus), prép., sous la
protection de.

SOUDANC (*), n. m., soudan.

SOUFFERRAI, etc., *-oie*, etc., ft.
et cd. de *souffrir*.

SOUFFIRE (sufficere), *suff.*, v. n.,
suffire, avoir quelque valeur;
si suffisant que, ayant assez
de mérite pour.

SOUHAIDIER (subtus -*hait*-iare),
v. a., souhaiter.

SOULER (solare), v. a., consoler,
calmer.

SOULOIR (solere), v. n., avoir
coutume.

SOUR, v. *sor*.

SOURDRE (surgere), v. n., sur-
gir.

SOURVENIR (super-venire), v.
n., survenir.

SOURVENUE (super-venire-
utam), n. f., survenue.

SOUSPEÇON (suspicionem), n.
m., soupçon.

SOUSPESONNEUX (suspicionem-
osum), adj., soupçonneux.

SOUTIL (subtilem), adj., subtil,
fin.

SOUTILMENT (subtili-mente),
adv., subtilement.

STAPLE (mot anglais, tiré de
stabilem), n. m., entrepôt,
marché.

SUBJECTION (subjectionem), n.
f., sujétion.

SUEN, v. *son*.

SUS (susum), adv., en haut,
dessus; *mettre s.*, lever, organiser; *en sus de*, à l'écart
de, loin de, prép., au-dessus
de, sur, vers, pendant.

TACH (*), n. f., marque, qualité,
souillure, *mauvaise t.*, mauvais tour.

TAIGNOIZ, v. *teignoiz*.

TAISIÉS, imp. pl. 2 de *taire*.

TAMPS, *tans*, v. *tens*.

TANISON (*-itionem), n. f., fatigue.

TANT[1] (tantum), adj.; pris
subst[t], *deux tans*, deux fois
(autant, *ou* plus, *ou* mieux).

TANT[2] (tantum), adv., tellement;
t. plus que, si réellement plus
que; *pour t. que*, parce que.

TANTOST (tantum-tostum), *tantos*, adv., aussitôt.

TAUDIR (*taude-*ire), v. a., abri-
ter.

TEIGNOIZ, sbj. pl. 2 de *tenir*.

TÉL (talem), *teil*, *tiel*, s. sg. *téls*, *telz*, *teus*, *tieus*, adj., tel.

TEMS, v. *tens*.

TENÇON (*tentum* (de tendere) -ionem), n. f., querelle.

TENDRAI, etc., *-oie*, etc., ft. et cd. de *tenir*.

TENIR (tenire), v. a., garder, observer; *se t. a*, se mettre du parti de.

TENRAI, etc., *-oie*, etc., ft. et cd. de *tenir*.

TENS (tempus), *tems*, *tamps*, *tans*, n. m., temps.

TERME (terminum), n. m., temps, époque.

TERMINE (terminum, mot savant), n. m., temps, époque.

TERRE (terram), n. f., contrée.

TESMOING, pr. sg. 1 de *tesmoignier*.

TESMOIGNIER (testimonium-are), v. a., témoigner.

TESMONG (testimonium), n. m., témoin; *faire t.*, témoigner.

TIEING, pr. sg. 1 de *tenir*.

TIEL, *tieus*, v. *tél*.

TIESTE (testam), n. f., tête.

TINDRENT, pf. pl. 3 de *tenir*.

TIRER (*), v. n., se diriger, viser.

TIRETEINNE (?), n. f., étoffe de laine.

TIRICH (*tirer*-itium?), n. m., tiraillement.

TISON (titionem), n. m., grosse pièce de bois, saillie de la quille d'un vaisseau.

TITLE (titulum), n. m., titre, prétexte.

TOLI, pf. sg. 3 de *tolir*.

TOLIR (tollire), *tollir*, v. a., enlever.

TOLU, p. p. de *tolir*.

TON (t(u)um), adj. poss. : mêmes formes que *son*.

TORFAIT (tortum-factum), s. sg. et r. pl. *torfaiz*, n. m., action mauvaise, tort.

TORROIE, etc., cd. de *tolir*.

TOS, pr *tost* (tostum), adv., tôt.

TOT (totum), *tout*, s. pl. *tuit*, picard *tout*, adj.; *du t.*, entièrement; *a tot* (variable), avec.

TOUAILLE (*), n. f., serviette, linge que les Bédouins s'enroulent autour de la tête.

TOURBLE (n. verb. de *tourbler*, *troubler* = turbulare), m., trouble.

TOURNIIER (tornum-icare), *tournoier*, v. n., et a. tourner de côté et d'autre, parcourir, combattre en champ clos.

TOURSER (thyrsum-are), v. a., trousser, attacher sur la selle.

TOUTDIS (totum-diem,*s* adverbiale), adv., toujours.

TRAICTÉ (tractatum), n. m., négociation.

TRAHITTE, *-ites*, v. *traïtor*.

TRAIENT, *traihoient*, *traioient*, pr. et ipf. pl. 3 de *traire*.

TRAÏNER (*train* (= trahere-imen. -are), v. a., traîner.

TRAIRE (trahere), v. a., tirer; *se t.*, se retirer; *se t. vers*, aller vers.

TRAIS, *traisit*, *traist*, *traisent*, pf. sg. 1 et 3 et pl. 3 de *traire*.

TRAISISSE, etc., *traïsse*, etc., sbj. ipf. de *traire*.

TRAÏTOR (traditorem), *-our*, s. sg. *traïtre*, *-es*, *trahite*, s. pl. *traïtor*, *trahitte* (forme analogique), n. m., traître.

TRAVAIL (*trabaculum, de trabes), n. m., effort, fatigue.

TRAVAILLIER (*travail*-iare), *-eillier*, *-illier*, v. a. et n., fatiguer, se fatiguer, s'efforcer;

se tr., s'efforcer; *se tr. comment*, faire effort pour.

TRAVEILLIER, *-illier*, v. *travaillier*.

TREIF (trabem), n. m., tente.

TREÏSSE, etc., sbj. ipf. de *traire*.

TRENTIÈME, p. *trentiesme (trente* (= triginta) -esimum), adj. numéral ordinal, trentième.

TRÉS (trans), prép., à travers, au delà de, parmi; *trés c que*, jusque.

RESPERCIER (trans-pertus*um*-iare), v. a., transpercer.

TRESPASSEMENT (trans-passum-amentum), n. m., mort.

TRESPASSER (trans-pass*um*-are), v. n. et a., passer, dépasser.

TRÉSQUE (trans-quod), locut. conj., jusque, jusqu'à ce que.

TREU (tributum), n. m., tribut.

TREFVE (* treugam), *treve*, n. f., trêve.

TROP (*troppum), adv., beaucoup, fort, trop (postérieurement).

TROT (n. verb. de *trotter* = tolutare), qu'on peut conclure de *tolutim, tolutarius*), m., trot; *le trot*, au trot.

TUIT, v. *tot*.

TUMER (*), *-eir*, v. n., faire la culbute, l'arbre droit (cf. *tomber*), se renverser sens dessus dessous.

UEIL (oculum), s. sg. *ueuz, ueus*, n. m., œil.

UI, après une élision (hodie), adv., aujourd'hui.

UISSIER (ostiarium, influencé par *uis* = ostium), n. m., vaisseau de charge.

UN (unum), adj. num. et art. indéfini; au pl. (sens partitif), surtout pour désigner des objets qui vont ordinaire-

ment par deux : *unes braies*.

USITÉ (usitatum), p. p.-adj. habitué; *estre u. de*, avoir l'expérience de.

VAGHE (vagum), adj., vide, dévasté.

VAINTRE (vincere), v. a., vaincre la résistance de, décider.

VAIR (varium), adj., de couleurs variées, fait de fourrures mélangées; n. m., petit-gris.

VAISSEL (vascellum), *vessel*, s. sg. *vaisseaus, -iaus*, n. m., récipient, appareil flottant, vaisseau.

VAISSELET (*vaissel*-ittum), s. sg.-ès, n. m., petit navire.

VALLET (*vassal*-ittum), *varlet*, n. m., jeune homme, serviteur.

VALLI, pf. sg. 3 de *valloir*.

VALOIR (valere), v. n., *valloir*; *mieulz vaut a* (infin.), il vaut mieux.

VARIIER (variare), v. a., parcourir en tous sens.

VASSAUMENT (*vassal*-mente), adv., vaillamment, en homme de cœur.

VASSELLE (vascella, pl. n.), n. f., vaisselle.

VAUT, dialectal pour *veut*.

VEEZ (impér. pl. de *veoir*) *ci, veci*, adv., voici, voilà.

VEGILE (vigiliam), n. f., vigile, veille.

VEI, *veirent, veit, vey*, pf. sg. 1 et 3 et pl. 3 de *véoir*.

VEIGNE (*veingne*), etc., sbj. de *venir*.

VEIS, *veïsmes, veïsse*, etc., *veisse*. etc., pf. sg. et pl. 1 et sbj. ipf. de *véoir*.

VENIR (venire), v. n.; *v. avant*, s'avancer, paraître, se manifester.

VENDERAI, etc., -*oie*, etc., ft. et cd. de *vendre*.

VENRAI, etc., -*oie*, etc., ft. et cd. de *venir*.

VEOIE, etc., ipf. de *vëoir*.

VERAI, *verrai*, etc., ft. de *vëoir*.

VERGHE (virgam), n. f., verge.

VERS (versum), *viers*, prép., envers.

VERT (viridem), f. *verde*, adj.

VESPRE (vesperum), n. m., déclin du jour, soir; *v. bas*, tombée de la nuit.

VESPRES (vesperas), n. f., soir, vêpres; *a basses vespres*, à la tombée de la nuit.

VEU, *veu*, p. p. de *vëoir*.

VEUE (*vidutam), n. f., entrevue.

VEULT, *veulx*, pr. sg. 1 et 3 de *voloir*.

VEVE (viduam), n. f., veuve,

VI, pf. sg. 1 de *vëoir*.

VIANDE (vivenda, pl. n.), n. f., vivres, récoltes.

VIATRE (*veltrum), n. m., chien pour chasser la bête noire.

VIEINGNE, etc., sbj. de *venir*.

VÏELEIR (*vièle* (= *vitellam), de vitulari, être joyeux) -are). v. n., jouer de la vielle.

VIGUEROS (vigorem-osum), -*eus*, adj., vigoureux.

VIGUEROSEMENT (vigorem-osamente), adv., vigoureusement.

VILLIER (vigilare), v. a., veiller.

VINDRENT, *ving*, pf. pl. 3 et sg. 1 de *venir*.

VINGT (viginti), adj. num. ; *six vingts*, cent-vingt.

VINGTIME, p^r *vingtiesme* (viginti -esimum), adj. num. ordinal, vingtième.

VIS (visum), n. m., visage.

VISCONTÉ (vice-comitem-itatem), n. f., vicomté.

VISETER (visitare), v. a., visiter.

VO, f. sg., m. rég. sg. et s. pl. picard., de l'adj. possessif de forme abrégée *voz* pour *vostre*.

VOEL, *voell, voelent, voellent*, pr. sg. 1 et 3 et pl. 3 de *voloir*.

VOI, pr. sg. 1 de *vëoir*.

VOIANT (p. p. de *vëoir*) invariable, construit comme une préposition : *voiant toz voz barons*, en présence de tous vos barons.

VOIE (viam), n. f., voyage.

VOILLE ¹ (velum), n. m., voile.

VOILLE ², etc., sbj. de *voloir*.

VOLENTÉ (voluntatem, influencé par volentem), n. f., volonté.

VOLENTIERS (voluntarium-s adverbiale, influencé par volentem), adv., volontiers.

VOIR (verum), adj., vrai.

VOIS, *voise*, pr. et sbj. sg. 1 de *aler*, aller.

VOIZ (vices), n. f., fois.

VOLT, *vout*, pf. sg. 3 de *voloir*.

VORRA (*vourra*), etc., -*oie*, etc., ft. et cd. de *voloir*.

VORRENT, *vourent*, pf. pl. 3 de *voloir*.

VOSISSE (*vousisse, volsisse, voulsisse*), etc., sbj. ipf. de *voloir*.

VUEIL, *vuel, vuelent*, pr. sg. 1 et pl. 3 de *voloir*.

WASON (*), n. m., gazon.

YAUS, v. *lui*.

YMAGINATION (imaginationem), n. f., imgination, idée fausse.

ERRATA

Page 36, ligne 5, au lieu de *dist*, lis. *dit*.

TABLE DES MATIÈRES

C. — JOINVILLE

D. — FROISSART

E. — COMMYNES

7241-90. — CORBEIL. Imprimerie CRÉTÉ.

9 782019 644895